Niemand ist berufener, einen authentischen Bericht über das alte Tibet und über die Tragödie seines Unterganges zu geben als der Dalai Lama, der 1935 als Sohn einfacher Bauern geboren und nach den altehrwürdigen Überlieferungen als Inkarnation des 1933 gestorbenen Dalai Lama erkannt wurde.

Nach dem kommunistischen Umsturz in China bemühte er sich verzweifelt um einen »Pfad des Friedens und der Gewaltlosigkeit« für sein Volk. In Gesprächen mit Nehru, mit Mao Tse-tung und Tschu En-lai rang er um Verständnis für sein Land, das unter Terror und Hunger litt. Als 1959 das Volk befürchtete, der Dalai Lama würde verschleppt werden, brach der offene Aufstand los. Da entschloß sich der Dalai Lama, Lhasa zu verlassen. Noch heute lebt er im Exil, in Dharamsala im Norden Indiens. Wenn heute die chinesische Regierung versucht, den Dalai Lama zurück nach Tibet zu holen, so wohl kaum, um ihn wieder voll in die angestammte Position als weltlichen und geistlichen Herrscher einzusetzen. Allein seine Rückkehr nach Tibet wäre ein großer Prestigegewinn für die chinesische Regierung.

W0087844

Vollständige Taschenbuchausgabe
mit 27 Fotos und 2 Karten
© der deutschen Ausgabe
Droemersche Verlagsanstalt Th. Knaur Nachf.
München 1962
Titel der Originalausgabe »My Land and my People«
© McGraw-Hill Book Company, Inc., New York 1962
ins Deutsche übertragen von Maria Steininger
Umschlaggestaltung Franz Wöllzenmüller
Umschlagfoto dpa
Gesamtherstellung Clausen & Bosse, Leck
Printed in Germany   7   6   5   4
ISBN 3-426-03698-3

Dalai Lama:
Mein Leben und mein Volk

Die Tragödie Tibets

Mit 29 Abbildungen

Inhalt

ISBN 3-426-03698-3 780

Geleitwort

Es ist mir eine besondere Freude und Ehre, der Autobiographie Seiner Heiligkeit, des Vierzehnten Dalai Lama von Tibet, Tändzin Gyamtsho (bsTan-'dzin rGya-mts'o), ein Geleitwort voranzuschicken. Diese Autobiographie darf ein historisches, politisches und religiöses Dokument von größter sachlicher Bedeutung und Aktualität genannt werden, muß es doch auch im Zusammenhang mit jener schweren Aufgabe gesehen werden, welche der Kirchenfürst auf sich genommen hat, nämlich im Exil die staatliche und geistliche Kontinuität Tibets aufrechtzuerhalten und die Weltöffentlichkeit in autoritativer und adäquater Weise über die Ereignisse zu unterrichten, die zwangsläufig zur Flucht des Dalai Lama führten.

Außer Informationen über das persönliche Leben des Kirchenfürsten, die traditionelle Auffindung einer Inkarnation, die geistliche Erziehung und ähnliches enthält das Werk auch fesselnde Daten über die tibetische Geschichte und Religion, wobei es besonders interessiert, diese Dinge vom Standpunkt eines Dalai Lama dargestellt zu finden. Was die Jahresangaben für die ältere Zeit der tibetischen Geschichte (7.–9. Jahrhundert) betrifft, kann der europäische Fachgelehrte feststellen, daß diese nach den traditionellen geistlichen Geschichtswerken, zum Beispiel der »Chronik des Fünften Dalai«, errechnet sind, während die westliche Wissenschaft auf Grund des Vergleichs mit im 9. Jahrhundert verfaßten, im Sande Turkestans gefundenen tibetischen Annalen sowie mit den Angaben der chinesischen Historiker im einzelnen zu etwas anderen Datierungen gelangt.

Besonderes Interesse darf der kurze Abriß der buddhistischen Lehre im Anhang dieses Buches beanspruchen. Die Einheit des heute lebenden Buddhismus in allen seinen Schulen erfährt durch diese Ausführungen eine bedeutsame Bestätigung, und jene Europäer werden ad absurdum geführt, die im Lamaismus eine Religionsform sehen wollen, die sich weit von den Intentionen des Buddha entfernt habe. Eine gewisse philologisch-theologische Abweichung von den Auffassungen etwa der ceylonesischen Kirche (Theravâda) läßt sich nur bei der Darstellung der »Vier Edlen Wahrheiten« registrieren.

Es wird an dieser Stelle vielleicht nicht unwillkommen sein, wenn ich meiner persönlichen Begegnung mit dem Dalai Lama gedenke, an den ich eine lebendige und überaus sympathische Erinnerung bewahre. Es war mir vergönnt, den Kirchenfürsten anläßlich der Feiern zum 2500. Geburtstag des Buddha (Buddha Jayanti) in Neu-Delhi zu sehen, an denen ich als Delegierter der Bundesrepublik Deutschland teilnahm. Wie es dazu kam, daß der Dalai Lama und sein geistlicher Kollege, der Panchen Rinpoche, von der indischen Regierung im November 1956 zu diesen Feiern eingeladen wurden, kann man auf den Seiten 108 ff. dieses Buches nachlesen. Unter den politischen Auguren kursierten zu dieser Zeit viele Gerüchte, daß beide Heiligkeiten unfrei seien und weitgehend von Chinesen beobachtet würden, welche namentlich den Kontakt der Großlamas mit westlichen Teilnehmern der Konferenz nicht gern sahen. Daß ich aber als Tibetologe den größten Wert darauf legen mußte, dem Dalai Lama meine Aufwartung zu machen, versteht sich wohl von selbst. Anläßlich eines Lunchs im Hause des Premierministers Nehru ergab sich eine Möglichkeit noch nicht, doch bescherte mir diese Gelegenheit die Bekanntschaft mit einer Anzahl hochgestellter tibetischer Beamter aus dem Gefolge des Dalai Lama. Unter ihnen war der schon betagte Minister Surkhang Shapä, mit dem ich ein ergiebiges Gespräch über den Buddhismus in Tibet führen konnte, und zwar in tibetischer Sprache. An einem der folgenden Tage fuhr ich vormittags zu der Zeit, da der Dalai Lama offiziell seinen Gläubigen Audienz erteilte, mit meinem Kollegen Professor von Glasenapp zu dem Palast, den die indische Regierung dem Großlama zur Verfügung gestellt hatte. Riesige Menschenmengen stauten sich dort und ließen meine Hoffnung auf eine Audienz schon sinken. Zu meiner Freude traf ich aber wieder auf Surkhang, dem es gelang, die Pilger für einige Zeit zu stoppen und uns beiden Deutschen Zutritt zu verschaffen. Wir fanden den Dalai Lama, der äußeren Erscheinung nach ein sympathischer junger Mann, auf einem Thronsitz inmitten einer beachtlichen Flut von Papiergeld, frommen Spenden der Buddhisten. Ich redete den Kirchenfürsten mit den traditionellen Begrüßungsformeln an und wurde mit einer Berührung der Hand belohnt.

Ein weiteres Mal begegnete ich dem jungen Dalai Lama wie dem Panchen anläßlich der Schlußsitzung des Symposiums (wissenschaftlichen Teils) der Buddha-Jayanti-Feiern am Nachmittag des 29. November 1956, welcher Premierminister Nehru präsidierte und auf welcher ich mein eigenes Referat zu halten hatte. So ergab es sich, daß ich auf der Tribüne ganz in der Nähe saß, als die beiden Heiligkeiten ihre Ansprachen in gepflegtestem Tibetisch verlasen. Die Rede des Dalai Lama gab einen Überblick über die geschichtliche Entwicklung des Buddhismus in Tibet, welche sich sehr eng mit den entsprechenden Formulierungen in diesem Buch (S. 187 ff.) berührt. Anschließend an diese Sitzung fand ein Empfang für die Kongreßteilnehmer im Râshtrapati Bhavan, dem Sitz des indischen Staatspräsidenten Râjendra Prasâd, statt. Hier hatte ich Gelegenheit, auch eine kurze tibetische Unterhaltung mit dem Panchen zu führen, welcher neben dem Präsidenten auf einem Sofa saß. Die Erscheinung eines Tibetisch sprechenden Europäers ließ den sonst recht einsilbigen Râjendra Prasâd sein Schweigen mit den erstaunten Worten brechen: »Oh, he speaks Tibetan!« Kurz vor dem Ende der Party stand ich im dichtesten Gewühl plötzlich vor dem Dalai Lama und hatte die Freude, daß ein freundliches Lächeln des Wiedererkennens über die Züge des hohen Herrn glitt. Auch hier durfte ich ein paar Worte mit dem Kirchenfürsten wechseln, während seine Hand auf meinem Arme ruhte, eine Szene, welche sich die indischen Pressefotografen nicht entgehen ließen.

Im Jahre 1960 geriet ich noch einmal in indirekte Verbindung mit dem Dalai Lama, als ich in Indien für die Arbeit an einem neuen Wörterbuch des klassischen Tibetischen, welches unter meiner Verantwortung bei der Bayerischen Akademie der Wissenschaften vorbereitet wird, zwei tibetische Flüchtlingsgelehrte engagieren wollte. Die beiden inkarnierten Lamas Tshänsha Tulku Yishi Thondup und Panglung Tulku Jamba Losang, die dann zu diesen Arbeiten nach München kamen, wurden von Seiner Heiligkeit persönlich ausgewählt und reisten mit seinem besonderen Segen nach Deutschland.

Professor Dr. Helmut Hoffmann

München, im Mai 1962

Als die Armeen Rotchinas im Jahr 1950 in Tibet einmarschierten und den östlichen Teil des Landes besetzten, befand ich mich mit meinem Volk in einer verzweifelten und nahezu hoffnungslosen Lage. Wir baten mehrere große Staaten und die Vereinten Nationen um Beistand. Aber unser Hilferuf verhallte ungehört. Schon seit vielen hundert Jahren ist Tibet keine Militärmacht mehr. Denn wir glauben an den Pfad des Friedens: von der Zeit an, da vor mehr als tausend Jahren die Weisheit Buddhas von Indien her in unser Land gebracht worden ist, waren wir bemüht, diesem Pfad des Friedens zu folgen, und seit das Leben unseres Volkes dem Glauben geweiht war, besaßen wir nur noch wenig materiellen Rückhalt. Nun, da jede Hilfe ausblieb, wurden wir in kurzer Zeit von den Waffen Chinas überwältigt. Wir schickten eine Delegation nach Peking, in der Hoffnung, einen ehrenhaften Frieden schließen zu können, aber sie wurde unter Drohungen gezwungen, eine Verzichterklärung auf unsere Souveränität zu unterzeichnen. Unsere Regierung hat das uns aufgezwungene Abkommen niemals ratifiziert, doch es war uns allen klar, daß noch mehr Blutvergießen und noch mehr Zerstörung die unvermeidliche Folge gewesen wäre, hätten wir es verworfen. Um mein Volk vor Schlimmerem zu bewahren, versuchte ich mit meiner Regierung, das Abkommen hinzunehmen, so ungerecht es auch war; aber die Chinesen brachen jede Zusage, die sie uns in diesem Vertrag gemacht hatten.

Die grauenvolle Tragödie, die sich in der Folgezeit in Tibet abspielte, ist in großen Zügen aus den Berichten der Internationalen Juristenkommission bekannt. In dem vorliegenden Buch habe ich mich nun bemüht, ein mehr persönliches Bild von unserem Leben in Tibet zu entwerfen und die traurigen Vorkommnisse zu schildern, durch die ihm nunmehr ein Ende gesetzt worden ist. Auch habe ich einige Leitsätze des Buddhismus eingefügt und beschrieben, wie diese Religion vom Leiden auf den Pfad der Glückseligkeit führt, denn niemand kann Tibet begreifen, der nicht auch etwas von unserem Glauben weiß.

Ich bin ein überzeugter Anhänger der Lehre von der Gewaltlosigkeit, die zuerst Buddha, dessen Weisheit die wahre Natur des Seins enthüllte, in seinen entscheidenden Unterweisungen vertrat – jener Lehre, die der indische Heilige und Staatsmann Mahatma Gandhi unserer Zeit vorgelebt hat. So war ich von Anbeginn an strikt dagegen, unsere Freiheit mit Hilfe der Waffen wiederzuerlangen. Ich verwandte während der kritischen Jahre alle meine Anstrengungen darauf, eine gerechte und friedliche Übereinkunft mit China herbeizuführen, und ich versuchte nach bestem Vermögen, mein Volk davon zu überzeugen, daß es keine Gewalt anwenden dürfe, selbst auf die Gefahr hin, bei einigen meiner Anhänger kein Verständnis für meine Einstellung zu finden. Neun Jahre hindurch gelang es mir, den Teil meines Volks, der noch der Macht der tibetischen Regierung unterstand, davon abzuhalten, zu den Waffen zu greifen, um die chinesischen Unterdrücker zu verjagen. Denn ich hielt dieses Verfahren für unmoralisch, und ich wußte, daß es beiden Seiten nur Unheil bringen würde. Doch zwischen dem östlichen Teil des Landes, der bereits besetzt war, und mir sowohl als meiner Regierung waren sämtliche Verbindungen abgebrochen, so daß wir unseren Einfluß auf die Bevölkerung nicht mehr geltend machen konnten. Und dort brach denn auch der Aufstand gegen die Chinesen los. Zuletzt wurde die Unterdrückung durch die Eindringlinge im ganzen Land unerträglich, und die Geduld meines Volkes riß.

Dies ist die Geschichte, die ich nach bestem Vermögen und mit Hilfe von David Howarth so erzählt habe, daß jedermann sie versteht, und ich möchte gern, daß der Leser seine eigenen Schlüsse aus ihr zieht. Doch muß ich hinzufügen, daß wir Tibeter noch immer keinen Haß gegen das große chinesische Volk fühlen, obwohl seine Vertreter in Tibet uns so barbarisch behandelt haben. Wir wünschen nichts anderes, als in Frieden und Freundschaft mit all unseren Nachbarn – auch den Chinesen – unser eigenes Leben zu führen. Und so wenden wir uns denn an jene Menschen in aller Welt, für die Toleranz und Güte noch gültige Werte sind.

Der Bauernsohn

Ich wurde in einem kleinen Dorf namens Taktser im Nordosten Tibets geboren. Es war der fünfte Tag des fünften Monats im Holz-Schwein-Jahr des tibetischen Kalenders, nach christlicher Zeitrechnung also das Jahr 1935. Taktser liegt im Distrikt Dokham. Dieser Name ist bildhaft, bezeichnet doch die Silbe *Do* den unteren Teil einer Talsenke dort, wo sie bereits ins flache Land übergeht, und *Kham* den östlichen Teil Tibets, in dem die Khampas leben, Angehörige eines tibetischen Stamms mit sehr ausgeprägten Merkmalen. Dieses Dokham ist jener Teil Tibets, wo unsere Berge nach den Ebenen des Ostens, nach China hin, abzufallen beginnen. Taktser selbst liegt etwa 2750 Meter über dem Meeresspiegel.

Die Gegend war herrlich. Unser Dorf lag auf einem kleinen Plateau inmitten fruchtbarer Weizen- und Gerstenfelder. Die Hochebene wiederum ist umgeben von Hügelketten, auf denen dichtes Gras von leuchtend grüner Farbe wächst.

Einer der Berge südlich des Orts überragt die übrigen. Er heißt Ami-chiri, aber die Leute aus der Gegend nennen ihn auch den »Berg, der den Himmel durchstößt«. Er gilt als Wohnsitz der örtlichen Schutzgottheit. Der untere Teil seiner Abhänge ist mit Wäldern bedeckt, in höheren Regionen wächst reichlich Gras, noch weiter oben zeigt sich kahler Fels, und am Gipfel schimmert ein Flecken ewigen Schnees. An den Nordhalden des Berges gedeihen Wacholdersträucher und Pappeln, Pfirsich-, Pflaumen- und Walnußbäume, viele Arten von Beerensträuchern und wohlriechende Blumen. Aus zahlreichen Quellen stürzt kristallklares Wasser in Kaskaden talwärts, und die Vögel und die Tiere der Wildnis – Hirsche, Wildesel, Affen, hin und wieder ein Leopard, Bären und Füchse – tummelten sich hier, vom Menschen unbehelligt; denn da unser Volk der Lehre Buddhas anhing, hätte niemand willentlich einem lebenden Wesen ein Leid zugefügt.

Vor dieser prächtigen Naturkulisse stand ein Männerkloster, Karma Shar Tsong Ridro, ein berühmter Ort in der Religionsgeschichte Tibets. Es wurde von Karma Rolpai Dorje gegründet, der vierten Reinkarnation von Karma-pa, der seinerseits die erste in Tibet bekannte Inkarnation gewesen ist; überdies war hier unser großer Reformator Tsongkhapa im 14. Jahrhundert christlicher Zeitrechnung zum Mönch geweiht worden. Noch tiefer im Tal lag ein weiteres Männerkloster, Amdo Jhakyung, wundervoll vor dem Hintergrund des Berges. Die goldenen Dächer und das

»Dharma Chakra« genannte Symbol, das Rad des Glaubens, von stilisierten Gazellen aus Kupfer und Gold flankiert, verstärkten nicht nur den malerischen Eindruck der Szenerie, sie verliehen auch der ganzen Umgebung das Gepräge der Frömmigkeit; und dieser Eindruck wurde womöglich noch verstärkt durch die Gebetsfahnen auf den Dächern aller Häuser im Dorf.

Taktser war ein bäuerliches Gemeinwesen. Seine Bewohner erzeugten an Nahrungsmitteln hauptsächlich Weizenmehl, ein Gerstenmehl, das Tsampa genannt wird, und außerdem Fleisch und Butter; ihre Getränke waren gebutterter Tee und ein Bier, das Tschang heißt und aus Gerste gebraut wird. Über den Fleischgenuß sind die Buddhisten geteilter Meinung, aber in fast ganz Tibet ist das Klima rauh, und es fehlt, obwohl genügend Eßbares gedeiht, an Abwechslung. Deshalb ist es in Tibet unmöglich, sich ohne Fleischgenuß gesund zu ernähren; auch hat sich der Brauch, Fleisch zu essen, aus einer Zeit erhalten, die vor der Einführung des Buddhismus liegt. Die Tibeter würden es allerdings für frevelhaft halten, irgendein Tier – gleich aus welchem Grund – zu schlachten, aber sie empfinden es nicht als sündhaft, auf den Markt zu gehen und das Fleisch eines bereits getöteten Tieres zu erwerben. Die Metzger freilich, welche die Tiere geschlachtet haben, gelten als Sünder und Ausgestoßene.

Was die Bewohner von Taktser nicht selbst an Gerste und Weizen brauchten, handelten sie in den nächsten Städten, Kumbum und Sining, gegen Tee, Zucker, Baumwollgewebe, Schmuck und Eisengeräte ein. Die Kleidung der Bevölkerung war rein tibetisch: die Männer trugen Pelzmützen, hohe Lederstiefel und jene Art von Mänteln, wie man sie in verschiedenen Abwandlungen überall in Tibet antrifft. Sie werden etwas unterhalb der Leibesmitte zusammengeschnürt, so daß ihre Falten über den Gürtel hängen und auf diese Weise praktische Taschen bilden. Die Frauen trugen lange, ärmellose Wollgewänder mit hellen Blusen aus Baumwolle oder Seide und zu jeder besonderen Gelegenheit einen langen verzierten Kopfputz, der ihnen über den Rücken herunterhing. Im Winter waren Mäntel und Kleider mit dickem Flauschfutter versehen. Genau wie ihre Schwestern in allen Teilen der Welt liebten auch die Frauen von Taktser Schmuck und kostbare Steine, aber in erster Linie – und die Männer des Dorfes vermerkten das mit Stolz – waren sie ausnehmend gute Köchinnen.

Es gab in der Umgebung noch viele andere Klöster und Tempel, wo jedermann, ob Mönch oder Laie, beten und opfern konnte. In meiner Heimat drehte sich wirklich das ganze Leben um die Religion. Es gab ohnedies kaum einen Tibeter, der nicht gläubiger Buddhist gewesen wäre. Sogar kleine Kinder, die noch gar nicht richtig sprechen konnten, suchten mit Vorliebe Stätten auf, wo die Sinnbilder der »Drei Juwelen« – Buddha, Dharma und Sangha – verehrt wurden. Schon die kleinen Kinder bauten im Spiel Tempel aus Lehm und hielten Opferzeremonien vor ihnen ab. Dabei führten sie Gesten des Rituals aus, die sie instinktiv und ohne jede vorherige Unterweisung zu kennen schienen. Jedermann, ob reich, ob arm – einige Geizhälse ausgenommen –, verwendete alles, was ihm über das Lebensnotwendige hinaus blieb, zum Bau religiöser Gedenkstätten, steuerte zum Unterhalt von Tempeln bei, opferte den »Drei Juwelen«, verteilte Almosen unter die Armen und kaufte den Metzgern Tiere ab, um ihr Leben zu retten. Wer gut situiert war, hatte in seinem Haus einen Schrein aufgestellt, vor dem mehrere Mönche gegen freie Verköstigung unablässig beteten. Manchmal wurden auch Hunderte von Klosterbrüdern ins Haus geladen, um einige Tage hintereinander aus heiligen Texten zu rezitieren – ein frommer Dienst, für den man sie freigebig bezahlte und verpflegte. Doch selbst in den armseligsten Hütten war mindestens ein kleiner Altar und ein Bildnis Buddhas zu finden, vor dem ständig die Butterlampen brannten.

Die Bevölkerung von Dokham war in der Mehrzahl groß gewachsen und kräftig, auch kühn und tapfer von Natur, doch zügelte ihr Glaube diese Eigenschaften zu friedlichem Wesen. Demut und Mildtätigkeit, Mäßigkeit, Freundlichkeit, Zuneigung und Ehrfurcht allen anderen Geschöpfen gegenüber – das waren die Tugenden, zu denen sie ihre Religion anhielt.

Unter diesem liebenswerten Volk wurde ich von Eltern rein tibetischer Herkunft geboren. Meine Familie hatte sich zwar in Dokham angesiedelt, meine Vorfahren stammten jedoch aus Zentraltibet. Was sie dazu trieb, sich im östlichen Tibet niederzulassen, ist leicht erklärt. Vor Hunderten von Jahren, in der Regierungszeit des Königs Mangsong Mangtsen, war ein tibetisches Heer im nordöstlichen Teil des Landes zum Schutz der Grenzen stationiert worden. In den Bezirk von Dokham, in dem wir jetzt lebten, hatte man eine Garnison aus Phempo in Zentraltibet verlegt. Der Familienüberlieferung zufolge gehörten meine Vorfahren zu diesen Soldaten. Unter uns sprachen wir ein Idiom, das beinahe mehr Wörter aus dem Distrikt Phempo als solche aus dem Osten enthielt. So sagten wir zum Beispiel *cheney* für Napf und *khenbu* für Schüssel. Von den letzten zwei Generationen abgesehen, ist stets ein Mitglied meiner Familie Ortsvorsteher gewesen und hat den Titel Chhija Nangso geführt; Chhija war einer der Ortsnamen, und Nangso bedeutet der »Innere Wächter«. Ich bin immer froh darüber gewesen, daß ich aus einer einfachen Bauernfamilie stamme. Als kleines Kind verließ ich mein Dorf, doch darüber werde ich später noch genauer berichten. Viele Jahre waren vergangen, bis ich auf meinem Rückweg von China Taktser einen eiligen Besuch abstattete, und ich konnte mich eines stolzen Gefühls nicht erwehren, als ich mein angestammtes Dorf und meine Heimat wiedersah. Wäre ich als Sohn einer reichen oder adeligen Familie zur Welt gekommen, so hätte ich wohl die Gefühle und Seelenregungen der unteren tibetischen Klassen niemals wirklich nachempfinden können. Doch dank meiner niedrigen Geburt verstehe ich diese Menschen und weiß ihre Gedanken zu lesen. Dies ist auch der Grund, warum ich so stark mit ihnen leide und mein Bestes versucht habe, ihr Geschick in diesem Leben erträglich zu gestalten.

Unsere Familie ist groß. Ich habe noch zwei Schwestern und vier Brüder, deren Geburtsdaten weit auseinander liegen. Meine Mutter gab sechzehn Kindern das Leben, doch starben neun von ihnen in zartem Alter. Liebe und Güte waren das Band, das die ganze Familie einte. Mein Vater zeichnete sich durch ausgesprochene Gutherzigkeit aus. Zwar konnte er auch ein wenig aufbrausend sein, aber sein Zorn verrauchte rasch. Weder besonders groß und stark noch außergewöhnlich gebildet, war er von Natur aus anstellig und intelligent. Seine besondere Vorliebe galt den Pferden; er ritt gern und oft und hatte einen ausgeprägten Pferdeverstand. Meine Mutter ist ein sehr gütiger und liebevoller Mensch. Sie hat ein weiches Herz; mit Freuden würde sie ihr Mahl an einen Hungrigen verschenken und selber darben. Trotz ihres sanften Wesens führte stets sie in unserer Familie das Regiment. Sie ist anpassungsfähig und besitzt großen Weitblick. So war es für sie, nachdem meine Einsetzung in das Amt des Dalai Lama uns neue Möglichkeiten eröffnet hatte, selbstverständlich, dafür zu sorgen, daß auch ihre anderen Kinder eine gute Ausbildung erhielten.

Unseren Lebensunterhalt bestritten wir hauptsächlich durch Ackerbau, aber wir hielten auch Vieh und Pferde und zogen in unserem Garten Gemüse. Meist beschäftigten wir fünf Dienstboten auf unserem Hof, doch wurden viele Arbeiten auch durch die Familienmitglieder verrichtet; während der Frühjahrsbestellung und zur Erntezeit mußten wir für einige Tage zwischen fünfzehn und vierzig Hilfskräfte einstellen, die in Naturalien entlohnt wurden. Auch war es in unserem Dorf Sitte, daß wir einander halfen, wenn je eine Familie Beistand nötig hatte oder sich in irgendwelchen Schwierigkeiten befand. Ging meine Mutter zur Feldarbeit, so nahm sie mich, solange ich noch ein Kleinkind war, für gewöhnlich auf ihrem Rücken mit und legte mich am Rand des Ackers unter einem Schirm schlafen, der an einem Pflock im Boden festgebunden wurde.

Unser Haus war ein quadratisches Gebäude, der Hof lag in der Mitte. Es hatte nur ein einziges Stockwerk, das aus einem steinernen Fundament und im übrigen aus Lehm bestand. Die Kanten des flachen Dachs waren mit türkisfarbenen Ziegeln eingefaßt. Durch das nach Süden gerichtete Haupttor erblickte man den Ami-chiri. Der obere Abschluß des Tors war mit Lanzen und Fahnen besteckt, wie es von alters her in Tibet üblich ist. Gebetsfahnen flatterten von der Spitze einer großen Stange, die in der Mitte des Hofes stand. Hinter dem Haus befanden sich die Koppeln für unsere Pferde, unsere Maultiere und unser Vieh. Um das Anwesen vor ungebetenen Gästen zu schützen, lag vor dem Tor ein großer Wachhund an der Kette.

Unser Viehbestand umfaßte acht Kühe und sieben Dzomos, Kreuzungen zwischen Yaks und Rindern (das Wort Yak bezeichnet, wie das Wort Stier, ausschließlich das männliche Tier; die Yak-Kuh heißt Dri). Meine Mutter pflegte die Dzomos selbst zu melken, und sobald ich gehen gelernt hatte, lief ich ihr gewöhnlich in den Stall nach, den Napf in den Falten meines Gewandes verborgen, um ihr Milch, warm vom Dzomo, abzubetteln. Auch Hühner besaßen wir, und ich durfte im Hühnerstall die Eier suchen. Es gehört zu meinen frühesten Erinnerungen, daß ich in einen der Brutkästen kletterte, mich dort zusammenkauerte und wie eine Henne gackerte.

Unsere Familie lebte zwar einfach, aber glücklich und zufrieden. Dies verdankten wir zu einem guten Teil Thubten Gyatso, dem Dreizehnten Dalai Lama, der viele Jahre lang der geistliche und weltliche Herrscher Tibets gewesen ist. Während seiner Regierungszeit hat er den Status Tibets als den einer unabhängigen Nation geklärt und gefestigt; außerdem hat er vieles getan, um die Lage seines Volkes zu verbessern. Der östliche Distrikt, in dem wir wohnten, stand zwar unter der weltlichen Herrschaft Chinas, Thubten Gyatso aber war sein geistliches Oberhaupt. Und da er hier beinahe ein ganzes Jahr gelebt hatte, war die

Bevölkerung stark durch seinen Einfluß geprägt. In seinem Testament, das an die ganze Nation gerichtet war, hieß es: »Nachdem ich die Pflichten der geistlichen und weltlichen Herrschaft auf mich genommen hatte, gab es für mich keine Muße und keine Vergnügungen mehr. Tag und Nacht habe ich mich mit den Problemen von Religion und Staat angestrengt auseinandergesetzt, um entscheiden zu können, wie beides am besten gedeihe. Ich hatte zu erwägen, wie das Wohlergehen der bäuerlichen Bevölkerung gehoben, ihre Nöte beseitigt und die drei Tore von Bereitwilligkeit, Unparteilichkeit und Gerechtigkeit geöffnet werden könnten.«

Dank seiner segensreichen Tätigkeit konnte das tibetische Volk sich einer langwährenden Periode des Friedens und des Wohlstandes erfreuen. Der Dreizehnte Dalai Lama hat selbst dazu wie folgt gesagt: »Von jenem Jahr, dem Wasser-Stier-Jahr an, bis zum gegenwärtigen Wasser-Affen-Jahr war unserem Tibet Glück und Gedeihen beschieden. Es gleicht einem neu erschaffenen Land. Alle Leute leben behaglich und sind frohgemut.«

Aber im Wasser-Vogel-Jahr – 1933 also – schied Thubten Gyatso aus dieser Welt. Tiefe Trauer ergriff das Volk, als die Nachricht sich in Tibet verbreitete. In unser Dorf brachte mein Vater die betrübliche Kunde. Er war auf dem Markt von Kumbum gewesen und hatte sie in dem dortigen großen Mönchskloster vernommen. So große Verdienste hatte sich der Dreizehnte Dalai Lama um den Frieden und das Wohlergehen Tibets erworben, daß sich das Volk entschloß, ihm zu ehrfürchtigem Gedenken ein ganz besonders prächtiges goldenes Mausoleum zu errichten. Nach uraltem Brauch wurde dieses Grabmal innerhalb des Potala-Palastes in Lhasa erbaut.

Nach dem Tod des Dreizehnten Dalai Lama begann unverzüglich die Suche nach seiner Reinkarnation, denn jeder Dalai Lama ist eine Wiedergeburt seines Vorgängers. Der erste, der im Jahr 1391 christlicher Zeitrechnung geboren wurde, war eine Inkarnation von Chenresi, dem Bodhisattva (werdenden Buddha) der Gnade, der gelobt hatte, alle lebenden Geschöpfe zu beschützen.

Zunächst mußte von der Nationalversammlung ein Regent ernannt werden, der das Volk zu führen hatte, bis die neue Reinkarnation erschienen, aufgefunden und herangewachsen war. Dann wurden, den altehrwürdigen Gebräuchen und Überlieferungen folgend, die staatlichen Orakel und gelehrten Lamas konsultiert, um als erstes festzustellen, an welchem Ort die Reinkarnation vor sich gegangen sei. Im Nordosten Lhasas hatte man seltsame Wolkenbildungen gesichtet. Man erinnerte sich daran, daß der Körper des Dalai Lama nach seinem Tod auf einen Thron im Norbulingka, seiner Sommerresidenz in Lhasa, mit dem Gesicht nach Süden gesetzt worden war; einige Tage später jedoch entdeckte man, daß sich sein Antlitz nach Osten gewendet hatte. Und auf einem hölzernen Pfeiler an der Nordostseite des Schreins für den toten Dalai Lama zeigte sich plötzlich ein sternförmiger Schwamm. All dies und andere Erscheinungen wiesen die Richtung, in der man nach dem neuen Dalai Lama zu suchen hatte.

Als nächstes pilgerte der Regent im Jahr 1935 – es war nach dem tibetischen Kalender das Holz-Schwein-Jahr – an den heiligen See von Lhamoi Latso in Chokhorgyal, ungefähr neunzig Meilen südöstlich von Lhasa. Nach tibetischem Glauben vermag man in den Wassern dieses Sees die Zukunft zu erblicken. Es gibt viele solcher heiligen Seen in Tibet, aber Lhamoi Latso ist der berühmteste. Manchmal sollen die Visionen in Form von Schriftzeichen erscheinen, manchmal als Bilder von Orten und zukünftigen Ereignissen. Einige Tage wurden in Gebet und Meditation zugebracht, dann hatte der Regent die Vision von drei tibetischen Schriftzeichen, *ah, ka* und *ma,* gefolgt von dem Bild eines Mönchsklosters mit jadegrün und goldenen Dächern und einem Haus mit türkisfarbenen Ziegeln. Eine detaillierte Beschreibung dieser Gesichte wurde aufgezeichnet und streng geheimgehalten. Im folgenden Jahr wurden hohe Lamas und Würdenträger, denen das Geheimnis bekannt war, in alle Teile Tibets ausgesandt, um den Ort zu suchen, den der Regent im Wasser des heiligen Sees gesehen hatte.

Die weisen Männer, die ostwärts gewandert waren, kamen im Winter nach Dokham. Bald entdeckten sie die grünen und goldenen Dächer des Klosters von Kumbum. Im Dorf Taktser stießen sie auf ein Haus mit türkisfarbenen Ziegeln. Ihr Anführer erkundigte sich, ob die Familie, die dieses Haus bewohnte, etwa Kinder habe, und man sagte ihm, daß zu ihr ein Knabe gehöre, der nahezu zwei Jahre alt sei.

Als sie diese bedeutsame Kunde vernommen hatten, gingen zwei Mitglieder der Gruppe und ein Diener, geführt von zwei ortsansässigen klösterlichen Beamten, in Verkleidung zu dem Haus. Ein jüngerer Klosterbeamter der Suchgruppe, der Losang Tsewang hieß, gab vor, der Leiter zu sein, während der wirkliche Anführer, Lama Kewtsang Rinpoche aus dem Kloster Sera, ärmliche Kleider angelegt hatte und den Diener spielte. Am Tor des

Hauses trafen die Fremdlinge mit meinen Eltern zusammen, die Losang ins Haus baten, da sie ihn für den Ranghöchsten hielten, während der Lama und die übrigen in den Räumen des Gesindes Unterkunft erhielten.

Hier fanden sie das jüngste Kind der Familie. Sobald der Kleine den Lama erblickte, ging er auf ihn zu und wollte unbedingt auf dessen Schoß. Der Lama hatte sich durch einen Mantel, der mit Lammfell gefüttert war, unkenntlich gemacht, aber um den Hals trug er einen Rosenkranz, der dem Dreizehnten Dalai Lama gehört hatte. Der Bub entdeckte diesen Rosenkranz und bettelte darum. Der Lama versprach, ihm den Rosenkranz zu geben, wenn er herausbrächte, wer er sei. Darauf erwiderte das Kind, er sei »Sera-aga«, was im Dialekt der Gegend soviel wie »Lama von Sera« bedeutet. Nun fragte der Lama, wie denn wohl der Anführer heiße, und der Knabe nannte den Namen Losang. Außerdem wußte er, daß der richtige Diener Amdo Kasang war. Der Lama beobachtete das Kind den ganzen Tag hindurch mit wachsendem Interesse, bis es Zeit war, es zu Bett zu bringen. Die ganze Gruppe blieb über Nacht im Haus. Früh am nächsten Morgen, als sie sich zum Aufbruch vorbereitete, kletterte der Knabe aus seinem Bett und wollte sich nicht davon abbringen lassen, mit den Fremden zu gehen.

Dieses Kind war ich.

Bis zu jenem Zeitpunkt hatten mein Vater und meine Mutter noch keine Ahnung von dem wahren Auftrag der Reisenden, die sie bei sich aufgenommen hatten. Aber einige Tage später kam die ganze Suchkommission der älteren Lamas und hohen Würdenträger gemeinsam in unser Haus in Taktser. Beim Anblick der großen Gruppe vornehmer Besucher begriffen meine Eltern, daß ich eine Reinkarnation sein müsse, denn es gibt viele wiederverkörperte Lamas in Tibet; auch mein älterer Bruder hatte sich bereits als ein solcher erwiesen. Ein verkörperter Lama war kurz zuvor im Kloster von Kumbum gestorben, und deshalb vermuteten meine Eltern, daß die Besucher nach seiner Reinkarnation forschten. Daß ich die Reinkarnation des Dalai Lama selbst sein könnte – daran dachten meine Eltern nicht im Traum.

Bei kleinen Kindern, die Reinkarnationen sind, ist es üblich, daß sie sich an Gegenstände und Personen aus ihrem vorigen Leben erinnern. Einige können auch heilige Schriften zitieren, ohne daß man es sie gelehrt hat. Durch alles, was ich gesagt hatte, war der Lama zu der Überzeugung gekommen, daß er möglicherweise die gesuchte Reinkarnation entdeckt habe. Nun war die ganze

Gruppe erschienen, um mich weiter zu prüfen. So hatten die Würdenträger zwei völlig gleiche schwarze Rosenkränze bei sich, von denen der eine aus dem persönlichen Besitz des Dreizehnten Dalai Lama stammte. Als sie mir beide darboten, ergriff ich denjenigen, der ihm gehört hatte, und legte ihn mir – wie man mir später erzählte – um den Hals. Derselbe Versuch wurde mit zwei gelben Rosenkränzen unternommen. Darauf hielten sie mir zwei Trommeln hin, eine kleine, die der Dalai Lama dazu verwendet hatte, sein Gefolge zusammenzurufen, und eine größere, viel reicher geschmückte Trommel mit goldenen Beschlägen. Ich wählte die kleine und begann sie so zu bearbeiten, wie man es während des Betens tut. Zuletzt wiesen sie mir zwei Wanderstäbe. Ich faßte den falschen an, hielt dann inne und betrachtete ihn eine Weile; schließlich nahm ich den anderen, der dem Dalai Lama gehört hatte, und behielt ihn in der Hand. Über mein Zögern verwundert, fand man später heraus, daß auch der erste Wanderstab eine Zeitlang vom Dalai Lama benutzt worden war. Er hatte ihn später einem Lama verehrt, der ihn wiederum an Kewtsang Rinpoche weiterverschenkt hatte.

Alle diese Versuche bestärkten die Abgesandten in der Überzeugung, daß die Reinkarnation gefunden war; auch die Vision der drei Schriftzeichen, die der Regent im See erblickt hatte, sprach für ihre Ansicht. Denn sie meinten, daß das erste Schriftzeichen – ah – Amdo bedeute. Und Amdo ist der Name unseres Bezirks. ka mochte auf Kumbum hinweisen, eines der größten Mönchsklöster der Gegend, das überdies dem Regenten in seiner Vision erschienen war. Auch konnte mit den zwei Schriftzeichen ka und ma das Mönchskloster Karma Rolpai Dorje am Berg oberhalb unseres Dorfes gemeint sein.

Nun bekam der Umstand Bedeutung, daß der Dreizehnte Dalai Lama einige Jahre zuvor auf seinem Rückweg von China im Kloster Karma Rolpai Dorje geweilt hatte. Er war vom verkörperten Lama des Klosters willkommen geheißen worden und hatte die Huldigungen der Dorfbewohner entgegengenommen, unter denen sich auch mein Vater – damals neun Jahre alt – befand. Man erinnerte sich jetzt daran, daß ein Paar Stiefel des Dalai Lama – sie heißen bei uns jachhen – im Kloster zurückgeblieben waren. Auch hatte der Dalai Lama eine Zeitlang mein Geburtshaus betrachtet und dabei geäußert, dies sei ein wunderschöner Ort.

Durch das Zusammentreffen all dieser Umstände kam die Suchkommission vollends zu der Überzeugung, daß die Reinkarnation gefunden war, und kabelte alle Einzelheiten nach Lhasa. Die einzige Telegraphenlinie Tibets verlief von Lhasa nach Indien; deshalb mußte die verschlüsselte Nachricht von Sining durch China und Indien nach Lhasa geschickt werden. Auf demselben Weg kam die Anweisung zurück, mich unverzüglich in die heilige Stadt zu bringen.

Da aber der nordöstliche Teil Tibets, in dem wir lebten, unter der Oberhoheit Chinas stand, war der chinesische Gouverneur in Kenntnis zu setzen. Die Mitglieder der Suchkommission ließen ihn wissen, sie seien gekommen, den neuen Dalai Lama ausfindig zu machen, und bäten ihn um seine Unterstützung bei der Reise etwaiger Anwärter nach Lhasa. Sie verschwiegen freilich, daß sie glaubten, bereits die endgültige Wahl getroffen zu haben, denn sie befürchteten, er könne Schwierigkeiten machen. Und tatsächlich erhielt die Kommission keinerlei Antwort vom Gouverneur. Er jedoch ließ zweimal sämtliche Knaben zusammenrufen, die nach seinen Informationen in Betracht gezogen worden waren, und obwohl Mohammedaner, beschloß er, selbst eine Untersuchung vorzunehmen. Die Prüfung war recht einfach: Er hielt uns allen eine Schachtel mit Süßigkeiten hin. Einige der Knaben waren zu verschüchtert, zuzugreifen, andere wieder so gierig, daß sie gleich eine ganze Handvoll nahmen. Ich aber – so erzählte man mir – begnügte mich mit einem einzigen Stück und aß es manierlich auf. Dieses Verhalten und das Ergebnis weiterer Befragung schienen ihm für die Annahme ausreichend, daß ich der Kandidat mit den besten Aussichten sei, denn er schickte alle anderen Kinder nach Hause und schenkte ihren Eltern jeweils eine Rolle Tuch. Meinen Eltern jedoch gab er Anweisung, mich in das Kloster von Kumbum unter die Obhut meines Bruders zu geben, der dort bereits auf die Weihen als Mönch vorbereitet wurde.

Als nächstes, so wird berichtet, forderte der Gouverneur von den Vertretern der tibetischen Regierung die Summe von hunderttausend chinesischen Dollars dafür, daß er mich ziehen ließ. Das war viel Geld, und er hatte keinerlei Anrecht darauf. Dennoch bezahlte man ihn, aber nun verlangte er weitere dreihunderttausend. Die Abgesandten aus Lhasa erklärten daraufhin, sie wüßten noch gar nicht, ob ich wirklich die Reinkarnation sei, denn außer mir gebe es in anderen Teilen Tibets noch weitere Anwärter. Sie waren sehr besorgt, der Gouverneur könne den Preis immer höher schrauben und stets neue Schwierigkeiten machen, sobald er erst einmal sicher sei, daß man in mir den neuen Dalai Lama sehe. Außerdem bestand die Gefahr, daß die chinesische

Regierung diese günstige Gelegenheit benützen würde, sich auf irgendeine Art weitere Befugnisse in Tibet anzumaßen.

Von all diesen Komplikationen mußte Lhasa natürlich benachrichtigt werden. Es erschien allerdings unklug, über die zu treffenden Maßnahmen in Telegrammen zu verhandeln, die ihren Weg über China nahmen, und so mußten die Meldungen durch Boten nach der Hauptstadt geschickt werden. Deshalb dauerte es mehrere Monate, bis Antwort kam; insgesamt vergingen vom Beginn der Suche bis zum Ende der Verhandlungen mit dem Gouverneur nahezu zwei Jahre.

Während dieser Zeit wurde über die ganze Angelegenheit strengstes Stillschweigen bewahrt, nicht nur aus Angst, was wohl der chinesische Gouverneur unternehmen würde, sondern auch deshalb, weil die Kunde von der Entdeckung des neuen Dalai Lama der tibetischen Nationalversammlung noch nicht zur offiziellen Bestätigung vorgelegt worden war. Nicht einmal meine Eltern wurden ins Vertrauen gezogen; während der ganzen langen Wartezeit haben sie nie vermutet, ich könne die Reinkarnation des höchsten aller Lamas sein. Doch hatten, wie mir meine Mutter später erzählte, Vorzeichen darauf hingewiesen, daß mir ein außergewöhnliches Schicksal beschieden sei. Es ist ein in Tibet weitverbreiteter Glaube, daß der Distrikt, in dem ein inkarnierter Lama geboren wird, vor diesem Geschehnis Heimsuchungen erdulden muß. Ehe ich geboren wurde, hatte es in Taktser vier Jahre hintereinander Mißernten gegeben: Teils hatte Hagelschlag das reife Korn vernichtet, teils Dürre die junge Saat umkommen lassen. Damals war in den Dorfbewohnern der Glaube aufgekommen, daß unter ihnen die Geburt einer Reinkarnation vor sich gehen müsse. Auch meine eigene Familie hatte schwere Zeiten durchgemacht. Einige unserer Pferde und Rinder gingen ein, ohne daß mein Vater irgendeinen Grund erkennen konnte. Und die letzten Monate vor meiner Geburt war mein Vater selbst schwer krank und unfähig gewesen, das Bett zu verlassen. An dem Morgen jedoch, an dem ich das Licht der Welt erblickte, fühlte er sich vollständig gesund, stand auf, verrichtete seine Gebete und füllte die Butterlampen nach, die stets auf unserem Familienaltar brannten. Meine Mutter erinnert sich, darüber sehr ärgerlich gewesen zu sein und ihm vorgeworfen zu haben, er sei nur aus Trägheit im Bett geblieben; er aber erklärte, er sei genesen. Als die Geburt vorüber war und meine Mutter zu ihm sagte: »Es ist ein Knabe«, entgegnete er schlicht: »Gut. Ich möchte gern, daß er ein Mönch wird.«

Während die Unterhandlungen mit dem Gouverneur ihren Fortgang nahmen, blieb ich im Kloster. Ich war damals etwa drei Jahre alt und begreiflicherweise in der ersten Zeit über die Trennung von meinen Eltern höchst unglücklich. Außer meinem älteren Bruder, Thubten Jigme Norbu, lebte auch mein dritter, erst fünfjähriger Bruder, Losang Samten, hier. Doch für ihn hatte der Unterricht bereits begonnen, und solange er bei dem Mönch war, der ihn unterwies, hatte ich niemanden als Spielgefährten. Ich sehe mich noch ungeduldig vor dem Raum warten, in dem Losang Samten unterrichtet wurde, und manchmal hinter dem Vorhang am Eingang hervorlugen, um zu versuchen, die Aufmerksamkeit meines Bruders zu erregen, ohne mich vom Erzieher sehen zu lassen. Aber dieser war streng, und Samten konnte mir nicht helfen.

Unser Onkel lebte ebenfalls hier, und ich muß leider eingestehen, daß Samten und ich eine kindische Abneigung gegen ihn hatten. Wahrscheinlich lag dies hauptsächlich daran, daß er ein dunkles, geflecktes Gesicht hatte, einen borstigen schwarzen Kinnbart (was unter Tibetern selten vorkommt) und einen Schnurrbart, den er sorgfältig pflegte, indem er ihn häufig einfettete. Außerdem war er oft böse auf uns – vermutlich nicht ohne Grund. Ich entsinne mich noch seines durch außergewöhnliche Größe auffallenden Rosenkranzes, an dem die Kugeln vom ständigen Gebrauch vollständig schwarz geworden waren. Und besonders denke ich an seinen Stoß Schriften aus losen Blättern. Denn als ich sie mir einmal näher ansehen wollte, brachte ich alles durcheinander, wofür ich von meinem erzürnten Onkel ein paar saftige Hiebe bezog. Wenn so etwas passierte, liefen Samten und ich gewöhnlich weg und ließen den Onkel stundenlang nach uns suchen. Wie sollten wir auch wissen, daß wir ihn – dachte man an den Wert, den ich für den Gouverneur besaß – durch unser Verhalten in tausend Ängste stürzten. Unser Manöver verfehlte denn auch nie seine Wirkung. Hatte uns der Onkel glücklich aufgespürt, wurde des langen und breiten darüber verhandelt, wie es in Zukunft besser werden könne. Und er war stets sehr froh darüber, wenn er uns mit Süßigkeiten wieder versöhnt hatte, mit denen er sonst, wenn wir artig waren, durchaus nicht freigebig umging.

Alles in allem war ich in dieser Phase meiner Kindheit aber doch einsam und unglücklich. Hin und wieder pflegte mich Samtens Erzieher auf den Schoß zu nehmen, mit seinem Gewand zu umhüllen und mir getrocknete Früchte zuzustecken; das sind nahezu meine einzigen tröstlichen Erinnerungen an jene Zeit. Meine

Schwester entsinnt sich noch eines der Spiele, mit denen ich mich still für mich allein beschäftigte: Ich spielte »Reisebeginn«. Immerfort schnürte ich Pakete, belud mich und mein Steckenpferd mit ihnen und trabte von dannen.

Doch mit dem Ende des sechsten Monats im Erd-Hase-Jahr, das dem Jahr 1939 entspricht, kam schließlich doch die Stunde meines Aufbruchs. Die Regierungsvertreter hatten den Betrag von dreihunderttausend Dollar nicht vollständig in bar auftreiben können. Nun traf es sich außerordentlich günstig, daß um jene Zeit gerade einige chinesische Kaufleute, die Mohammedaner waren, über Lhasa eine Pilgerreise nach Mekka antreten wollten. Sie erklärten sich bereit, das fehlende Geld auszulegen und es sich in Lhasa zurückzahlen zu lassen. Daraufhin gab der Gouverneur seine Einwilligung zu meiner Abreise, doch stellte er die Bedingung, daß ein älterer Beamter als Geisel so lange bei ihm bleiben müsse, bis er eine Reihe Schriften, mit Goldtinte gemalt, und eine komplette Garnitur von Kleidern des Dreizehnten Dalai Lama erhalten habe. Die Lieferung habe sofort nach meiner ordnungsgemäßen Ankunft in Lhasa zu erfolgen. Dieser Forderung wurde zwar entsprochen, glücklicherweise aber konnte der vom Gouverneur Festgehaltene während politischer Unruhen, die in Dokham ausbrachen, nachdem ich in Lhasa eingetroffen war, entkommen und sich wohlbehalten bis zur heiligen Stadt durchschlagen.

Eine Woche nach meinem vierten Geburtstag brachen wir auf. Drei Monate und dreizehn Tage sollte unsere Reise dauern. Meinen Eltern fiel der Abschied von ihrer Heimat, ihrem Hof und ihren Freunden schwer, wußten sie doch noch immer nicht, was mich und sie erwartete. Die Karawane bestand zu Beginn aus etwa fünfzig Leuten – den Mitgliedern der Suchkommission, meiner eigenen Familie und jener Gruppe von Moslems auf ihrer noch weit längeren Pilgerfahrt – sowie dreihundertfünfzig Pferden und Maultieren. Meine Eltern nahmen zwei von meinen älteren Brüdern mit, Gyelo Thondup, der damals neun, und Losang Samten, der sechs Jahre alt war. Es gab damals in Tibet weder Karren oder Leiterwagen noch Straßen, auf denen solche hätten fahren können. Samten und ich reisten im Treljam, einer Art Sänfte, die, an zwei Stangen befestigt, von je einem Maultier vorn und hinten getragen wird. Auf unwirtlichen und gefährlichen Wegstrecken nahmen mich wechselweise die Mitglieder der Suchkommission auf den Arm. Wir reisten täglich vom Morgengrauen bis zum Mittag, wie es in Tibet üblich ist; die Nächte verbrachten wir in Zelten, da auf unserer Route nur selten menschliche Behausungen anzutreffen waren. Tatsächlich sahen wir anfangs wochenlang keine Menschenseele, einige Nomaden ausgenommen, die herbeikamen und mich um meinen Segen baten.

Sobald ich außerhalb des chinesischen Machtbereiches und somit in Sicherheit war, wurde in Lhasa die Nationalversammlung einberufen. Man legte den Mitgliedern einen detaillierten Bericht von den Visionen des Regenten, von den Prüfungen, die ich erfolgreich bestanden, und von den Hinweisen vor, die der dreizehnte Dalai Lama über den Ort gegeben hatte, an dem er sich seine Wiedergeburt gewünscht hatte. Es wurde nachgewiesen, daß die Suche und die Befragungen in Übereinstimmung mit den Empfehlungen der Orakel und der führenden Lamas vorgenommen worden waren, und so erklärte die Versammlung einstimmig, daß ich die Reinkarnation des Dalai Lama sein müsse. Daraufhin erhielten hohe Beamte den Auftrag, mir entgegenzureisen.

Nachdem wir nahezu drei Monate auf dem Marsch gewesen waren, trafen wir an dem Fluß Thutop-chu auf den ersten dieser Würdenträger. Er hatte zehn Leute bei sich sowie hundert Traglasten an Vorräten; auch hatte er für vier aus Weidenruten geflochtene und mit Leder bespannte Boote gesorgt, um uns und unsere Habe über den Fluß zu setzen. So begann die Karawane anzuwachsen.

Einige Tage später überschritten wir den Tra-tsang-la-Paß und erreichten die Stadt Bumchen, fünfzehn Tagesmärsche von Lhasa entfernt. Hier wurden wir durch einen weiteren Abgesandten der Regierung willkommen geheißen; er übergab mir nicht nur weiße Glücksschleifen, die das in Tibet allgemein gebräuchliche Symbol der Begrüßung sind, sondern auch das Mendel Tensum, eine dreifache Gabe der Verehrung und Huldigung. Erst in diesem Augenblick wurde es meinem Vater und meiner Mutter zur Gewißheit, daß ihr jüngster Sohn die Reinkarnation des Dalai Lama war. So glücklich, so ergriffen, so dankbar sie waren – sie konnten es im ersten Augenblick immer noch nicht glauben, in jener Fassungslosigkeit, die uns häufig überkommt, wenn wir große und glückliche Schicksalswendungen erleben.

Ein wenig später, zehn Tagesstrecken vor Lhasa, trafen wir auf eine Gruppe von etwa hundert Männern mit noch sehr viel mehr Pferden und Maultieren, als sie uns die erste Gesandtschaft zugeführt hatte. Diese zweite wurde von einem Minister des tibetischen Kabinetts geleitet und bestand aus zahlreichen Beamten und Vertretern der drei bedeutendsten Klöster von Lhasa, die mir alle die üblichen Glücksschleifen und das Mendel Tensum überreichten. Sie brachten auch die durch den Regenten, das Kabinett und die Nationalversammlung von Tibet beglaubigte Proklamation mit, durch die ich zum Vierzehnten Dalai Lama erklärt worden war. Dann zog man mir meine bäuerliche Kleidung aus und hüllte mich in ein Mönchsgewand. Ich erhielt eine Bedienung, wie es das Zeremoniell bestimmt, und von jetzt an trug man mich in einer goldenen Sänfte, die wir Tibeter Phebjam nennen.

Immer größer und größer wurde unser Zug. In jedem Dorf und in jeder Stadt, die wir passierten, trafen wir auf Prozessionen von Lamas und Mönchen, die kultische Zeichen und Glückssymbole mit sich führten. Die Einwohner der Ortschaften schlossen sich ebenfalls der Prozession an, während Hörner und Flöten, Trommeln und Zimbeln erklangen und Wolken von Weihrauch zum Himmel stiegen. Laien wie Mönche hatten ihre Festtagskleidung angelegt und begrüßten mich, wenn ich durch die Menge getragen wurde, mit gefalteten Händen und strahlend vor Glück.

Ich entsinne mich, von meiner Sänfte aus Menschen gesehen zu haben, die Freudentränen vergossen. Und überall, wo wir hindurchgezogen waren, erklang Musik, sangen und tanzten die Menschen.

Die nächste wichtige Station unserer Reise war Dum Uma Thang. Hier wurde ich vom Regenten und dem Obersten Abt Tibets erwartet. Wir unterbrachen unsere Reise und brachten drei Tage im Kloster von Rating zu. Aber der Höhepunkt der offiziellen Begrüßung war erst erreicht, als wir in Dögu-thang ankamen, wo alle übrigen hohen Beamten versammelt waren, um mich willkommen zu heißen: der Premierminister, die Mitglieder des Kabinetts und die leitenden Äbte der Klöster Drepung, Sera und Gaden, die »Drei Säulen« des Buddhismus in Tibet. Auch Mr. Hugh Richardson, der Leiter der Britischen Mission in Lhasa, entbot mir hier seinen Gruß. Wir waren nun dicht vor der heiligen Stadt; bald darauf trafen wir auf die Vertreter von Bhutan, Nepal und China. Nun war unsere Reisegesellschaft außerordentlich umfangreich geworden; in einer langen Prozession bewegten wir uns auf unser Reiseziel zu. Tausende von Mönchen mit bunten Fahnen säumten beide Seiten unseres Weges. Menschen über Menschen sangen Willkommenslieder, Musik ertönte. Die Soldaten aller Regimenter der tibetischen Armee bildeten präsentierend Spalier. Die ganze Einwohnerschaft von Lhasa, Männer und Frauen, jung und alt, drängte sich in ihrem besten Staat in den Straßen, um mich huldigend zu empfangen und zu feiern. Als sie sahen, wie ich vorbeigetragen wurde, hörte ich sie rufen: »Der Tag unseres Glücks ist gekommen.« Mir war, als träumte ich, in einem großen Park mit herrlichen Blumen zu lustwandeln, wo ein sanfter Wind wehte und vor mir prächtige Pfauen tanzten. Ein unvergeßlicher Duft von wilden Blumen erfüllte die Luft, und es war, als erklinge die Melodie von Freiheit und Glückseligkeit. Noch war ich aus diesem Traum nicht erwacht, als wir die Innenstadt erreichten. Ich wurde in den Tempel geführt, wo ich mich demütig vor den geweihten Bildnissen verneigte. Dann zog die Prozession zum Norbulingka, der Sommerresidenz des Dalai Lama, und ich betrat, noch immer träumend, die herrlichen Gemächer meines Amtsvorgängers.

Man hatte beschlossen, die Zeremonie des Sitringasol bald nach meiner Ankunft zu begehen: meine Einsetzung auf den Löwenthron. Als Datum hatte man den vierzehnten Tag des ersten Monats im Eisen-Drachen-Jahr festgesetzt, das dem Jahr 1940 entspricht. Der Regent hatte auf Anraten der Staatsastrologen und nach Beratungen mit der Nationalversammlung diesen Tag bestimmt. An die Regierung von China, die Britische Regierung von Indien, den König von Nepal und die Maharadschas von Bhutan und Sikkim wurden Telegramme gesandt, die ihnen das Datum der Inthronisierung mitteilten.

Im Si-Shi-Phuntsok, der »Halle aller guten Taten der überirdischen und irdischen Welt«, im östlichen Teil des Potala-Palastes, fand die Zeremonie statt. Hier hatten sich alle diplomatischen Vertreter der benachbarten Länder versammelt, ferner Beamte der tibetischen Regierung aus dem Mönchs- wie aus dem Laienstand, wiedergeborene Lamas, die drei Äbte und Stellvertretenden Äbte der Klöster von Drepung, Sera und Gaden sowie meine Angehörigen. Als ich die Halle betrat, war ich begleitet vom Regenten, von meinen beiden geistlichen Betreuern, von Mitgliedern des Kabinetts, dem Obersten beamteten Abt und dem Obersten Kämmerer. Auch der Gewandmeister, der religiöse Zeremonienmeister, der Mundschenk und andere Repräsentanten der alten Gebiete Tibets waren anwesend. Alle erhoben sich, als ich eintrat. Ich wurde vom Hauptabt und dem ältesten Mitglied des Kabinetts zum Löwenthron geleitet, wobei der Oberkämmerer die Prozession anführte.

Der Sengtri – wie wir den Löwenthron nennen – bestand aus vergoldetem Holz. Acht geschnitzte Löwen, zwei an jeder Ecke, trugen ihn. Der Thron hatte quadratische Form; hergestellt war er nach den Anweisungen der heiligen Schriften. Es lagen fünf viereckige Kissen auf ihm, jedes mit Brokat von einer anderen Farbe überzogen, so daß der Sitz etwa zwei Meter hoch war. Vor den Thron hatte man einen Tisch gestellt, auf dem alle Amtssiegel des Dalai Lama lagen.

Die Feier begann mit dem Absingen besonderer Gebete durch eine Gruppe von Mönchen des Potala, deren besondere Aufgabe es war, dem Dalai Lama bei allen Kulthandlungen zu assistieren. Sie reichten mir Symbole glückhafter Vorbedeutung, dabei Gebete singend, mit denen sie deren Sinn deuteten.

Dann trat der Regent vor und vollzog die Zeremonie des Mendel Tensum. Diese besteht im wesentlichen aus dem Darbieten von drei symbolischen Gaben: einer goldenen Statuette des Buddha vom Ewigen Leben (Amitâyu), eines Buches mit Texten über diesen sowie eines kleinen Chöten (oder Tschörten), einer Miniaturausgabe jener sakralen Gedenkstätten altüberkommener Bauart, die jedem Tibetreisenden bekannt sind. Sie wünschten mir ein langes Leben und forderten mich auf, unseren Glauben zu künden und auszulegen sowie nach Gedanken gleich denen Buddhas zu streben.

Dann überreichten mir der Regent, mein zweiter geistlicher Betreuer und der Premierminister Glücksschleifen. Ich segnete den Regenten und meinen Erzieher, indem ich ihre Stirnen mit der meinen berührte; den Premierminister, der ein Laie war, segnete ich, indem ich seinen Kopf mit beiden Händen berührte. Darauf führte mir der Oberste Kämmerer eine Prozession von Gefolgsleuten zu, die mir Droma brachten, ein süß schmeckendes Kraut in einem kleinen goldenen Becher mit Untertasse. Nachdem ich davon genommen hatte, bekamen auch die übrigen Anwesenden Droma. Das Darreichen von Droma, das als Glückssymbol gilt, ist in Tibet ein fester Bestandteil jeder kultischen Handlung. Die nächste Zeremonie – das Anbieten von Tee – ging in der gleichen Reihenfolge vor sich. Dann gab es gesüßten Reis. Während dieses strenge Ritual seinen Fortgang nahm, disputierten zwei klösterliche Gelehrte über Grundfragen des Glaubens. Anschließend führte eine Gruppe von Knaben Pantomimen mit Musikbegleitung vor. Wieder folgte eine Disputation über religiöse Themen, während der sowohl frisches wie getrocknetes Obst und Khabse, kleine tibetische Kuchen, gereicht wurden.

Nun brachte der Regent das Mendel Tensum stellvertretend für die Regierung von Tibet dar. Diesmal war es ein kunstvoll gearbeitetes Sinnbild des Weltalls, das auf der einen Seite von einem

Mitglied des Kabinetts, auf der anderen vom Obersten Abt gehalten wurde. Der Regent erläuterte die Bedeutung dieser sakralen Handlung und erklärte, daß nach langer Suche unter Mitwirkung der Orakel und hohen Lamas nunmehr ich von der Regierung und vom tibetischen Volk als geistlicher und weltlicher Herrscher des Staates eingesetzt sei. Zuletzt wünschte er mir ein langes Leben, damit es dem Volk von Tibet durch mich wohl ergehe und der Glaube sich ausbreite. Nun schleppte eine lange Prozession von Beamten – Laien und Mönche – Geschenke der Regierung von Tibet herbei: das Goldene Rad und eine weiße Muschel, Zeichen der geistlichen und der weltlichen Macht, sodann acht Symbole der Wohlfahrt und des Glücks und sieben Symbole des Königtums. Nachdem noch eine Fülle anderer Geschenke niedergelegt worden war, endete der Aufzug.

Jetzt war der Augenblick gekommen, da ich die Versammlung zu segnen hatte. Zuerst wurden die Beamten der tibetischen Regierung auf geistliche Weise gesegnet. Dann waren die ausländischen Vertreter an der Reihe; sie alle brachten mir Glücksschleifen dar. Auch sie empfingen von mir solche Katas. Den Vertretern der höchsten Ränge überreichte ich sie persönlich, den anderen durch den Kämmerer. Vielerlei Obst, das man zuvor inmitten der Halle bereitgelegt hatte, wurde mir nun angeboten und dann an die Anwesenden verteilt. Eine weitere pantomimische Vorführung folgte. Dann erschien ein Zug von Darstellern, die in Maske und Kostüm die Götter und Göttinnen der Meere und des Himmels verkörperten und Lieder zum Preise unseres Landes sangen. Vier maskierte Tänzer stellten die alten indischen Acharya dar (Lehrer), zwei Klosterbeamte rezitierten Berichte über die großen Zeiten der Vergangenheit Tibets und über seine Religion. Wieder wurde eine Pantomime aufgeführt. Die Zeremonie schloß mit den Deklamationen zweier Mönche, die selbstverfaßte Verse vortrugen: Gebete für ein langes Leben des Dalai Lama, für den Sieg des Glaubens in der ganzen Welt, für den Frieden und die Wohlfahrt aller Geschöpfe unter der Herrschaft der dem Dalai Lama unterstellten Regierung. Ich erteilte diesen zwei klösterlichen Gelehrten meinen besonderen Segen und überreichte ihnen zum Dank für ihre Verse Glücksschleifen.

Damit war die feierliche Inthronisation beendet. Sie hatte sehr lange gedauert, und man erzählt mir, alle Teilnehmer seien entzückt darüber gewesen, wie ich, der ich doch noch so klein war, meine Rolle mit so viel Würde hatte durchhalten können. Nun hatte ich nur noch den Phuntsok Doi-Khyel, die »Kammer der

Guten Taten nach Wunsch«, aufzusuchen, wo wiederum alle die hohen Persönlichkeiten, die mich zur Inthronisation in die Halle geleitet hatten, meiner harrten. Man legte mir meine sämtlichen Amtssiegel vor, und jetzt erfolgte mein erster symbolischer Regierungsakt: Ich drückte die Petschafte auf Dokumente mit Anweisungen für die Klöster. So war ich im Alter von viereinhalb Jahren in aller Form als der Vierzehnte Dalai Lama, als geistlicher und weltlicher Herrscher Tibets, eingesetzt. Und alle Tibeter glaubten, eine glückliche und gesicherte Zukunft stehe ihnen bevor.

Streben nach Erleuchtung

Meine Unterweisung begann, als ich sechs Jahre alt war. Da sie sich streng nach dem uralten tibetischen Lehrsystem richtete, muß ich dessen Methoden und Ziele erklären. Obwohl schon vor vielen Hunderten von Jahren bei uns eingeführt, hat es sich noch immer als brauchbar für ein recht hohes sittliches und geistiges Niveau der Tibeter erwiesen. Daß es die wissenschaftlichen Erkenntnisse neuerer Zeit völlig außer acht gelassen hat, muß unter modernen Gesichtspunkten zwar als Mangel gelten. Doch wie hätte es auch anders sein können? Tibet war ja bis in die Gegenwart von der Außenwelt völlig abgeschlossen.

Der Grundgedanke des tibetischen Lehrsystems läuft darauf hinaus, den menschlichen Geist durch eine große Vielfalt an Wissen zu erweitern und zu kultivieren. Die Ausbildung für die gehobene weltliche Erziehung umfaßt Schauspiel, Tanz und Musik, Astrologie, Dichtung und Schriftstellerei. Diese Wissensgebiete gelten in Tibet als die »Fünf geringeren Lehrfächer«. Sie werden nicht nur von Laienschülern erarbeitet, auch Anwärter der geistlichen Laufbahn können eines oder mehrere dieser Fächer wählen. In den meisten Fällen entscheiden sie sich für Astrologie und Schriftstellerei. Auf einer höheren Stufe der Erziehung gehören zum Lehrplan Heilkunde, Sanskrit, Dialektik, also die Kunst des Disputierens, die Ausübung von Kunst und Kunsthandwerk sowie Metaphysik und das, was man im Westen Religionsphilosophie nennen würde. Unter diesen sogenannten »Fünf höheren Lehrfächern« ist das letzte – Metaphysik und Religionsphilosophie – das wichtigste. Zusammen mit der Kunst des Disputierens ist es in fünf Gebiete unterteilt. Diese heißen im Sankskrit Prajnaparamita, die Vollkommenheit der Weisheit; Madhyamika, der »Mittlere Weg«, der das Vermeiden von Extremen fordert; Vinaya, der Kanon mönchischer Disziplin; Abhidharma, Metaphysik, und Pramana, Logik und Dialektik. Wenn man es genau nimmt, darf Pramana nicht als eine der vorher genannten heiligen Schriften bewertet werden; doch ist es in die »Fünf Großen Schriften« eingeschlossen, um die Bedeutung der Logik für die Entfaltung der Geisteskräfte hervorzuheben. (Der tantrische Teil des Mahayana gehört nicht hierher; er wird getrennt studiert.)

Diese religiöse Erziehung erhalten hauptsächlich tibetische Mönche. Es ist ein profundes Studium, und es bedarf großer Anstrengung, den schwierigen Stoff zu durchdringen und in sich aufzunehmen.

Das tibetische System vermittelt dem Schüler jedoch nicht nur Wissen, es verfügt auch über eine differenzierte Methodik, mit deren Hilfe seine geistigen Fähigkeiten trainiert werden. Zu Anfang lernen die Kinder lesen und schreiben, indem sie es einfach ihrem Lehrer nachmachen; es ist dies eine natürliche Methode, wie man sie sein ganzes Leben hindurch anwendet. Zur Schulung des Gedächtnisses dienen besonders streng geführte Kurse, in denen die religiösen Texte auswendig gelernt werden. Die dritte Methode, die des Erklärens, ist in der ganzen Welt üblich, und einige unserer Klosterhochschulen bedienen sich ihrer auch im Unterricht. In vielen Klöstern zieht man jedoch Disputationen zwischen Schülern und Lehrer oder zwischen den Schülern allein vor. Schließlich gibt es noch die Methoden der Meditation und Konzentration, die besonders der Vorbereitung des Geistes für das fortgeschrittene Studium und für die Ausübung kultischer Handlungen dienen.

Wie die meisten Kinder begann ich damit, lesen und schreiben zu lernen. Dabei empfand ich – wie es meiner Meinung nach wohl allen Buben diesen Alters ergeht – einen gewissen Widerwillen und eine innere Abwehr. Die Vorstellung, hinter Büchern sitzen zu müssen, von Lehrern beaufsichtigt zu sein, schien mir nicht sonderlich anziehend. Dennoch stellte ich fest, daß ich meine Lektionen zur Zufriedenheit meiner Lehrer schaffte, und als ich mich erst einmal an den strengen Studienverlauf gewöhnt hatte, fiel ihnen auf, daß ich ungewöhnlich rasch Fortschritte machte.

Die tibetische Schrift kennt vier verschiedene Formen. Während der ersten beiden Jahre lernte ich durch meine beiden geistlichen Betreuer das U-chhen lesen, das für den Druck verwendet wird. Gleichzeitig brachten sie mir jeden Tag einen Vers aus den heiligen Schriften bei und hielten mich dazu an, eine weitere Stunde der Lektüre religiöser Texte zu widmen. Als ich acht Jahre alt war, begann ich die gewöhnliche, nämlich die geschriebene Form des Tibetischen zu erlernen, die U-me genannt wird. Darin unterrichtete mich ein alter Bekannter, Khenrab Tenzin; er hatte nämlich zur Suchkommission gehört und mich von Dokham nach Lhasa begleitet. Khenrab Tenzin war Mönchsbeamter und eine Persönlichkeit. Er hatte besonderes Talent, kleine Kinder zu unterrichten. Dabei bediente er sich der in Tibet allgemein gebräuchlichen Methode: Auf einem kleinen Holzbrett, das mit Kalkstaub bedeckt war, zeichnete er mir mit einem Stäbchen die tibetischen Schriftzeichen vor, und ich mußte sie mit Tinte ausziehen. Ich fing mit großen Schriftzeichen an; je gewandter ich wurde, desto kleiner schrieb ich. Nach einer gewissen Zeit begann ich Wörter zu kopieren, die mein Lehrer an den oberen Rand der Tafel geschrieben hatte. Etwa acht Monate lang malte ich so auf Holzbrettchen, um mir den richtigen Duktus anzueignen; dann ließ er mich nach und nach auch auf Papier schreiben. Später unterrichtete mich mein zweiter Betreuer, Trijang Rinpoche, in Grammatik und Buchstabieren. Insgesamt brauchte ich fünf Jahre, bis ich die tibetische Schrift erlernt hatte. Daneben studierte ich natürlich täglich morgens und abends die Schriften; denn die Glaubensregel war der wichtigste Gegenstand meiner Unterweisung, und Lesen, Schreiben und Grammatik waren nur Mittel zu diesem Zweck.

Mit dem dialektischen Disputieren im Religionsunterricht wurde es erst in meinem zwölften Lebensjahr wirklich ernst. Zuerst hatte ich es nicht gerade leicht, da ich erneut gegen ein gewisses inneres Widerstreben anzukämpfen hatte, das mich jetzt noch stärker befiel als sechs Jahre zuvor. Aber bald verringerten sich die Schwierigkeiten, und das Fach wurde mir außerordentlich lieb. Ich mußte die Abhandlungen über die »höheren Lehrfächer« studieren, sie auswendig lernen und mich an Debatten über ihren Inhalt beteiligen. Mit den kenntnisreichsten Gelehrten ließ man mich disputieren. Ich begann mit der Prajnaparamita, der »Vollkommenheit der Weisheit«. Die Kommentare zu dieser Schrift füllen allein über vierzig Bände, unter denen die einzelnen Klosterhochschulen ihre eigene Wahl treffen. Ich suchte mir zu dem Text zwei Kommentare aus, den des großen Inders Pandit Singhabhadra und den vom Fünften Dalai Lama verfaßten, der 302 Seiten lang ist. Jeden Tag mußte ich ungefähr den dritten Teil einer Seite auswendig lernen, doch weit größer war das Pensum, das man zu lesen und zu durchdenken hatte. Zur selben Zeit setzte meine Unterweisung in der Kunst des dialektischen Debattierens mit der Einführung in die Grundlagen der Logik ein. Sieben Gelehrte aus den sieben Schulen der Klöster von Drepung, Sera und Gaden wurden für meine Ausbildung auf diesem Gebiet ausgewählt.

Als ich etwas über dreizehn Jahre alt war, im achten Monat des Feuer-Schwein-Jahrs, wurde ich formell in die beiden großen Klöster Drepung und Sera aufgenommen. Aus diesem Anlaß mußte ich gemeinschaftlichen Debatten in den fünf Schulen dieser zwei Klöster beiwohnen. Ich beteiligte mich hier zum erstenmal an öffentlichen Disputationen über die »Großen Schriften«. Natürlich fühlte ich mich beklommen, aufgeregt und ein wenig nervös. Meine Widersacher waren gelehrte Äbte, gefürchtete Streiter im Wortgefecht. Hunderte von geistlichen Würdenträgern, jeder ein Gelehrter, und Tausende von Mönchen verfolgten das Rededuell. Die kundigen Lamas verrieten mir jedoch später, daß ich mich zufriedenstellend gehalten hatte.

Es wäre unbillig, von all meinen andersgläubigen Lesern zu verlangen, sie sollten mit mir weiter meinen Weg durch das Studium der buddhistischen Geisteswelt verfolgen. Der Buddhismus ist eher eine verstandes- als eine gefühlsbetonte Religion; daher umfassen seine Schriften auch viele Tausend Bände, und ich habe Hunderte von ihnen studiert. Was der tibetische Buddhismus ist, habe ich jedoch im Anhang dieses Buches kurz erläutert. Ich muß bekennen, daß ich fast zusammenbrach, als man mich mit knapp dreizehn Jahren in die Metaphysik und Philosophie einführte – ich hatte das Gefühl völliger Ohnmacht, so, als habe mich ein Stein mitten auf die Stirn getroffen. Doch war diese Krise nach den ersten paar Tagen überstanden; auch die neuen Studienfächer wurden – wie die früher behandelten – einleuchtend und durchschaubar. »Nichts bleibt schwierig, wenn man sich erst einmal daran gewöhnt hat«, sagt ein indischer Weiser, und meine Erfahrungen, die ich im Lauf meiner Ausbildung sammelte, bestätigen diesen Satz. Nach und nach kamen weitere Stoffe zu meinem Lehrplan hinzu; je mehr Fortschritte ich machte, desto leichter fiel es mir, das vorgeschriebene Pensum zu bewältigen. Bald fühlte ich sogar einen Wissensdurst in mir, der kaum noch zu stillen war. Mein Interesse ging weit über die mir zugewiesenen Studiengebiete hinaus, mich verlangte danach, Stoffe durchzuarbeiten, die erst für später vorgesehen waren, und von meinen Lehrern mehr zu erfahren, als man gemeinhin einem Knaben meines Alters zumutet.

Das Anwachsen der Verstandeskräfte steht im Zusammenhang mit der Entwicklung geistiger Fähigkeiten. Auf jeder Stufe meiner Ausbildung wurden Geist und Körper durch Weihen für die nächsthöheren Stufen der Lehre vorbereitet. Bei der ersten dieser Initiationen war ich acht Jahre alt. Noch heute erinnere ich mich lebhaft an sie und meine, jenes Gefühl von Frieden und Glück zu verspüren, das damals in mich einströmte. Jede der späteren Weihen rief das Empfinden in mir hervor, um eine geistige Erfahrung reicher geworden zu sein. Mein Glaube und meine religiöse Überzeugung vertieften sich, und immer deutlicher wurde mir bewußt, daß ich den rechten Weg eingeschlagen hatte.

Als mir diese Erfahrungen geläufiger wurden – ich war nun etwa fünfzehn Jahre alt –, konnte ich spüren, wie sich spontan das Gefühl der Dankbarkeit gegenüber Buddha in mir regte. Auch wurde mir bewußt, wie sehr wir den meist indischen Lehrern verpflichtet sind, die ihre unschätzbaren Glaubenseinsichten an die Tibeter weitergegeben haben, aber auch jenen tibetischen Gelehrten, die sie in unserer Sprache gehütet und ausgelegt haben. Ich begann, weniger an mich selbst und mehr an andere zu denken und hatte damit Zugang zum Begriff des Mitleidens gefunden.

Dieses Gefühl geistiger Erhebung wurde verstandesgemäß durch die wachsende Gewißheit unterstützt, daß mein Intellekt sich schärfte, mein Gedächtnis sich verbesserte, meine Schlagfertigkeit zunahm und mein Selbstvertrauen sich festigte.

Politische und andere Umstände, von denen ich später berichten werde, hinderten mich daran, meine Studien nach dem Vorbild besonders begnadeter und weiser Gelehrter zu betreiben, die ihr ganzes Leben dem Streben nach religiöser Erkenntnis und geistiger Erleuchtung widmen. Doch konnte ich immerhin dreizehn Jahre hindurch einen guten Teil meiner Zeit und Aufmerksamkeit auf diese bedeutungsvollen Geistesübungen verwenden, und als ich vierundzwanzig Jahre alt geworden war, unterzog ich mich den Vorprüfungen an jeder der drei Klosterhochschulen.

Diese Examina wurden stets in Form gemeinschaftlicher Disputationen abgehalten. Die Prozedur geht ebenso einfach wie würdevoll vor sich. Jeder Prüfling sieht sich einer großen Zahl von Opponenten gegenübergestellt, die den Stoff und das besondere Thema, das ihnen geeignet erscheint, den Gegner zu besiegen, nach Belieben auswählen dürfen. Alle großen Werke indischer und tibetischer Gelehrter werden ebenso wie Buddhas eigene in den Sutra-Texten niedergelegten Worte herangezogen, um die Argumente der gegnerischen Partei zu widerlegen. In jeder meiner Vorprüfungen hatte ich meine These gegen fünfzehn in solchen Disputationen wohlerfahrene Gelehrte – drei für jede von den fünf »Großen Schriften« – zu verteidigen, und dazu mußte ich noch ihre Gegenargumente entkräften. Anschließend hatte ich zwei besonders kundigen Äbten Rede und Antwort zu stehen und eine dialektische Diskussion über irgendeines der fünf grundsätzlichen Themen einzuleiten. Zu all diesen Debatten gehörten genau vorgeschriebene Gesten, mit denen jeder Punkt hervorzuheben war, so daß sich die Rededuelle wie geistige Gefechte ausnahmen, was sie ja in der Tat waren.

Ein Jahr später trat ich zu meiner Abschlußprüfung an. Wir feierten in Lhasa gerade das Monlam-Fest, das jeweils in den ersten Monat des tibetischen Kalenders fällt. Stets kommen dazu viele Tausend Mönche in die heilige Stadt, um hier an dem hohen buddhistischen Fest des Gebets teilzunehmen. Die Prüfung fand in drei Abschnitten statt. Morgens wurde ich von dreißig Gelehrten reihum, und zwar wieder in Form einer gemeinschaftlichen Disputation vor großer Versammlung, über Pramana oder Logik examiniert. Am Nachmittag nahmen fünfzehn Gelehrte als meine Gegner an den Streitgesprächen über das Madhyamika, den »Mittleren Weg«, und über die Prajnaparamita, die »Vollkommenheit der Weisheit«, teil. Am Abend waren fünfunddreißig Gelehrte versammelt, um mein Wissen über den Vinaya, den Kanon mönchischer Disziplin, und über den Abhidharma, das Studium der Metaphysik, auf die Probe zu stellen. Jedesmal hockten Hunderte von sachverständigen Lamas in ihren leuchtend roten und gelben Gewändern – meine eigenen geistlichen Betreuer angsterfüllt unter ihnen – und Tausende von Mönchen um uns herum am Boden und hörten hingebungsvoll und kritisch zu. Ich fand diese Prüfungen außerordentlich schwierig, weil ich mich so angestrengt auf das Problem, mit dem ich mich befaßte, konzentrieren und vor allem schlagfertig auf jede Frage antworten mußte. Während des Debattierens vergingen die Stunden wie im Fluge. Natürlich war ich stolz und glücklich, als ich die Abschlußprüfung bestanden und nach so vielen Jahren des Studiums der erhabenen Lehren Buddhas jene Würde erhalten hatte, die man im Westen etwa die eines Magisters der Metaphysik nennen könnte. Natürlich wußte ich, daß man keinesfalls ruhen darf, sein Wissen zu mehren, bevor nicht die höchste Stufe der Vergeistigung erreicht ist.

Ein solches religiöses Exerzitium führt meiner Meinung nach zu einer einzigartigen inneren Ausgeglichenheit, die sich praktisch zu bewähren hat, sobald es gilt, Kummer und Leid zu ertragen. Der Mensch, dessen Geist durch Studium und Ausübung der Religion geformt ist, nimmt solche Heimsuchungen mit Geduld und Langmut hin. Wer aber vom Weg des Glaubens abweicht, kann unter dem Ansturm dessen zusammenbrechen, was ihm als Unglück erscheint, und entweder verzweifeln oder aber zu Unternehmungen verleitet werden, die andere ins Unheil stürzen. Menschlichkeit und wahre Liebe für alle Wesen können nur aus dem Wissen vom wahren Gehalt des Glaubens entstehen. Denn Religion, welchen Namen auch immer sie führen mag, hat ihrer Bedeutung wie ihrer Ausübung nach das Wesen eines friedvollen Geistes und deshalb einer friedvollen Welt. Wer selbst keinen inneren Frieden kennt, wird auch in der Begegnung mit anderen Menschen keinen Frieden finden, und nie können friedliche Beziehungen zwischen einzelnen oder zwischen ganzen Völkern zustande kommen, solange diese Einsicht nicht beherzigt wird.

An dieser Stelle muß ich kurz auf den Inhalt unseres Glaubens und auf die Bedeutung meiner eigenen Stellung als Dalai Lama eingehen, da unsere religiösen Vorstellungen sowohl mein Verhalten als auch das meines Volkes in der Zeit unserer Bedrängnis ausschlaggebend beeinflußten. Doch muß ich zuvor sagen, daß es unmöglich ist, die Vielfalt der buddhistischen Lehren auf einigen wenigen Zeilen zusammengedrängt darzustellen. Ich will deshalb gar nicht erst versuchen, mehr als ihre allgemeine Richtung anzugeben, durch die dem völlig Uneingeweihten zumindest der Weg gewiesen wird.

Wir haben guten Grund zu glauben, daß alle Wesen, gleich welcher Art – und zwar sowohl Tiere wie Menschen –, nach dem Tod wiedergeboren werden. In jedem Leben wird das Maß an Leiden und Freuden, das den Geschöpfen zugeteilt ist, durch die guten oder bösen Taten im vorhergehenden Leben bestimmt; allerdings können sie dieses Maß durch ihre Anstrengungen im gegenwärtigen Dasein abwandelnd beeinflussen. Dies ist das Gesetz der Karma. Es gibt ein Auf- oder Absteigen von einem Bereich in den anderen. So kann beispielsweise auf ein Leben als Tier eine Wiedergeburt als Mensch folgen und umgekehrt. Das Endziel aller Wesen ist es, durch Tugend und Erleuchtung das Nirvana zu erlangen, mit dem die Kette der Wiedergeburten endet. Innerhalb des Nirvana gibt es wiederum verschiedene

Grade der Erleuchtung; die höchste und vollkommenste ist die Buddhaschaft.

Der Glaube an die Wiedergeburt ist ganz dazu angetan, eine allumfassende Liebe zu entzünden; denn alle Lebewesen, alle Geschöpfe sind im Verlauf ihrer und unserer zahllosen Leben unsere geliebten Eltern, Kinder, Geschwister und Freunde gewesen. Aus dieser Liebe zu allen Wesen ergeben sich folgerichtig die Tugenden, die unser Glaube weckt: Toleranz, Nachsicht, Mildtätigkeit, Güte und Mitleid.

Inkarnationen sind Wesen, die entweder verschiedene Stufen des Nirvana erreicht haben oder aber auf der höchsten Stufe unterhalb des Nirvana angelangt sind, und – die Buddhas, Bodhisattvas und Arhats. Sie werden wiedergeboren, um anderen Wesen zu helfen, sich zum Nirvana zu erheben, wodurch wiederum ihnen selbst geholfen wird, sich zur Buddhaschaft zu erheben. Auch die Arhats erlangen schließlich die Buddhaschaft. Buddhas werden einzig und allein deshalb wiedergeboren, damit sie anderen beistehen, da sie selbst schon die höchste aller Stufen erreicht haben. Ihre Wiedergeburt setzt keinen eigenen Willensakt voraus – solch ein aktiver geistiger Prozeß ist mit dem Nirvana unvereinbar. Das ihnen innewohnende Verlangen, anderen zu helfen – die Ursache ihrer Buddhaschaft –, läßt sie wiederum in einem neuen Körper Gestalt annehmen. Ihre Reinkarnationen erfolgen, wo immer die Bedingungen günstig sind, und sie bedeuten nicht, daß die Buddhas damit das von ihnen erreichte Nirvana aufgeben. Um ein Gleichnis zu gebrauchen: Widerspiegelungen des Mondes sind überall dort zu erblicken, wo die Voraussetzungen bestehen: im stillen Wasser von Seen und Meeren. Währenddessen aber zieht der Mond selbst unbeirrbar am Himmel seine Bahn. Und wie der Mond sich an vielen verschiedenen Orten gleichzeitig widerspiegeln kann, so ist es auch einem Buddha möglich, gleichzeitig in vielen verschiedenen Körpern wiedergeboren zu werden. Alle solche Inkarnationen können, wie ich schon angedeutet habe, durch ihre Wünsche in jedem ihrer Leben Ort und Zeit ihrer Reinkarnation beeinflussen, und nach jeder Geburt haben sie jene nachhaltige Erinnerung an ihr vorhergehendes Dasein, die es anderen ermöglicht, sie zu identifizieren.

In meiner Knaben- und Jünglingszeit hat mich meine religiöse Erziehung viel Mühe gekostet, doch bestand mein Leben durchaus nicht nur aus Arbeit. Man hat mir berichtet, daß manche

Menschen in anderen Ländern der Ansicht sind, der Dalai Lama sei nahezu ein Gefangener des Potala-Palastes. Es stimmt, daß ich wegen meiner Studien nicht eben häufig Zeit zum Ausgehen fand. Aber zwischen dem Potala und der Stadt Lhasa wurde für meine Angehörigen ein Haus gebaut, und da ich sie mindestens alle vier bis sechs Wochen besuchte, war ich doch nicht ganz von unserem Familienleben ausgeschlossen. Vor allem meinen Vater sah ich oft. Im Potala oder im Norbulingka, der Sommerresidenz, versammelten sich sämtliche Mönchsbeamten allmorgendlich zur Teezeremonie, einer der weniger bedeutenden täglichen Kulthandlungen, während der sie gemeinschaftlich ihre Schalen leerten. Ich nahm mit meinem Vater häufig an dieser Zeremonie teil. Trotz unserer veränderten Lebensbedingungen interessierte sich mein Vater immer noch sehr für Pferde. Nach wie vor gehörte es zu seinen Gewohnheiten, jeden Morgen in die Stallungen zu gehen und seine Lieblinge zu füttern, bevor er selbst gefrühstückt hatte. Da er es sich jetzt leisten konnte, päppelte er sie mit Eiern und Tee auf, damit sie stark und feurig wurden. Wenn er mich im Sommerpalast besuchte, wo die Ställe des Dalai Lama untergebracht waren, hatte ich ihn oft im Verdacht, daß er erst nach den Pferden sah, ehe er zu mir kam.

Ungefähr ein Jahr nach unserer Ankunft in Lhasa zog meine älteste Schwester zu uns; auch mein ältester Bruder verließ das Kloster in Kumbum und übersiedelte nach Lhasa. Nun war unsere ganze Familie wieder beisammen. Bald nach der Ankunft meiner ältesten Schwester bekam meine Mutter noch ein Mädchen, später dazu noch einen Knaben. Wir liebten diesen Jüngsten sehr, und ich war glücklich darüber, nun einen kleinen Bruder zu haben; aber zu unserem großen Leid starb er im Alter von zwei Jahren. Meinen Eltern war dieser Kummer nur allzu vertraut, hatten sie doch schon so viele ihrer Kinder verloren. Aber beim Tod meines jüngsten Bruders geschah etwas Merkwürdiges. Es ist in Tibet Sitte, vor dem Leichenbegängnis die Lamas und Astrologen, manchmal auch die Orakel zu befragen. Dieses Mal lautete ihr Rat, man solle den Leichnam nicht bestatten, denn mein Bruder werde im gleichen Haus wiedergeboren. Zum Beweis sei seine Leiche durch etwas Butter mit einem kleinen Zeichen zu versehen. Man verfuhr nach diesem Geheiß, und nach einer entsprechenden Zeit gebar meine Mutter wieder einen Knaben, ihr letztes Kind. Als es zur Welt gekommen war, konnte man an der Stelle seines Körpers, die man bei dem toten Kind mit Butter bestrichen hatte, ein helles Mal sehen. Es war also das gleiche Wesen, in einem neuen Körper wiedergeboren, um sein Leben von vorn zu beginnen.

An allen diesen Familienangelegenheiten konnte ich einen gewissen Anteil nehmen; aber ich gebe zu, daß ich die meiste Zeit meiner Knabenjahre in der Gesellschaft erwachsener Männer verbracht habe. Es ist unvermeidlich, daß einer Kindheit, die man ohne die beständige Anwesenheit der Mutter und anderer Kinder verlebt, etwas fehlt. Aber selbst wenn ich den Potala als Gefängnis empfunden hätte, so wäre er ein riesiges und faszinierendes Gefängnis gewesen. Es heißt, der Potala sei eines der größten Bauwerke der Welt. Selbst wenn man schon jahrelang in ihm lebte, war man noch immer nicht in alle seine Geheimnisse eingedrungen. Er bedeckt die ganze Kuppe eines Berges und bildet eine Stadt für sich. Vor 1300 Jahren begann ein tibetischer König mit dem Bau; er errichtete einen Pavillon, in den er sich zur Meditation zurückziehen konnte. Im siebzehnten Jahrhundert christlicher Zeitrechnung wurde der Palast durch den Fünften Dalai Lama beträchtlich vergrößert. Der mittlere Trakt des jetzigen Gebäudes, dreizehn Stockwerke hoch, entstand nach seinen Anweisungen. Doch starb er, bevor das Gebäude noch über das zweite Stockwerk hinaus gediehen war. Als er spürte, daß seine letzte Stunde herannahte, wies er seinen Premierminister an, sein Ableben geheimzuhalten, denn er fürchtete, die Bauarbeiten könnten eingestellt werden, wenn sich die Kunde von seinem Tod verbreitete. Der Premierminister machte einen Mönch ausfindig, der äußerlich dem Dalai Lama glich, und so gelang es ihm, den Tod des Herrschers dreizehn Jahre lang geheimzuhalten – bis der Bau vollendet war. Insgeheim aber veranlaßte er, daß ein Stein mit einem Bittgebet um eine Reinkarnation geschnitten und in die Wand eingelassen wurde. Noch heute kann man diesen Stein im zweiten Stockwerk des Potala sehen.

Dieser Mittelteil des Gebäudes enthielt die großen Säle für die Feierlichkeiten sowie etwa fünfunddreißig überreich mit Schnitzereien und Wandbildern ausgestattete Kapellen, außerdem vier Meditationszellen und die Grabkammern von sieben Dalai Lamas, jede etwa zehn Meter hoch und mit massivem Gold und mit Edelsteinen ausgekleidet.

Der Westflügel des Potala ist nicht ganz so alt wie der Mittelbau. Er beherbergte eine Gemeinschaft von einhundertfünfundsiebzig Mönchen. Im östlichen Flügel waren die Amtsräume der Regierung, eine Schule für Mönchsbeamte und die Sitzungssäle der Nationalversammlung – des tibetischen Parlaments – untergebracht. Meine eigenen Gemächer lagen im obersten Stockwerk, hundertzwanzig Meter hoch über der Stadt. Dort bewohnte ich vier Räume. Das Zimmer, in dem ich mich am häufigsten aufhielt, maß etwa siebeneinhalb Meter im Quadrat. Seine Wände waren von oben bis unten mit Gemälden bedeckt, die das Leben des Fünften Dalai Lama schilderten, und zwar so in allen Details, daß die einzelnen Figuren nicht größer als zweieinhalb Zentimeter waren. Wenn ich des Lesens müde wurde, pflegte ich oft still dazusitzen und mit den Augen die Geschichte zu verfolgen, die dieses große, kunstvolle Wandgemälde um mich herum erzählte.

Aber nicht nur als Regierungssitz, Tempel, Schule und Wohnung diente der Potala-Palast, sondern auch als gewaltiger Speicher. Da gab es Räume, angefüllt mit riesigen Mengen wertvollster Schriftrollen, von denen einige an die tausend Jahre alt waren. In sicheren Gewölben ruhten die uralten goldenen Insignien der ersten Könige Tibets, die kostbaren Geschenke, die diese von den chinesischen und mongolischen Kaisern erhalten hatten, und die Schätze der Dalai Lamas, die auf die Könige gefolgt waren. Da gab es Lagerräume mit Rüstungen und Kriegsgeräten aus der ganzen geschichtlichen Vergangenheit Tibets. In den Bibliotheken waren Aufzeichnungen über sämtliche Gebiete tibetischer Kultur und Religion zu finden: siebentausend gewaltige Bände, von denen manche fast achtzig Pfund wiegen sollten. Einige Handschriften bestanden aus Palmblättern, die vor tausend Jahren aus Indien ins Land gebracht worden waren. Zweitausend illuminierte Bände waren Zeile für Zeile mit einer anderen Tinte geschrieben, der man jeweils Gold, Silber, Eisen, Kupfer, Muschelschalen, Türkis und Korallen in feinst zerriebenem Zustand beigemengt hatte.

Die gewaltigen unterirdischen Depots und Keller enthielten die Vorräte an Butter, Tee und Textilien, die von der Regierung an die Klöster, die Armee und die Regierungsbeamten geliefert wurden. Im östlichen Ende befand sich ein Gefängnis für hochgestellte Missetäter (das also etwa dem Londoner Tower entsprach), und an den vier Ecken des Palastes waren Bastionen errichtet, auf denen tibetische Soldaten ständig Wache hielten.

In dieser unvergleichlichen Umgebung trieb ich meine Studien und ging zugleich meinen kindlichen Neigungen nach. Schon immer hatten mechanische Dinge mich ganz besonders angezogen. Aber es gab niemanden, der mich auf diesem Gebiet

unterweisen konnte. Als ich noch klein war, schickten mir manchmal Leute, die von meinem Interesse wußten, Spielzeugautos,
-boote und -flugzeuge in den Palast. Doch ich vergnügte mich nie
sehr lange mit ihnen; immer wollte ich wissen, wie sie funktio-
nierten, und so nahm ich sie auseinander. Meist gelang es mir
zwar, sie auch wieder zusammenzusetzen, doch manchmal – wie
nicht anders zu erwarten – schaffte ich es nicht. Mit meinem
Satz Stabilbaukästen bastelte ich Kräne und Eisenbahnwaggons,
lange bevor ich so etwas wirklich zu Gesicht bekam. Später
geriet ein alter Kinoprojektor in meinen Besitz, der noch mit
einer Handkurbel betätigt wurde. Als ich ihn auseinandernahm,
stieß ich auf die Batterien für das Licht. Dies war meine erste
Bekanntschaft mit der Elektrizität, und ich rätselte ganz für mich
allein an den Leitungen herum, bis ich herausgefunden hatte,
wie die Apparatur in Gang zu bringen war. Erfolg hatte ich auch
mit meiner Armbanduhr; allerdings war ich damals schon ein
wenig älter. Ich nahm sie völlig auseinander, um ihr Werk zu
untersuchen, und als ich sie wieder zusammengesetzt hatte, ging
sie sogar!

Im Potala begann das Jahr mit einer Zeremonie, die am ersten
Tag vor Sonnenaufgang auf dem höchsten Dach des Palastes
abgehalten wurde. Welch eine bitterkalte Angelegenheit! Ich war
bestimmt nicht der einzige, der sich dabei nach der am späteren
Morgen folgenden Teezeremonie sehnte. Nun setzten sich Woche
um Woche die kultischen Handlungen fort, bis der Reigen der
Monate mit dem großartigen Tanz der Lamas am Tag vor Neu-
jahr endete. Im Frühling zog ich mit meinen geistlichen Betreuern, meinem Gefolge und einigen Dienststellen der Regierung
in den Norbulingka, den Sommerpalast. Es war eine Prozession,
die zu sehen alle Einwohner Lhasas zusammenströmten. Ich
freute mich immer auf diese Übersiedlung. Der Potala machte
mich zwar stolz auf unsere kulturelle, künstlerische und handwerkliche Tradition, aber der Norbulingka war einfach an-
heimelnder. Genaugenommen bestand er aus einer Reihe kleiner
Paläste und Kapellen, verstreut in einem großen, wunderschönen
Park, der von einer Mauer umschlossen war. Der Name Norbulingka bedeutet »Edelsteingarten«. Im achtzehnten Jahrhundert war der erste Bau vom Siebenten Dalai Lama errichtet
worden, und jeder der folgenden Herrscher hatte sich seine
eigene Residenz hinzubauen lassen. Auch ich habe mir dort
einen Sommersitz eingerichtet. Man hatte sich für diese Sommerresidenz einen äußerst fruchtbaren Flecken Erde ausgesucht. In

den Gärten des Norbulingka wurde einmal ein Rettich gezogen, der nahezu zwanzig Pfund wog, auch hat man riesige Krautköpfe geerntet, mit beiden Armen nicht zu umspannen. Pappeln, Weiden und Wacholdersträucher, vielerlei Blumen- und Obstsorten, wie Äpfel, Birnen, Pfirsiche, Walnüsse und Aprikosen, gediehen im Edelsteingarten aufs prächtigste. Während ich dort lebte, pflanzten wir außerdem Pflaumen- und Kirschbäume.

Im Norbulingka bestand die Möglichkeit, zwischen den Unterrichtsstunden in den Blumen- und Obstgärten mit den Pfauen und den zahmen Moschustieren umherzulaufen und sich ein wenig auszutoben. Ich spielte gern am Ufer des Sees und wäre dabei zweimal beinahe ertrunken. Meine Fische, die ich selbst zu füttern pflegte, kamen stets erwartungsvoll an die Oberfläche geschwommen, sobald sie meinen Schritt vernahmen. Ich bin nicht darüber unterrichtet, was dem Potala, diesem Wunderwerk von Jahrhunderten, widerfahren ist, seitdem die Chinesen Lhasa besetzt haben. Wenn ich darüber nachdenke, frage ich mich manchmal, ob meine Fische von Norbulingka wohl so unklug gewesen sind, auch dann an die Oberfläche zu kommen, als sie erstmals das Knirschen chinesischer Soldatenstiefel im Edelsteingarten hörten. Waren sie so vertrauensselig, dann dürfte es ihr Ende bedeutet haben.

Zu den kleineren Annehmlichkeiten des Norbulingka gehörte ein Generator, der für elektrisches Licht sorgte. Da er oft versagte, hatte ich einen guten Vorwand, ihn auseinanderzunehmen. An dieser Maschine lernte ich, wie Verbrennungsmotoren arbeiten; auch entdeckte ich, daß der Dynamo beim Arbeiten ein magnetisches Feld bildet. Und ich darf sagen, daß es mir in den meisten Fällen gelungen ist, die Anlage wieder instandzusetzen, wenn sie nicht funktionieren wollte.

Nun versuchte ich, diese Kenntnisse auf drei alte Autos – die einzigen in ganz Lhasa – anzuwenden. Wir besaßen zwei kleine Austins, Baujahr 1927, der eine blau, der andere rot und gelb, außerdem einen großen orangefarbenen Dodge aus dem Jahr 1931. Mein Vorgänger hatte diese Fahrzeuge geschenkt bekommen. In ihre Einzelteile zerlegt, waren sie über den Himalaja geschafft und dann wieder zusammengesetzt worden; aber seit seinem Tod hatte man sie nicht mehr benutzt. So standen sie nun verrostet herum. Aber jetzt wollte ich sie unbedingt wieder in Gang bringen. Schließlich fand ich einen jungen Tibeter, der in Indien als Fahrer ausgebildet worden war, und unter meiner eifrigen Mitwirkung gelang es ihm, den Dodge und einen der

Austins, in den er Teile des zweiten einbaute, wieder fahrbereit zu machen. Für mich waren das aufregende Stunden.

Auch was in der Welt außerhalb Lhasas vorging, fesselte meine Aufmerksamkeit, aber ein Großteil meiner Wißbegier mußte zwangsläufig unbefriedigt bleiben. Ich besaß einen Atlas, brütete über den Karten ferner Länder und sehnte mich zu erfahren, wie wohl dort die Menschen lebten. Doch leider kannte ich niemanden, der mir aus eigener Erfahrung hätte Auskunft geben können. Ich begann, mir selbst aus Büchern Englisch beizubringen, weil Großbritannien das einzige Land außer unseren unmittelbaren Nachbarn war, zu dem wir freundschaftliche Beziehungen unterhielten. In einer tibetischen Zeitung, die in Kalimpong in Indien erschien, verfolgten meine Betreuer den Verlauf des Zweiten Weltkriegs und berichteten mir darüber. Dieses Völkerringen hatte mit dem Jahr begonnen, in dem ich nach Lhasa gebracht worden war. Der Krieg war noch nicht beendet, als ich die Zeitung bereits selber las. Aber wir in Lhasa wurden von den Ereignissen in der übrigen Welt kaum berührt. Man hat mich manchmal gefragt, ob wir uns für die Versuche der Engländer, den Mount Everest zu bezwingen, ernstlich interessiert hätten. Ich müßte lügen, wollte ich behaupten, dies sei der Fall gewesen. Die meisten Tibeter müssen notgedrungen so viele Gebirgspässe überwinden, daß ihnen der Wunsch, freiwillig noch höher zu klettern als unbedingt erforderlich, einfach absurd erscheint. Und den Einwohnern von Lhasa, die hin und wieder zu ihrem Vergnügen auf einen Berg steigen, genügte dazu einer von mäßiger Höhe: Waren sie oben angelangt, verbrannten sie Weihrauchstäbchen, verrichteten Gebete und hielten Picknick. Dieses Vergnügen gönnte auch ich mir gelegentlich.

Alles in allem verlebte ich eine keineswegs unglückliche Kindheit. Das Wohlwollen meiner Lehrer wird mir immer in angenehmer Erinnerung bleiben. Sie vermittelten mir ihr religiöses Wissen, das mir stets Trost und Einsicht gespendet hat und allezeit mein kostbarstes Gut bleiben wird; im übrigen aber taten sie ihr möglichstes, auch auf anderen Gebieten das zu befriedigen, was sie als meine gesunde Neugier betrachteten. Aber ich bin mir darüber im klaren, daß ich fast ohne jegliche Kenntnis weltlicher Dinge aufwuchs. Und in dieser geistigen Verfassung fiel mir im Alter von sechzehn Jahren die schwere Aufgabe zu, die Regierungsgewalt über mein Land in eigene Hände zu nehmen – über mein Land, in das die Soldaten Rotchinas eingedrungen waren.

Bevor ich von der Katastrophe berichte, die über Tibet hereingebrochen ist, muß ich versuchen, meinen Lesern einen Begriff vom Leben unseres Volkes in glücklicheren Tagen zu geben.

Tibet hat viele Nachbarn: China, die Mongolei und Ostturkestan im Osten und im Norden, Indien, Burma, Nepal, Sikkim und Bhutan im Süden. Pakistan, Afghanistan und die Sowjetunion sind ebenfalls nicht allzu weit von unseren Grenzen entfernt. Viele Jahrhunderte hindurch unterhielten wir Beziehungen zu verschiedenen dieser Staaten. Besonders mit Indien verknüpften uns während der vergangenen tausend Jahre starke religiöse Bande. Unser Alphabet leitet sich einwandfrei von einem indischen her; als der Buddhismus von Indien her bei uns eingeführt wurde, gab es noch keine tibetische Schrift, und eine Schrift war vonnöten, damit die heiligen Texte von Tibetern übersetzt und gelesen werden konnten. Auch mit der Mongolei und mit China unterhielten wir religiöse und politische Verbindungen, außerdem hatten wir früher mit Persien und den östlichen Türken Zentralasiens Berührung, weshalb sich noch heute die persische und die tibetische Kleidung ähnlich sehen. In jüngerer Zeit, etwa zu Beginn des 20. Jahrhunderts, bestand politischer Kontakt zwischen uns und Rußland, anschließend hatten wir eine länger andauernde Beziehung zu England.

Aber trotz dieser Verbindungen mit ihren Nachbarn sind die Tibeter eigenständig geblieben. Durch unsere äußere Erscheinung, unsere Sprache und unsere Gebräuche unterscheiden wir uns in jeder Weise von den Bewohnern aller umliegenden Länder. Zwischen uns und den anderen Völkern in unserem Raum Asiens besteht keinerlei ethnologischer Zusammenhang.

Die wohlerwogene Absonderung Tibets ist vermutlich diejenige Eigenart meines Heimatlands, die in der jüngeren Vergangenheit am meisten von sich reden gemacht hat. In der übrigen Welt hieß Lhasa meist die »Verbotene Stadt«. Es gab zwei Gründe für diese Abkehr von der Außenwelt. Zum einen ist das Land schon seiner geographischen Beschaffenheit nach isoliert. Von den Grenzen Indiens oder Nepals bis nach Lhasa dauerte eine Reise noch bis vor einem Jahrzehnt volle zwei Monate, da die Himalajapässe einen großen Teil des Jahres unpassierbar sind. Daß die Reise von meinem Geburtsort im Grenzgebiet zwischen Tibet und China bis nach Lhasa noch mehr Zeit in Anspruch nahm, habe ich bereits erzählt; und das Grenzland selbst war wiederum über anderthalbtausend Kilometer von der Meeresküste und den chinesischen Häfen entfernt.

Die Tendenz zur Absonderung war daher schon in den geographischen Verhältnissen begründet. Nun verschärften wir aber unsere natürliche Isolation noch dadurch, daß wir so wenig als möglich Ausländer in unser Land einreisen ließen, denn wir hatten, besonders im Hinblick auf China, durch Kriege und Reibereien bittere Erfahrungen mit der Außenwelt gesammelt. Was erstrebten wir denn anderes, als friedlich in unserer eigenen Kultur und Religion zu leben? Uns selbst vollständig von der Welt fernzuhalten, war nach unserer Meinung der beste Weg, den Frieden zu sichern. Nun muß ich allerdings sogleich hinzufügen, daß diese Politik meiner Überzeugung nach immer falsch gewesen ist. Deshalb hoffe und beabsichtige ich, daß in Zukunft die Tore Tibets gastlich aufgetan werden, damit wir Besucher aus allen Teilen der Welt bei uns willkommen heißen können.

Man hat Tibet wiederholt als das frömmste Land der Erde bezeichnet. Ich kann nicht beurteilen, ob diese Behauptung stimmt, nur weiß ich, daß tatsächlich alle rechten Tibeter allem Geistigen und Geistlichen mindestens die gleiche Bedeutung zumaßen wie den materiellen Dingen. Zweifelsohne war das bemerkenswerteste an Tibet die enorme Zahl von Klöstern. Es gibt zwar keine genauen Angaben, wahrscheinlich aber waren zehn Prozent der Gesamtbevölkerung Mönche oder Nonnen. Dieser Umstand verlieh unserem ganzen Gesellschaftssystem seine dualistische Struktur. Faktisch war nur in meiner Position, der des Dalai Lama, die Autorität von Laie und Mönch vereint. Schon das Amt des Premierministers war doppelt besetzt, von einem Mönch und von einem Laien, und bei den meisten staatlichen Ämtern bis zu den unteren Behörden war es nicht anders.

Das Kabinett oder Kashag bestand normalerweise aus vier Mitgliedern, einem Mönch und drei Laienbeamten. Dem Kabinett unterstanden zwei gesonderte Ämter: das Yig-tshang oder Staatssekretariat, dem vier beamtete Mönche vorstanden, direkt dem Dalai Lama verantwortlich und zuständig für alle geistlichen Angelegenheiten, und das Tsi-khang (etwa: Finanzministerium), geleitet von vier Laien, die für die weltlichen Belange des Staatswesens zu sorgen hatten.

Die Ressorts, wie sie zu jeder Regierung gehören – Außenpolitik, Landwirtschaft, Steuer-, Post- und Fernmeldewesen, Verteidigung usw. –, waren stets zwei oder drei Präsidenten anvertraut; wir hatten zwei oberste Richter, und auch den städtischen Gerichts-höfen waren jeweils zwei Richter zugeteilt. Im übrigen wurden auch einige tibetische Provinzen von zwei Gouverneuren gleich-zeitig verwaltet.

Die Nationalversammlung konnte in drei verschiedenen Formen einberufen werden. Ihr kleinstes Gremium, das nahezu in Per-manenz tagte, bestand aus den acht Beamten des Yig-tshang und Tsi-khang, verschiedenen anderen hohen weltlichen Beamten und Vertretern der drei großen Klöster bei Lhasa. Alles in allem umfaßte es ungefähr zwanzig Mitglieder. Die Angehörigen dieser Rumpfversammlung konnten nun eine größere Gruppe von etwa dreißig Regierungsmitgliedern hinzuziehen, um Sonderprobleme zu beraten, und bei Angelegenheiten von großer Wichtigkeit, bei der Bestätigung etwa der Entdeckung einer neuen Reinkarnation des Dalai Lama, wurde die Vollversammlung einberufen, etwa vierhundert Vertreter aller Stände.

Außerhalb der Klöster war unsere Gesellschaft feudalistisch auf-gebaut. Der Wohlstand war zwischen der landbesitzenden Aristo-kratie am oberen und den Kleinbauern am unteren Ende unserer sozialen Hierarchie recht ungleich aufgeteilt. In die Klasse der Adeligen aufzurücken war zwar schwierig, aber nicht unmöglich; so konnte ein Soldat für tapferes Verhalten mit einem Adelstitel und mit Land belohnt werden; Titel und Besitz waren erblich.

Andererseits war in den Klöstern und geistlichen Ämtern das Vorwärtskommen demokratisch geregelt. In ein Kloster konnten Knaben aus jeder Gesellschaftsklasse eintreten. Wie weit sie es dort brachten, hing dann allein von ihren eigenen Fähigkeiten ab. Auch darf man getrost behaupten, daß die Reinkarnation hoher Lamas einen demokratisierenden Einfluß ausübte. Denn wiederverkörperte Lamas erwählten sich häufig für ihre Rein-karnation ärmliche Familien, wie es auch der Dreizehnte Dalai Lama getan hatte. So waren nicht selten Männer einfacher Her-kunft – wie ich selbst – in den höchsten Rängen der Geistlich-keit anzutreffen.

(Ich benutze bewußt, wenn auch mit innerem Widerstreben, die Form der Vergangenheit. Tibet steht unter Fremdherrschaft, so daß sich im Augenblick nicht sagen läßt, welche von unseren Institutionen noch existieren und welche vernichtet sind.)

Für die Bedürfnisse der Mönche sorgten eigene klösterliche Handwerker, die auch in gewissem Umfang Handelswaren her-stellten. Einige Klöster hatten ansehnlichen Landbesitz, anderen waren Stiftungen zugefallen, die sie gewinnbringend angelegt hatten, aber es gab auch solche, die über nichts dergleichen verfügten. Oft allerdings bekamen sie Geschenke von Gläubigen. Manche Klöster verliehen sogar Geld, und ein paar von ihnen berechneten den Zinsfuß höher, als ich es gutheißen kann. Aber alles in allem konnten sich die Klöster wirtschaftlich nicht selbst erhalten. Die meisten von ihnen waren mehr oder weniger von Subventionen abhängig, die ihnen die Regierung hauptsächlich in Form von Naturalien gewährte. Aus diesem Grund wurden in den Kellern des Potala und andernorts Vorräte an Getreide, Tee, Butter und Textilien gestapelt. Freilich stammten diese Subsidien letztlich aus den Abgaben und Steuern, die von der Bevölkerung weltlichen Standes erhoben wurden.

Wenn ich vorhin von Soldaten sprach, so muß ich dazu ausführen, daß die Armee, die wir unterhielten, sehr klein war. Ihre Hauptaufgabe bestand darin, die Grenzposten zu besetzen und unerwünschte Ausländer an der Einreise zu hindern. Außerdem übte sie im ganzen Land die Polizeigewalt aus – mit Ausnahme der heiligen Stadt Lhasa, die ihre eigene Polizei hatte, und der Klöster. Im übrigen diente sie dazu, religiösen Feierlichkeiten ein gewisses militärisches Kolorit zu geben: Spalier zu bilden und die Straßen abzusperren, wann immer ich meine Paläste verließ. Unsere Streitmacht hat eine recht kuriose Geschichte. Ungefähr vor fünfzig Jahren (wir hatten damals gerade Differenzen mit den Chinesen) beschloß mein Vorgänger, die Armee zu modernisieren, und verpflichtete deshalb einige ausländische Ausbilder für eine gewisse Zeit. Da er begreiflicherweise für unser Heer nur das beste Vorbild haben wollte, ihm aber niemand sagen konnte, welcher Staat dafür in Frage komme, ließ er ein Regiment von Russen ausbilden, eines von Japanern und eines von Engländern. Das britische System erwies sich als das brauchbarste, so daß schließlich die ganze Armee nach britischem Vorbild organisiert wurde. Die englischen Ausbilder haben Tibet zwar schon vor mehr als einem Menschenalter verlassen, dennoch exerzierte unser Heer bis ins Jahr 1949 nach englischen Kommandos, da unsere eigene Sprache derart martialische Wörter nicht kennt, und ins Repertoire unserer Militärkapellen waren die Melodien von »It's a Long Way to Tipperary«, »Auld Lang Syne« und »God Save the King« eingegangen. Die Texte zu diesen Weisen waren freilich schon längst vergessen, und ich bezweifle, daß sie überhaupt jemals irgendein Tibeter gekannt hat. Nun möchte ich allerdings nicht den Eindruck erwecken, als sei unsere Armee eine anachronistische oder gar lächerliche Institution gewesen.

Dieser Vorwurf wäre unverdient. Sie ist nur niemals modern ausgerüstet und auf die heutigen Bedürfnisse umgestellt worden, denn das war einfach nicht möglich. Außerdem war sie viel zu klein, um unser großes Land gegen einen Überfall zu verteidigen. In dem beschränkten Aufgabenbereich aber, der ihr ursprünglich zugewiesen war, hat sie sich stets bewährt, und an Tapferkeit fehlte es ihren Männern nicht.

Wer sich jemals für Tibet interessiert hat, kennt das Leben in Lhasa bestimmt aus mancherlei Reisebeschreibungen. Denn die meisten Ausländer, die Tibet besuchten, erwählten sich Lhasa zum Reiseziel und haben später Bücher über diese Stadt geschrieben, so daß ich wohl nicht allzu lange bei diesem Thema zu verweilen brauche. Sie haben die nahezu ununterbrochene Kette von religiösen Festen und Feiern geschildert, die sich von einem Jahresende zum nächsten zog, die großartige Gastfreundlichkeit der Reichen, ihre prächtige Kleidung, die kultischen Rundgänge auf der Ringstraße, Ling-kor genannt, und die sommerlichen Picknicks am Fluß, bei hoch und niedrig der beliebteste Zeitvertreib. Und in der Tat waren die fremden Besucher in der Lage, all dies in ihren Büchern weit genauer zu beschreiben, als es mir mit meinen ungenügenden Erfahrungen möglich ist; denn begreiflicherweise konnte ich an vielen Veranstaltungen nicht selbst teilnehmen. Wann immer ich Zeremonien beiwohnte, war ich selbstverständlich deren Mittelpunkt; auch bestand ja das Wesen dieser Kulthandlungen in der Verehrung, die mir vom Volk erwiesen wurde. Wenn ich einmal Feierlichkeiten beobachtete, an denen ich nicht mitwirkte, etwa kultische Tänze im Potala oder Schauspiele in den Gärten des Norbulingka, verbarg ich mich hinter Gazevorhängen, um nicht gesehen zu werden. Nur ein Grundsätzliches möchte ich noch zu den Reiseberichten sagen: Wir Tibeter lieben Gepränge und Zeremonien, ganz gleich, ob der Anlaß ein religiöser oder ein weltlicher ist, wir haben eine Schwäche für feierliche und schöne Gewänder, und – was vielleicht für unseren Nationalcharakter noch viel wichtiger ist – wir sind stets zum Scherzen aufgelegt. Ich weiß nicht, ob wir immer über die gleichen Dinge lachen wie die Leute im Westen. Aber einen Grund zur Heiterkeit finden wir jedenfalls fast immer. Wir sind, was man leichtlebige, glücklich veranlagte Naturen nennt, und der Sinn für Humor verläßt uns wirklich nur in ganz verzweifelten Lebenslagen.

Lhasa war nun freilich der einzige Ort Tibets mit einem derart ausgeprägten gesellschaftlichen Leben. Auf dem Land glich das

Dasein der Bevölkerung – sieht man einmal von einigen wenigen anderen Städten und von den Klöstern ab – in materieller Hinsicht weitgehend jener bäuerlichen Lebensform, wie sie auch in anderen Ländern üblich ist. Nur ihre Einsamkeit war außergewöhnlich. Unvorstellbar große Entfernungen trennten die Siedlungen, und mit Ausnahme der Postboten, die zu Fuß oder zu Pferde die Riesenstrecken bewältigten, gab es niemanden, der eine Verbindung zwischen ihnen herstellte. In den Bergen ist das Klima rauh und der Boden meist karg, so daß die Besiedlung spärlich und das Leben geradezu einsiedlerisch und außerordentlich einfach war. Die meisten Menschen in den abgelegenen Gegenden Tibets sind nie in Lhasa gewesen, ja vielleicht ist ihnen zeitlebens niemand begegnet, der die Heilige Stadt mit eigenen Augen gesehen hat. Jahr für Jahr pflügten sie den Boden und züchteten ihre Yaks oder anderes Vieh. Was draußen in der Welt, jenseits ihres so begrenzten Horizonts, vor sich ging, davon hörten und sahen sie nichts. Es wird aber wahrscheinlich auch außerhalb Tibets viele solche Menschen geben – wohl in allen ärmeren Ländern der Erde, ganz gleich, wie die Regierungsform ist.

Ich will nicht behaupten, daß jeder einzelne Tibeter ein sanftmütiger, freundlicher Mensch ist. Selbstverständlich hatten auch wir Verbrecher und Sünder. Um nur ein Beispiel anzuführen: In Tibet lebten viele Nomaden; die meisten waren durchaus friedlich gesinnt, doch gab es unter ihnen auch räuberische Stämme. Infolgedessen mußten die Bodenständigen in bestimmten Gegenden darauf sehen, Wehr und Waffen zu haben, und Reisende begaben sich in solchen Gebieten gern unter den Schutz großer Karawanen. Die Einwohner des östlichen Distrikts, wo ich geboren wurde, waren durchweg friedlich – auch die Khampas –, aber sie gehörten zu jenen Menschen, für die ein Gewehr das Sinnbild freiheitlichen Mannestums und somit wertvoller als jeder andere Besitz ist.

Doch der Geist des Glaubens wehte selbst in den unwirtlichsten Gegenden und erfüllte noch die kriegerischsten Herzen; selbst in vielen der armseligsten Nomadenzelte war sein Symbol anzutreffen: der Altar mit der Butterlampe davor.

Während meiner Lehrjahre erfuhr ich kaum etwas von der gesellschaftlichen Struktur anderer Nationen. Es will mir scheinen, daß die Tibeter ihre Staatsform ganz allgemein als naturgegeben betrachteten und nie auch nur einen Gedanken auf Politik verschwendeten. Als ich jedoch heranwuchs, ging mir auf, wieviel an unserem Staatswesen unzulänglich war. Die ungleiche Verteilung materieller Güter stimmte keineswegs mit der Lehre Buddhas überein. Zwar war ich nur wenige Jahre tatsächlich an der Macht, doch gelang es mir in dieser Zeit, einige grundlegende Reformen durchzuführen. Ich setzte ein eigenes Komitee von fünfzig Mitgliedern – Beamten aus dem Laien- und dem geistlichen Stand sowie Abgeordneten der Klöster – und einen kleineren, ständigen Untersuchungsausschuß ein. Dieser sollte prüfen, welche Verbesserungen nötig waren, worauf er zunächst dem größeren Komitee und in letzter Instanz mir Bericht zu erstatten hatte.

Am einfachsten war die Reform des Steuerwesens. Stets hatte die Regierung den Betrag des Staatseinkommens festgesetzt, der von jedem Bezirk aufzubringen war. Aber seit undenklichen Zeiten waren die Bestimmungen so ausgelegt worden, daß die Distriktsbehörden eintreiben durften, was immer sie nur konnten oder wollten, um auch ihre eigenen Ausgaben und Gehälter aus diesen Mitteln zu bestreiten. Da dies mit Billigung des Gesetzes geschah, hatte das Volk sämtliche Lasten zu tragen. Ich war kaum den Kinderschuhen entwachsen, als ich erkannte, daß dieses Verfahren Anreiz genug zur Ungerechtigkeit bedeutete. Ich beriet mich mit meinem Kabinett sowie mit dem Reformkomitee und änderte daraufhin das ganze System: die Distriktsbehörden mußten von nun an genau den vorgeschriebenen Betrag erheben und diesen vollständig an den Staatsschatz abführen. Sie selbst hingegen wurden durch die Regierung fest besoldet. Diese Regelung fand allgemeine Zustimmung, außer bei einigen Betroffenen, die sich bisher unrechtmäßig bereichert hatten. Einer weit rigoroseren Reform bedurfte das Pachtsystem in unserer Landwirtschaft. In Tibet war der gesamte Grund und Boden Staatseigentum; die meisten Bauern bewirtschafteten ihr Land in einer Art Pacht unmittelbar vom Staat. Einige leisteten ihren Zins, der einen bestimmten Prozentsatz ihrer Erträge ausmachte, in Naturalien. Diese bildeten den Grundstock der Regierungsvorräte, die an die Klöster, die Armee und die Beamtenschaft verteilt wurden. Manche Bauern bezahlten durch Arbeitsleistungen, andere wieder waren verpflichtet, sich den Regierungsbeamten und in einigen Fällen auch den Klöstern jederzeit für Spanndienste zur Verfügung zu stellen. Mein Vorgänger, der dreizehnte Dalai Lama, hatte den Anspruch auf unbezahlte Beförderung abgeschafft, weil er zu unbilligen Härten geführt hatte; auf sein Betreiben waren feste Sätze für die Benutzung von Pferden, Maultieren und Yaks eingeführt worden. Aber seitdem waren die Preise gestiegen, die Beträge nicht mehr angemessen, und überdies hatte man viel zu vielen Personen das Recht eingeräumt, sich auf diese Weise befördern zu lassen. So ordnete ich an, daß ohne besondere Genehmigung des Kabinetts überhaupt niemand mehr ein solches Anrecht auf Spanndienste habe, und außerdem erhöhte ich die Vergütung, die dafür zu leisten war.

Vielleicht ist es aber irreführend, wenn ich unsere Bauern als Pächter bezeichne. Denn es war reine Theorie, daß das Land dem Staat gehörte. Der bäuerliche Grundbesitz war erblich, konnte an andere verpachtet oder verpfändet werden, ja sogar das Recht auf ihn war verkäuflich. Dennoch wurde das Recht auf Land nur selten verkauft, war es doch zu allen Zeiten der oberste Grundsatz eines jeden Bauern, es ungeschmälert an die nächste Generation weiterzugeben. Enteignet konnte nur werden, wer seinen Verpflichtungen an Lieferungen oder Hand- und Spanndiensten nicht nachkam – und diese Verpflichtungen waren nicht übermäßig drückend.

Auf diese Weise verfügte der tibetische Bauer praktisch über alle Rechte eines freien Grundbesitzers, und seine Schuldigkeit dem Staat gegenüber war eher eine in Naturalien zu leistende Grundsteuer als eine Pacht.

Nun hatte aber die Regierung den Bauern lange Zeit hindurch Darlehen gewährt, wenn einmal schlechte Zeiten kamen. Und wie ich feststellen mußte, war nichts unternommen worden, diese Darlehen oder ihre Zinsen zurückzufordern. Die Gesamtsumme der Außenstände war deshalb ins Unermeßliche angewachsen, und die Bauern wären selbstverständlich nie mehr in der Lage gewesen, sie zurückzuzahlen. Mein Komitee stellte zunächst eingehende Untersuchungen an, und dann entschlossen wir uns, die bäuerliche Bevölkerung in drei Kategorien aufzuteilen: Denen, die weder die aufgelaufenen Zinsen noch das Kapital zurückzahlen konnten, wurde ihre Schuld vollständig erlassen. Manche konnten den Zins aus ihren jährlichen Erträgen nicht herauswirtschaften, hatten aber genug zusammengespart, das Kapital zurückzuerstatten. Man wies sie an, dies in Form von Ratenzahlungen zu tun. Einige Bauern jedoch waren, seit sie Darlehen erhalten hatten, recht wohlhabend geworden. Diese mußten ratenweise die Zinsen sowohl wie das Kapital zurückzahlen. Die Bauern begrüßten diese Maßnahmen. Denn die meisten hatten sich durch die wachsende Schuldenlast bedrückt gefühlt und waren froh, daß nun endlich klare Verhältnisse geschaffen waren.

Am dringendsten aber bedurfte unser Gesellschaftssystem der Reform hinsichtlich der großen Privatbesitzungen. Diese Latifundien waren vor langer Zeit adeligen Familien überschrieben worden. Die Dotation war erblich und an die Bedingung geknüpft, daß jede Familie in jeder Generation einen männlichen Erben als Regierungsbeamten stellte und für seinen Unterhalt aufkam. Auf diese Weise wurde der Nachwuchs an Beamten des Laienstandes sichergestellt. Auf solchen Besitzungen arbeiteten nun die Bauern für den Gewinn der Aristokratie, und zwar unter Bedingungen, auf die die Regierung keinen direkten Einfluß hatte. Zudem übten die Landedelleute auch auf dem Gebiet der Justiz ein Feudalrecht aus, das sie allerdings nur zu oft ihren Verwaltern übertragen mußten, lebten doch die meisten von ihnen fast das ganze Jahr über in Lhasa, wo sie ihren Verpflichtungen dem Staat gegenüber nachzukommen hatten.

Mein Komitee und mein Kabinett überprüften diese althergebrachte Einrichtung mit aller Gründlichkeit und legten mir dann ihre Empfehlungen vor. Daraufhin beschloß ich, den größeren Teil all dieser großen Güter wieder in das Eigentum des Staates zu überführen, die Familien, denen sie einst zum Geschenk gemacht worden waren, angemessen zu entschädigen und die Beamten fest in bar zu besolden. Der Grund und Boden aber sollte unter jene Bauern aufgeteilt werden, die ihn bisher bereits bestellt hatten. Damit wären sie alle zu gleichgestellten Pächtern des Staates geworden, und auch die Verwaltung und Justiz hätten sich vereinheitlicht. Natürlich war eine ähnliche Reform auch hinsichtlich der großen Ländereien vonnöten, die einstmals den Klöstern übereignet worden waren, aber wir hatten nun einmal beschlossen, den Anfang mit dem Privatbesitz zu machen. Ehe wir jedoch unsere Reformen so wie beabsichtigt vorantreiben konnten, hatten sich die Chinesen unseres Landes bemächtigt. Von nun an konnten wir keine derart weitreichenden Änderungen mehr ohne ihre Zustimmung durchführen. Die Chinesen brachten jedoch ihre eigenen, nämlich die kommunistischen Vorstellungen von einer Bodenreform mit, und diese behagten den tibetischen Bauern ganz und gar nicht. Hätte unsere Regierung ihre populären Reformpläne verwirklicht, so wären die chinesischen noch unpopulärer geworden, als sie es ohnehin schon waren. Deshalb waren die Chinesen, so sehr wir sie auch drängten, nicht dazu zu bewegen, in dieser Angelegenheit eine klare Stellung zu beziehen.

Dann aber kam schließlich weit Schlimmeres über uns, und zum gegenwärtigen Zeitpunkt können wir unmittelbar überhaupt nichts tun.

So hatten wir begonnen, unsere Gesellschaftsordnung aus einer mittelalterlichen in eine moderne umzuwandeln, als unseren fortschreitenden Bemühungen durch Vorfälle Einhalt geboten wurde, die wir nicht steuern konnten. Noch längst war in Tibet nicht alles geschehen, um das Los des einfachen Volkes zu verbessern. In einem anderen Kapitel will ich genauer darauf eingehen, was ich und meine Regierung in Zukunft zu unternehmen hoffen. Doch ich glaube, daß Tibet trotz all der Mängel seiner Staatsform und trotz seines rauhen Klimas eines der glücklichsten Länder der Erde gewesen ist. Unser Regierungssystem gab gewiß Gelegenheit zur Unterdrückung, aber alles in allem sind die Tibeter keine tyrannischen Naturen. Nur selten ereigneten sich schwerere Verstöße gegen die Menschlichkeit, wie sie in den Feudalsystemen früherer Zeiten gang und gäbe waren; denn für jeden Stand und für alle Wechselfälle des Lebens bildete der Glaube sowohl ein Regulativ als auch einen immerwährenden Trost und Halt.

Oft hört man Menschen anderer Religionen sagen, der Glaube an die Wiedergeburt – an das Gesetz des Karma – führe dazu, sich in Unzulänglichkeiten seines Geschicks zu fügen, ja sie vielleicht allzu fatalistisch hinzunehmen. Das ist nur teilweise richtig. Ein armer Tibeter hatte wenig Veranlassung, seinen reichen Gutsherrn zu beneiden oder anzufeinden, denn er wußte, daß jeder die Saat aus seinem früheren Leben erntet. Aber andererseits enthält das Gesetz des Karma nichts, was einen Menschen entmutigen könnte, alles zu versuchen, sein eigenes Los im gegenwärtigen Leben zu verbessern. Und selbstverständlich unterstützt unsere Religion jede Bemühung, die Lage anderer zu heben. Jeder Akt wirklicher Nächstenliebe bringt doppelten Gewinn: einen für den Empfänger in seinem gegenwärtigen Leben und einen für den Spender in seinem gegenwärtigen oder seinem kommenden Leben. In diesem Licht sahen die Tibeter unsere Gesellschaftsform und akzeptierten sie frag- und klaglos.

Nun war unser System unstreitig feudalistisch, und doch läßt es sich mit keiner derartigen Staatsverfassung anderwärts vergleichen, war doch sein Oberhaupt die Inkarnation von Chenresi (Avalokiteshvara), dem das ganze Volk Hunderte von Jahren hindurch höchste Verehrung zollte. Die Menschen spürten, daß es über all den kleinlichen Staatsbeamten eine höhere Instanz gab, eine Quelle der Gerechtigkeit, der sie absolut vertrauen konnten. Ganz undenkbar, daß ein Herrscher mit dem Herkommen, der Schulung und der göttlichen Begnadung eines Dalai Lama sich jemals zu einem ungerechten Tyrannen hätte entwickeln können.

Wir waren schlicht und einfach glücklich. Verlangen bringt Unzufriedenheit, Wohlbefinden entspringt einem friedvollen Gemüt. Für viele Tibeter war das materielle Leben hart, aber sie widerstanden der Begehrlichkeit. Unsere Berge mit ihrem einfachen, kargen Leben bargen vielleicht mehr Seelenfrieden als die meisten Städte des Erdenrunds.

Unser Nachbar China

Während der wenigen Jahre meiner tatsächlichen Herrschaft in Tibet bekam unser Status als Nation, mit dem wir nie zuvor Sorgen gehabt hatten, plötzlich eine eminente Bedeutung für uns. Ich will versuchen, die historischen Hintergründe den Tatsachen entsprechend zu schildern.

In urgeschichtlicher Zeit, so heißt es, ist Tibet ein Binnenmeer gewesen, umgeben von Wäldern und schneebedeckten Bergen, auf die niemand Anspruch erhob. Dann erschienen Menschen dort, einige schwangen sich zu Häuptlingen auf, und diese Häuptlinge wachten über Wohl und Wehe ihrer Stämme.

Die Verschmelzung dieser Völkerschaften zu einer einzigen tibetischen Nation fand bereits vor zweitausend Jahren statt. Im Holz-Tiger-Jahr, das dem Jahr 127 v.Chr. entspricht (oder, nach indischer Rechnung, 417 Jahre nach dem Tod Buddhas), wurde Nya-Tri-Tsenpo der erste König von ganz Tibet. Die Monarchie hielt sich vierzig Generationen hindurch. Während der Regierungszeit der ersten siebenundzwanzig Könige blühte in unserem Land die Bon-Religion neben vielerlei anderen, zum Teil recht seltsamen Glaubensformen.

Als der achtundzwanzigste König, Lha-Tho-Ri-Nyen-Tsen, an der Macht war, kam es zu dem nächsten, für die tibetische Geschichte bedeutungsvollen Ereignis: Der Monarch bekam einen Band von Buddhas Lehren zu Gesicht; von da an begann die Ausbreitung des Buddhismus in Tibet.

Der dreiunddreißigste König, Song-Tsen-Gampo, trug viel dazu bei, die Stellung der neuen Religion zu festigen. Im Erde-Stier-Jahr geboren (629 n.Chr., 1173 Jahre nach dem Tod Buddhas), hatte er, als er noch jung war, seinen Minister, Thoumi-Sabhota, nach Indien entsandt, um dort das Land und den Glauben kennenzulernen. Als dieser nach Tibet zurückgekehrt war, schuf er das noch heute gültige tibetische Alphabet. Der König führte das edle Brauchtum für das geistliche und weltliche Leben ein, indem er zehn Regeln für den Gottesdienst und sechzehn für das Verhalten in der Öffentlichkeit verfaßte. Tempel, darunter der Jokhang in Lhasa, und viele Kapellen sind während seiner Regierungszeit errichtet worden; auch mit dem Bau des Potala-Palastes hat er begonnen. Zu seinen drei tibetischen Frauen heiratete der König noch eine chinesische und eine nepalesische Prinzessin, und ihnen mag es zu verdanken sein, daß aus Nepal und aus China zwei Bildnisse Buddhas beschafft wurden. Vor einer dieser Statuen habe ich mich im Jokhang-Tempel ehrfürchtig verneigt, als ich im Alter von vier Jahren meinen Einzug in Lhasa hielt. Während der Amtszeit des Königs Song-Tsen-Gampo lernte Tibet von Indien, China und Nepal vielerlei handwerkliche Fertigkeiten, so daß sich die wirtschaftliche Lage des Landes besserte, das Volk einen Aufschwung nahm und die Stärke der Nation wuchs.

Unter dem sechsunddreißigsten König, Tri-Di-Tsuk-Ten, führten die Chinesen Krieg mit den Tibetern. Der königliche Minister Ta-Ra-Lu-Gong eroberte mehrere chinesische Provinzen. Noch heute steht vor dem Potala eine steinerne Säule, die an die Siege dieses Feldherrn erinnert.

Der siebenunddreißigste König, Thi-Song-Deu-Tsen, wurde im Eisen-Pferd-Jahr geboren (790 n.Chr., 1334 Jahre nach dem Tod Buddhas). Dieser holte die indischen Gelehrten Khenchen-Bodhi-Sattawa und Lopon-Pema-(Padma-)Samba nach Tibet; viele indische Pandits sowie Tibeter, die des Sanskrit mächtig waren, übersetzten damals die Lehren Buddhas ins Tibetische. Das Samye-Kloster wurde gegründet, und zum erstenmal erhielten sieben Männer in Tibet die mönchischen Weihen. Die politische Macht des Landes wuchs, so daß sich der tibetische Herrschaftsbereich über weite Gebiete ausdehnte.

Unter dem vierzigsten König, Nya-Dak-Tri-Ral, der im Feuer-Hund-Jahr geboren wurde (866 n.Chr., 1410 Jahre nach dem Tod Buddhas), war die Zahl der Mönche in Tibet gewaltig angestiegen. Während seiner Regierungszeit kam es erneut zum Krieg zwischen Tibet und China, und wieder eroberten die Tibeter große Teile des Reichs der Mitte; aber tibetische Lamas und chinesische Mönche – Hashangs genannt – vermittelten und stifteten Frieden. Im tibetisch-chinesischen Grenzgebiet Khung-Khu-Meru wurde die Grenze durch eine Steinsäule markiert; ähnliche Säulen errichtete man vor dem Palast des chinesischen Kaisers und vor dem Jokhang in Lhasa. In diese drei Säulen wurde in chinesischer und tibetischer Schrift ein Abkommen eingemeißelt des Inhalts, daß weder Tibet noch China die gekennzeichnete Grenze überschreiten dürfe.

Diese drei Könige, der dreiunddreißigste, der siebenunddreißigste und der vierzigste, gelten als die größten Monarchen in der Geschichte Tibets. Noch heute verehrt das tibetische Volk sie. Dann aber bestieg im Eisen-Vogel-Jahr (901 n.Chr., 1445 Jahre nach dem Tod Buddhas) Langdarma als einundvierzigster König den Thron. Unter seiner Herrschaft wurde alles, was seine Vorgänger erreicht hatten, zunichte gemacht. Er und seine Minister taten, was sie nur tun konnten, um die buddhistische Religion und das tibetische Brauchtum zugrunde zu richten. Nach sechs schlimmen Jahren wurde Langdarma ermordet.

Von der Regierung des ersten bis zu der des einundvierzigsten tibetischen Königs waren ziemlich genau tausend Jahre verstrichen. Während dieses Zeitraums war das Land geistig und materiell stetig erstarkt. Aber nach dem Tod von Langdarma wurde das Reich geteilt. Der Monarch hatte zwei Frauen und zwei Söhne hinterlassen, von denen einer gar nicht sein eigener war. Die Königinnen überwarfen sich, die Minister ergriffen Partei, und schließlich wurde Tibet unter die beiden Prinzen aufgeteilt. Diese Spaltung führte zu weiterem Zerfall, so daß schließlich eine Reihe winziger Fürstentümer entstanden. Dabei blieb es dreihundertsiebenundvierzig Jahre lang.

Aber im 13. Jahrhundert der christlichen Zeitrechnung ging Chögyal-Phag-Pa, der Oberlama des großen Klosters Sakya, zur religiösen Unterweisung des chinesischen Kaisers Sechen ins Reich der Mitte. Im Wasser-Stier-Jahr (1253 n.Chr., 1797 Jahre nach dem Tod Buddhas) kehrte er zurück und übernahm die Herrschaft über alle drei Chol-khas, wie die Provinzen Tibets genannt werden: Er war der erste Priesterkönig unseres Landes.

Während der folgenden 96 Jahre wurde das Land nacheinander von zwanzig Lamas aus Sakya regiert, danach während 86 Jahren – von 1349 bis 1435 n.Chr. – von elf Lamas aus dem Geschlecht der Phamo Drupa. Dann kehrte man zur weltlichen Herrschaft zurück. Vier Generationen von Rinpong-Königen regierten von 1435 bis 1565, drei Tsangpa-Könige von 1566 bis 1641. Im Wasser-Pferd-Jahr (1642 n. Chr., 2186 Jahre nach dem Tod Buddhas) erhielt ein Dalai Lama die weltliche Herrschaft über ganz Tibet. Damit wurde die jetzige tibetische Regierungsform, das Gaden Phodrang, begründet. Seither sind in einem Zeitraum von mehr als dreihundert Jahren nacheinander zehn Dalai Lamas geistliches und weltliches Oberhaupt Tibets gewesen. Solange noch keine neue Inkarnation gefunden war und während der Minderjährigkeit des Dalai Lama besorgten Regenten, Laien und Mönche, vertretungsweise die Regierungsgeschäfte.

Mit dem fünften Dalai Lama beginnt die Kette derer, die in ihrer Person geistliche und weltliche Herrschaft vereinten. Der erste Dalai Lama war ein Schüler von Tsong Khapa gewesen, der die Gelukpa-Sekte begründet hatte. Beide Inkarnationen zeichneten sich durch außergewöhnliche Leistungen aus, der erste Dalai Lama auf religiösem Gebiet, der fünfte darüber hinaus auch in weltlichen Dingen. Der erste Mandschu-Kaiser von China, Shun-Tse, lud den Fünften Dalai Lama, in dem er seinen religiösen Lehrer sah, im Jahre 1652 ein, China zu besuchen, und empfing ihn dort huldigend als König von Tibet.

Bis gegen Ende des 19. Jahrhunderts christlicher Zeitrechnung – die Dalai Lamas waren mittlerweile zweieinhalb Jahrhunderte an der Macht – bestanden persönliche Beziehungen zwischen dem tibetischen Staatsoberhaupt und dem chinesischen Kaiser – Beziehungen dahin gehend, daß bei der einen Seite die religiöse Führung lag, bei der anderen eine ziemlich locker gehandhabte weltliche Schirmherrschaft. Der chinesische Kaiser wurde in Lhasa durch zwei seiner Beamten vertreten, die man Ambans nannte. Sie besaßen einige Machtbefugnis, übten diese aber durch die Regierung des Dalai Lama aus; und im Lauf der Zeit schwand ihre Autorität immer mehr dahin.

Während der Amtszeit meines großen Vorgängers begann Tibet erstmals, seine internationalen Beziehungen auszuweiten. Ich habe schon davon berichtet, auf welche Weise der Dreizehnte Dalai Lama den Lebensstandard unseres Volkes hob und unsere Armee reorganisierte. Er schickte junge Leute zum Studium ins Ausland, errichtete kleine Wasserkraftwerke und Gewerbebetriebe, führte Post- und Telegraphenverbindungen ein und gab Briefmarken, neue Gold- und Silbermünzen sowie Banknoten heraus. Außerdem änderte er in den Gelukpa-Klöstern den Lehrplan für die religiösen Fächer ab. Und während seiner Amtszeit schloß Tibet zum erstenmal eine Anzahl internationaler Verträge.

Gegen Ende des neunzehnten Jahrhunderts äußerte die britische Regierung in Indien den Wunsch, mit Tibet Handelsbeziehungen aufzunehmen; auch galt es, kleinere Streitigkeiten wegen der Grenzen zwischen dem tibetischen und dem britischen Gebiet im Himalaja zu bereinigen. Die Engländer mußten sich entscheiden, ob sie diese Angelegenheiten mit Tibet selbst oder aber mit China regeln wollten. Seit im Jahr 822 die Inschriften über die Grenzziehung in die Säulen gemeißelt worden waren, hatten Tibet und China keinerlei Verträge mehr unterzeichnet, mit Ausnahme eines einzigen Dokuments aus dem Jahr 1247. So hatten die Engländer wenig, wonach sie sich richten konnten. Sie unterzeichneten 1893 ein Abkommen mit China, das die Grenze festlegte und den Engländern gewisse Handelsprivilegien im südlichen Tibet gewährte.

Doch die tibetische Regierung nahm dieses Abkommen ganz einfach nicht zur Kenntnis. Als von Beauftragten der britischen und chinesischen Behörden Grenzmarkierungen aufgestellt wurden, warteten die Tibeter, bis die Beamten wieder fort waren, und entfernten dann die Grenzsteine wieder. Und als die Engländer um ihre Handelskonzessionen einkamen, bedeutete ihnen die Regierung, das Abkommen sei nur von China unterzeichnet worden und besitze daher in Tibet keinerlei Gültigkeit. Die Tibeter in ihrer arglosen Nachlässigkeit hatten es Generationen lang hingenommen, daß die chinesischen Ambans unter ihnen lebten. Doch nun wollte erstmals eine andere Macht mit Tibet in aller Form ein Abkommen schließen. Daß allein die Anwesenheit der Ambans in Lhasa der chinesischen Regierung Gelegenheit bieten könnte, das Recht zu beanspruchen, Verträge im Namen Tibets zu unterzeichnen, war den Tibetern gar nicht in den Sinn gekommen. Wer hätte auch bis zu jenem Zeitpunkt daran gedacht, China könne Tibet die Unabhängigkeit nehmen wollen.

Die Engländer wurden darüber, daß man ihnen die Handelskonzession verweigerte, und sicherlich auch wegen der Beseitigung ihrer Grenzmarkierungen zusehends verärgerter. Lord Curzon, der britische Vizekönig in Indien, erklärte, er betrachte »die chinesische Oberhoheit« (Lord Curzon sprach von Suzeränität) »über Tibet als eine verfassungsmäßige Fiktion – etwas politisch Unnatürliches, das nur aufrechterhalten worden ist, weil es für beide Partner bequem war«. 1903 entsandte er Truppen nach Lhasa. Diese wurden längere Zeit aufgehalten, und währenddessen benachrichtigte der Amban den britischen Befehlshaber, er werde ihm zu einem Treffen entgegenkommen. Die tibetische Regierung jedoch untersagte es dem Amban, Lhasa zu verlassen. Im Kampf gegen die Engländer wurde die tibetische Armee geschlagen, der Dalai Lama floh nach Osten, die Engländer marschierten 1904 in Lhasa ein und schlossen ein Abkommen mit der tibetischen Regierung.

Da der Dalai Lama abwesend war, wurde der Pakt vom Regenten unterzeichnet, der dabei das Siegel des Dalai Lama benutzte. Auch das Kabinett, die Nationalversammlung und die Klöster von Drepung, Sera und Gaden besiegelten ihn. So hatte Tibet unbestreitbar in aller Form ein internationales Abkommen als souveräne Macht geschlossen. Das Abkommen bestätigte die Grenzen und die Handelskonzessionen und führte unter anderem aus, es sei keiner fremden Macht gestattet, sich ohne Zustimmung der britischen Regierung in tibetische Angelegenheiten einzumischen.

China war in dem Dokument überhaupt nicht erwähnt, was bedeutet, daß es zu den nicht näher bezeichneten »fremden Mächten« gerechnet wurde. Sobald der Pakt unterzeichnet war, zogen die britischen Truppen aus Tibet ab und bedrohten uns nie wieder.

Die chinesische Regierung hat gegen diesen Vertrag niemals Einspruch erhoben. Zwei Jahre später, 1906, hatten die Engländer dann offenbar doch etwas Sorge, die Chinesen könnten ihnen wegen der Handelskonzessionen Schwierigkeiten machen. Sie schlossen daher ein Abkommen, in dem die chinesische Regierung formell den britisch-tibetischen Vertrag anerkannte. Als Gegenleistung traten die Engländer einige Handelsrechte an die Chinesen ab. Damit war – sofern internationale Abmachungen überhaupt einen Wert haben – bestätigt, daß es mit den letzten Resten chinesischer Macht in Tibet ein Ende hatte.

Aber die Engländer waren inkonsequent. Damals ging es Rußland und Großbritannien um das Abstecken ihrer »Einflußsphären« in Asien. 1907 unterzeichneten beide Mächte ein Abkommen, in dem sie sich verpflichteten, sich nicht in die Angelegenheiten Tibets einzumischen und ausschließlich China als Vermittler bei Verhandlungen mit Tibet heranzuziehen. Dieser Vertrag stand nicht nur im Widerspruch zu den früheren sowie zu den Erfahrungen der Briten, daß China in unserem Land praktisch keine Macht mehr besaß – er ging sogar von der Voraussetzung aus, daß China in Tibet die Oberherrschaft ausübte.

Oberherrlichkeit oder Oberherrschaft – staatsrechtlich spricht man von Suzeränität – ist ein vager und aus vergangenen Zeiten stammender europäischer Begriff. Sie wird definiert als eine nominelle Herrschaft über einen mehr oder minder weitgehend selbständigen Vasallenstaat oder als Recht allgemeiner Oberherrschaft über einen in seinen inneren Angelegenheiten autonomen Staat. Souveränität über einen anderen Staat hingegen bedeutet, daß dieser Staat keine eigene Freiheit hat: Suzeränität unterscheidet sich von der Souveränität durch die Freiheit des beherrschten Staates, wobei der Freiheit ein nahezu beliebig weiter oder enger Spielraum gegeben werden kann. Vielleicht war Suzeränität der passendste politische Begriff, mit dem der Westen die Beziehungen zwischen Tibet und China für die Zeit von 1720 bis 1890 zu umschreiben vermochte. Und doch war er noch immer sehr ungenau, so sehr, daß er ganze Generationen westlicher Staatsmänner in die Irre geführt hat. Man ließ die wechselseitigen geistig-geistlichen Beziehungen außer acht und zog nicht in Betracht, daß diese eine persönliche Angelegenheit zwischen den Dalai Lamas und den Mandschu-Kaisern waren. Es gibt im Osten viele solcher alten Beziehungen, die mit dem Vokabular westlicher Politik nicht zu fassen sind.

Das widersprüchliche Verhalten der Engländer läßt sich damit erklären, daß die günstige Position, die sie sich in Tibet bereits gesichert hatten, durch neue Abkommen nicht betroffen wurde und daß sie sogar willens waren, ihre Rechte zum direkten Verhandeln mit Tibet aufzugeben, wenn sie dadurch Rußland einen Riegel vorschieben konnten. Eine weitere Erklärung bietet der Umstand, daß die ersten beiden Verträge durch die britisch-indische Regierung abgeschlossen wurden, der dritte aber durch die britische Regierung in London, und vermutlich hat keine von beiden wirklich begriffen, was die andere tat. Die für Asien typische Beziehung zwischen Tibet und China ist wohl in Indien besser erkannt worden als in England. Auf alle Fälle ist weder an Tibet noch an China die Aufforderung ergangen, dieses neue Abkommen zu unterzeichnen. Daher war Tibet durch diesen Pakt nicht im mindesten verpflichtet, Chinas Oberhoheit anzuerkennen.

Die britische Expedition nach Lhasa hat eine unselige Auswirkung gehabt: Die Chinesen sahen sich vor die Tatsache gestellt, daß es mit ihrer Macht in Tibet zu Ende war. Als nun die Engländer das Land wieder verließen, nachdem sie die tibetische Armee vollständig zerschlagen hatten, vermochte Tibet sich kaum gegen das zu verteidigen, was China nunmehr im Schilde führen mochte. Zudem ließ das Abkommen zwischen England und Rußland den Chinesen in Tibet freie Hand, während die Engländer durch das gleiche Abkommen gebunden waren, nicht zu intervenieren. So drang China unter Mißachtung des Vertrags, den es selbst mit Großbritannien geschlossen hatte, in Tibet ein. Der Dalai Lama wurde erneut zur Flucht gezwungen. Diesmal begab er sich nach Indien unter englischen Schutz. Im Jahr 1910 marschierten chinesische Truppen in Lhasa ein.

Aber die Mandschu-Dynastie lag in den letzten Zügen. 1911 brach in China die Revolution aus. Die chinesischen Soldaten in Tibet erhielten keinen Sold und keinen Nachschub mehr und erhoben sich daraufhin gegen ihre Offiziere. Im Jahr 1912 trieben die Tibeter die restlichen Truppen aus dem Land und mit ihnen die Ambans. Von nun an war Tibet vollkommen unabhängig, und von 1912 bis zur chinesischen Invasion im Jahre 1950 besaßen weder die Chinesen noch sonst ein Staat irgendwelche Machtbefugnisse in Tibet.

Während der Vertreibung der chinesischen Armee kehrte der Dalai Lama aus Indien zurück und erklärte Tibet zu einer unabhängigen Nation. Seine Proklamationen trugen den Abdruck eines Siegels, das den Dalai Lamas vom tibetischen Volk an Stelle jenes Siegels geschenkt worden war, das sie weit früher von den Chinesen erhalten hatten. Einige alte tibetische Dokumente hatten mit der Formel begonnen: »Auf Befehl des Kaisers von China ist der Dalai Lama der höchste Priester des Buddhismus ...« Der Dreizehnte Dalai Lama änderte diese Einleitung folgendermaßen: »Auf Buddhas Weisung ...«

Nachdem wir nun unsere Unabhängigkeit errungen und proklamiert hatten, zogen wir uns wieder in unsere althergebrachte Isolation zurück, denn wir waren des Kämpfens müde. Doch schlossen wir mit China kein Abkommen, und so erhielt unsere de facto erzielte Selbständigkeit keine vertragliche Basis. Im Jahr 1913 versuchten die Engländer, die Angelegenheit dadurch zu bereinigen, daß sie chinesische und tibetische Regierungsvertreter zu einer Konferenz nach Simla in Indien einluden. Die drei Verhandlungspartner waren gleichberechtigt, und nach endlos langen Auseinandersetzungen paraphierten sie einen Vertragsentwurf. Die Engländer hatten die Tibeter dazu bewogen, ihrer Auffassung zuzustimmen, daß China die Oberhoheit zustehe, während sie die Chinesen dahin brachten, die Autonomie Tibets anzuerkennen. Großbritannien und China sollten die territoriale Integrität Tibets achten, keine Truppen nach Tibet entsenden und sich nicht in die inneren Angelegenheiten unseres Landes einmischen.

Nun hatte zwar der chinesische Bevollmächtigte dieses Abkommen paraphiert, doch die chinesische Regierung weigerte sich, es zu unterzeichnen. Daraufhin unterschrieben lediglich England und Tibet den Pakt und gaben getrennt die Erklärung ab, China solle keine Vorrechte aus diesem Vertrag genießen, solange es ihn nicht signiere. China hat das Abkommen niemals unterzeichnet, hat also auch in international gültiger Form niemals mehr den Anspruch auf die Oberherrschaft erhoben.

Und dabei blieb es. Die chinesische Regierung blieb bei dem Standpunkt, Tibet sei ein Teil Chinas, wann immer diese Frage auftauchte; aber es gab ja in Tibet keinen Chinesen mehr, der irgendwelche Machtbefugnisse besaß. Achtunddreißig Jahre hindurch verfolgte Tibet unbeirrt seinen eigenen Weg. Es beteiligte sich nicht am Chinesisch-Japanischen Krieg, und selbst im zweiten Weltkrieg bestand es auf seiner Neutralität. Keiner der Waffentransporte von Indien nach China durfte über tibetisches Hoheitsgebiet geleitet werden. Tibet hat in all den Jahren keinerlei Initiative ergriffen, vor der übrigen Welt seine Unabhängigkeit darzulegen, da ihm ein solcher Schritt unnötig schien. Überdies bewiesen von Zeit zu Zeit andere Staaten durch ihr Verhalten, daß sie diese Unabhängigkeit anerkannten. So wehte 1947, als in Delhi eine Konferenz aller asiatischen Staaten abgehalten wurde, die tibetische Flagge zwischen den Fahnen der anderen Nationen; und niemand nahm daran Anstoß. Im gleichen Jahr beantwortete Indien, das damals seine Unabhängigkeit erlangt hatte, eine tibetische Note mit folgenden Worten: »Die indische Regierung würde die Versicherung begrüßen, daß die tibetische Regierung beabsichtigt, die Beziehungen auf der jetzigen Basis weiterzuführen, bis neue Abkommen in Angelegenheiten abzuschließen sind, die einer der beiden Staaten aufgreifen möchte. Es ist dies das Verfahren, das alle anderen Staaten befolgen, mit denen Indien vertragliche Beziehungen von der Regierung Seiner Majestät übernommen hat.« 1948 bereiste eine Handelsdelegation der tibetischen Regierung Indien, China, Frankreich, Italien, Großbritannien und die Vereinigten Staaten, und die Pässe, welche die tibetische Regierung den Abgesandten ausgestellt hatte, wurden von den Behörden aller dieser Staaten als gültig anerkannt.

Während der ersten zweiundzwanzig Jahre, in denen wir unabhängig waren, hielten sich in Tibet keine chinesischen Beamten auf, erst 1934, nach dem Tod des Dreizehnten Dalai Lama, kam eine chinesische Delegation zu kultischen Opferhandlungen nach Lhasa. Anschließend blieb die Abordnung in Lhasa, da sie offene Fragen über die chinesisch-tibetische Grenze abschließend klären wollte. Doch hatte diese chinesische Abordnung genau den gleichen Status wie die Missionen von Nepal und Großbritannien und später die von Indien, die sich ebenfalls in Lhasa befanden. Und im Jahr 1949 wurden auch diese Chinesen des Landes verwiesen.

Zusammenfassend kann gesagt werden, daß Tibet von alters her eine eigene Nation ist, die mit China auf der Basis der gegenseitigen Achtung Jahrhunderte hindurch Beziehungen unterhalten hat. Es stimmt, daß es Zeiten gab, da China stark und Tibet schwach war und die Chinesen Tibet besetzten. Aber wenn wir die Geschichte noch weiter zurückverfolgen, stoßen wir auch auf Epochen, in denen die Tibeter in chinesisches Gebiet eindrangen. Die historische Vergangenheit bietet also keine Handhabe für die Behauptung, Tibet sei ein Teil Chinas. Von 1912 bis zu dem schicksalhaften Jahr 1950 besaß Tibet de facto die vollständige Unabhängigkeit von jeder anderen Nation. Noch heute ist unser rechtmäßiger Status mit dem des Jahres 1912 vollkommen identisch. Dieser Status ist in jüngster Zeit vom Rechtsausschuß der Internationalen Juristenkommission bis ins einzelne analysiert worden.

Ich möchte nun nicht meine eigene Meinung vortragen, sondern die Schlußfolgerung anführen, die jene Gruppe hervorragender und unparteiischer Fachleute den Vereinten Nationen vorgelegt und in ihrem Bericht über »Die Tibet-Frage und die Herrschaft des Rechts« im Jahre 1959 veröffentlicht hat:

»Der Status von Tibet bei der Austreibung der Chinesen im Jahr 1912 kann billigerweise als eine de facto-Unabhängigkeit bezeichnet werden, und es bestehen, wie ausgeführt, solide Rechtsgrundlagen für die Annahme, daß jede rechtliche Abhängigkeit von China verschwunden war. Daraus wird geschlossen, daß durch die Ereignisse von 1911–12 das Wiedererstehen Tibets als eines voll souveränen Staates, de facto und de jure unabhängig von chinesischer Herrschaft, gekennzeichnet ist.«

Der Einmarsch

Im Jahr 1948 – meine Ausbildung war damals noch nicht abgeschlossen – kam es der Regierung zu Ohren, daß sich in unserem Land rotchinesische Spione aufhielten. Sie wollten die Stärke unserer Truppenverbände auskundschaften und in Erfahrung bringen, ob wir irgendwelche militärische Unterstützung aus dem Ausland erhielten.

Ihre Aufgabe dürfte ihnen eigentlich nicht allzu schwergefallen sein. In Tibet lebten, soweit ich weiß, damals ganze sechs Europäer; und von militärischem Beistand konnte schon gar nicht die Rede sein. Drei dieser Europäer, ein Diplomat und zwei Funktechniker, waren Engländer, die anderen drei, zwei Österreicher und ein Weißrusse, waren aus britischen Internierungslagern in Indien während des Krieges entflohen. Keiner von ihnen hatte auch nur das geringste mit militärischen Dingen zu tun.

Die Armee bestand, Offiziere und Mannschaften zusammengerechnet, aus 8500 Mann. Gewehre hatten sie mehr als genug, aber nur etwa fünfzig Geschütze verschiedener Typen, zweihundertundfünfzig Granatwerfer und ungefähr zweihundert Maschinengewehre. Die Armee sollte, wie ich schon sagte, unerwünschte Personen an der Einreise hindern und polizeiliche Aufgaben versehen. Zur Kriegführung war sie absolut ungeeignet.

Bald nach diesem ersten bedrohlichen Vorzeichen erreichten uns aus den östlichen Teilen Tibets noch weitaus unheilvollere Nachrichten. Der Gouverneur von Osttibet, Lhalu, hatte seinen Amtssitz nahe der Grenze in der Stadt Chamdo. Dort war auch einer der beiden Funker, während sich der andere in Lhasa befand. In verschlüsselten Meldungen teilte der Gouverneur mit, daß die Chinesen starke Truppenverbände in Bewegung gesetzt und entlang unserer Ostgrenze zusammengezogen hätten. Es lag auf der Hand, daß sie uns entweder angreifen oder aber unter Druck setzen wollten.

Angesichts dieser alarmierenden Nachrichten berief das Kabinett die Nationalversammlung ein. Offensichtlich war Tibet diesmal weitaus ernster bedroht als je zuvor. Der Kommunismus hatte China erobert: für die militärische Schlagkraft und die Einheit, die das Land dadurch erhalten hatte, gab es seit Generationen kein Beispiel. Deshalb war die Gefahr für uns nicht nur größer, sie war auch ihrem Wesen nach anders als früher. Denn in der Vergangenheit hatte es zwischen China und Tibet wenigstens auf religiösem Gebiet Gemeinsames gegeben. Nun aber drohte uns nicht nur Waffengewalt – es stand auch zu befürchten, daß man uns eine wesensfremde, weil materialistische Weltanschauung aufnötigen würde, die uns, soweit wir ihren Inhalt überhaupt begriffen, ganz und gar verabscheuenswürdig vorkam.

Die Mitglieder der Nationalversammlung waren sich völlig darüber einig, daß Tibet weder die materiellen Hilfsmittel noch die Waffen und die Truppen besaß, seine Integrität gegen einen ernstlichen Angriff zu verteidigen. Sie beschlossen deshalb, einen dringenden Appell an andere Nationen zu richten, in der Hoffnung, die Chinesen durch diese Maßnahme rechtzeitig zum Einhalten zu bewegen. Vier Delegationen wurden beauftragt, in England, den Vereinigten Staaten von Amerika, Indien und Nepal um Hilfe nachzusuchen. Bevor sie aus Lhasa abreisten, wurden die Regierungen dieser vier Länder durch Telegramme sowohl von der offenkundigen Bedrohung unserer Unabhängigkeit als auch von der Absicht unserer Regierung unterrichtet, Delegationen zu entsenden.

Die Antworten auf diese Telegramme waren niederschmetternd. Die britische Regierung versicherte uns ihres wärmsten Mitgefühls für die Bevölkerung von Tibet und bedauerte, daß sie, da Indien die Unabhängigkeit zuerkannt sei, unserem Land seiner geographischen Lage wegen nicht beistehen könne. Auch die Vereinigten Staaten antworteten in diesem Sinn; die Regierung weigerte sich sogar, unsere Delegation überhaupt zu empfangen. Die indische Regierung ließ ebenfalls keinen Zweifel darüber, daß wir von ihr keine militärische Unterstützung zu erwarten hätten. Sie riet uns, keinen bewaffneten Widerstand zu leisten, sondern Verhandlungen für eine friedliche Übereinkunft auf der Basis des Simla-Abkommens von 1914 in die Wege zu leiten. So mußten wir erkennen, daß wir von keiner Seite auf militärischen Beistand rechnen könnten.

Nun traf es sich, daß Lhalus Amtsperiode als Gouverneur von Osttibet abgelaufen war und er in diesem kritischen Augenblick durch einen anderen Regierungsbevollmächtigten, Ngabo Ngawang Jigme, ersetzt werden mußte. Ngabo machte sich von Lhasa aus auf den Weg nach der Ostprovinz, und da die Situation derart heikel war, wies das Kabinett Lhalu an, auf seinem Posten zu bleiben, seinem Nachfolger behilflich zu sein und sich mit ihm in die Verantwortung zu teilen. Doch bald ließ Ngabo wissen, er fühle sich seiner Aufgabe mittlerweile auch allein gewachsen, woraufhin Lhalu zurückberufen wurde. Kurze Zeit später fielen die Truppen Rotchinas ohne Kriegserklärung in Tibet ein.

Hier und dort gelang es den tibetischen Truppen – unterstützt durch Khampas, die sich ihnen freiwillig anschlossen –, die Angreifer für kurze Zeit zurückzuwerfen. Aber unsere Streitmacht war zahlenmäßig und ihrer Ausrüstung nach hoffnungslos unterlegen. Durch die Ablösung des Gouverneurs war außerdem die Verwaltung durcheinandergeraten, und Ngabo begann, seine Dienststellen von Chamdo nach dem Westen zu verlegen. Als die von der Grenze zurückweichenden tibetischen Truppen in Chamdo eintrafen, mußten sie feststellen, daß er die Stadt bereits verlassen hatte. So blieb ihnen nichts weiter übrig, als das Zeughaus und die Munitionsdepots in Brand zu stecken und ihren Rückzug fortzusetzen, um Anschluß an ihn zu finden.

Aber damit war nichts gewonnen. Beweglichere chinesische Streitkräfte hatten Ngabo in der Flanke umgangen und ihm die Rückzugslinie abgeschnitten. Wie er wurden zahlreiche tibetische Verbände gezwungen, sich zu ergeben.

Auch die Funkanlage von Chamdo und der englische Techniker waren den Chinesen in die Hände gefallen, und so dauerte es einige Zeit, bis die Regierung erfuhr, was sich zugetragen hatte. Schließlich trafen zwei Beamte in Lhasa ein, von Ngabo mit Genehmigung der chinesischen Kommandanten abgesandt, um dem Kabinett mitzuteilen, er befinde sich in Gefangenschaft und bitte um Vollmacht, Friedensbedingungen auszuhandeln. Außerdem sollten sie dem Kabinett die Versicherung des chinesischen Befehlshabers überbringen, daß China nicht die Absicht habe, seine Herrschaft über weiteres tibetisches Gebiet auszudehnen.

Während sich diese Katastrophe in den fernen Weiten Osttibets ereignete, befragte die Regierung in Lhasa die Orakel und die hohen Lamas. Auf deren Rat trat das Kabinett mit der feierlichen Aufforderung an mich heran, ich möge die Regierungsgewalt übernehmen.

Mich überkam Angst. Ich war doch erst sechzehn Jahre alt. Meine religiöse Ausbildung war noch bei weitem nicht abgeschlossen, ich wußte nichts von der Welt und hatte keinerlei Erfahrung in politischen Dingen. Aber ich war bereits alt genug, um zu erkennen, wie unwissend ich war und wieviel ich noch zu lernen hatte. Zunächst wandte ich ein, ich sei noch zu jung; denn traditionsgemäß übernimmt der Dalai Lama die tatsächliche Regierungsgewalt vom Regenten erst im Alter von achtzehn Jahren. Und doch begriff ich recht wohl, warum die Orakel und die Lamas darauf gedrungen hatten, daß mir die Bitte vorgetragen würde. Die langen Jahre der Regentschaft nach dem Tod eines jeden Dalai Lama waren eine offensichtliche Schwäche unseres Regierungssystems. Während meiner Minderjährigkeit war es in unserem Staatsapparat zu Zerwürfnissen zwischen verschiedenen Gruppen gekommen, und die Verwaltung des Landes lag im argen. Wir waren an einem Punkt angelangt, an dem fast jeder davor zurückschrecken mußte, die Verantwortung zu übernehmen. Und doch hatten wir, bedroht von der Invasion, die Einheit nötiger denn je, und ich als Dalai Lama war der einzige Mensch, dem das ganze Land einhellig Gefolgschaft leisten würde.

Noch zögerte ich. Als sich aber auch die Nationalversammlung dem Drängen des Kabinetts anschloß, sah ich ein, daß ich mich in einem so ernsten Augenblick der Verantwortung nicht entziehen durfte. Ich mußte sie auf mich nehmen, mußte meine Jugend vergessen und mich unverzüglich darauf vorbereiten, meinem Land nach bestem Vermögen in seiner Auseinandersetzung mit der gewaltigen Macht Rotchinas ein Führer zu sein. Mit Zittern und Zagen gab ich meine Einwilligung. Man übertrug mir in einem traditionellen Festakt sämtliche Vollmachten; in meinem Namen wurde eine Generalamnestie verkündet; allen Insassen aller tibetischen Gefängnisse wurde die Freiheit geschenkt.

Ungefähr um dieselbe Zeit traf mein ältester Bruder von Osten her in Lhasa ein. Als Abt war er in jenes Kloster Kumbum zurückgekehrt, das in der Nähe des Dorfes gelegen ist, wo wir geboren waren. In diesem von den Chinesen kontrollierten Gebiet hatte er nun als Abt den Sturz des nationalchinesischen Gouverneurs und das Vorrücken der Truppen des neuen kommunistischen Regimes miterlebt. Ein Jahr der Wirren, der Unterdrückung und des Terrors hatte er hinter sich. Die Rotchinesen waren zwar, wie sie erklärten, gekommen, um das Volk zu beschützen. Doch zur selben Zeit, da sie ihm Glaubensfreiheit zusicherten, war systematisch damit begonnen worden, das religiöse Leben zu untergraben und zu vernichten. Mein Bruder stand unter strenger Bewachung und mußte während dieser Zeit eine regelrechte kommunistische Schulung durchmachen. Die Chinesen erklärten ihm, sie hätten die Absicht, ganz Tibet zurückzufordern und zum Kommunismus zu bekehren, da es ihrer Ansicht nach ein Teil Chinas sei. Sie versuchten ihn zu überreden, er solle als ihr Beauftragter nach Lhasa gehen und mich und meine Regierung dazu bewegen, die chinesische Herrschaft anzuerkennen. Falls er Erfolg habe, wolle man ihn zum Gouverneur von Tibet ernennen. Natürlich lehnte mein Bruder dieses Ansinnen ab. Aber schließlich sah er ein, daß sein Leben in Gefahr war, wenn er sich noch länger sträubte, und zudem kam er zu der Erkenntnis, daß es seine Pflicht war, mich vor den Plänen der Chinesen zu warnen. So gab er vor, einverstanden zu sein, und erreichte damit, daß er sich dem Zugriff der Chinesen entziehen konnte. In Lhasa eingetroffen, setzte er mir mit aller Ausführlichkeit die Gefahren auseinander, die uns erwarteten.

Zu diesem Zeitpunkt hatte das Kabinett Maßnahmen eingeleitet, unsere Sache vor die Vereinten Nationen zu bringen. Bis es soweit war, erschien es mir jedoch als meine erste Pflicht, dem Rat der indischen Regierung zu folgen und zu versuchen, bevor noch mehr Unheil geschah, ein Abkommen mit den Chinesen herbeizuführen. Daher ließ ich der chinesischen Regierung durch den Befehlshaber der Armee, die Chamdo besetzt hielt, ein Schreiben zuleiten, in dem ich ausführte, daß das Verhältnis zwischen unseren Ländern während meiner Minderjährigkeit gespannt gewesen sei, daß ich aber jetzt die volle Verantwortung übernommen habe und aufrichtig wünsche, die freundschaftlichen Beziehungen früherer Zeiten wiederherzustellen. Ich ersuchte deshalb, die kriegsgefangenen Tibeter freizulassen und die Truppen aus jenem Teil Tibets zurückzuziehen, den sie gewaltsam besetzt hatten.

In diesen Tagen berief mein Kabinett erneut die Nationalversammlung ein, um die öffentliche Meinung über die Bedrohung durch Rotchina zu erkunden. Eines der Ergebnisse dieser Beratung war mir höchst unwillkommen: Man hatte nämlich dargelegt, die chinesischen Truppen könnten jederzeit nach Lhasa vorrücken und die Stadt einnehmen, und deshalb beschlossen, ich sollte aufgefordert werden, die Stadt zu verlassen und mich in die Stadt Yatung nahe der indischen Grenze begeben, damit ich außer Gefahr für Leib und Leben sei. Dies entsprach durchaus nicht meinen Wünschen; ich wollte bleiben, wo ich war, und tun, was in meiner Macht stand, meinem Volk zu helfen. Aber das Kabinett drängte ebenfalls auf meine Abreise, und schließlich mußte ich nachgeben. Es war ein Konflikt, in den ich noch oft gestürzt werden sollte. Doch davon später. Ich war jung, gesund und kräftig und hatte daher ganz instinktiv das Bedürfnis, meinen Anteil an Not und Gefahr genauso zu tragen wie mein Volk. Aber für die Tibeter ist die Person des Dalai Lama von ungeheurer Wichtigkeit, und wann immer die Frage auftauchte, ob ich bleiben oder gehen sollte, mußte ich es erleben, daß mein Volk viel besorgter um mich war als ich selbst.

So schickte ich mich denn an, abzureisen. Bevor ich ging, ernannte ich zwei Premierminister, einen hohen Mönchsbeamten namens Losang Tashi und einen altgedienten und erfahrenen Verwaltungsexperten, der Laie war und Lokhangwa hieß. Ich übertrug ihnen sämtliche Vollmachten und die gemeinsame Verantwortung; nur in ganz außergewöhnlich wichtigen Fällen hätten sie sich an mich selbst zu wenden.

Meine Minister vertraten die Ansicht, ich solle mich, wenn es zum Schlimmsten käme, nach Indien flüchten, wie es mein Vorgänger gemacht hatte, als vor vierzig Jahren die Chinesen in unser Land eingedrungen waren. Auch empfahlen sie mir, einen kleinen Teil meines Schatzes dorthin zu verlagern. Diese Vorsichtsmaßregel gebot der gesunde Menschenverstand; denn hätte ich wirklich außer Landes gehen müssen, wäre es sowohl für mich wie für die indische Regierung peinlich gewesen, wenn ich mit leeren Händen dagestanden hätte. Daraufhin wurden einige Silberbarren und etwas Goldstaub aus Lhasa weggeschafft und jenseits der Grenze, in Sikkim, in einer Schatzkammer deponiert, wo sie für die nächsten neun Jahre blieben. Dann aber benötigten wir sie dringend.

Der nächste schwere Schlag war für uns alle die Nachricht, daß die Vollversammlung der Vereinten Nationen beschlossen hatte, die Tibet-Frage nicht auf die Tagesordnung zu setzen. Unsere Bestürzung war groß. Denn wir hatten die Vereinten Nationen für einen Hort der Gerechtigkeit gehalten, und nun vernahmen wir mit Befremden, daß man die Tibet-Frage auf Betreiben der Briten auf die lange Bank geschoben hatte. Lange Zeit war unser Verhältnis zu den Engländern freundschaftlich gewesen, und vieles verdankten wir der Klugheit und Erfahrung zahlreicher vorzüglicher Diener der britischen Krone. Überdies hatte gerade England unsere Unabhängigkeit indirekt anerkannt, indem es mit uns als souveränem Staat Verträge abgeschlossen hatte. Und nun erklärte der britische UN-Delegierte, die Rechtslage in Tibet sei nicht sehr klar, ja er gab zu verstehen, daß wir selbst jetzt, nach achtunddreißig Jahren, in denen China keinerlei Einfluß in unserem Land besessen hatte, von Rechts wegen noch immer der chinesischen Oberhoheit unterständen. Der indische Delegierte verhielt sich nicht minder enttäuschend. Er meinte dessen sicher zu sein, daß eine friedliche Regelung getroffen und Tibets Autonomie gewährleistet werden könne. Dies würde am ehesten dadurch erreicht, daß man den Plan fallenlasse, das Problem in der Vollversammlung zu diskutieren.

Diese Enttäuschung war noch bitterer als die Erfahrung, die

wir zuvor hatten machen müssen: daß niemand uns bewaffneten Beistand zu leisten bereit war. Jetzt wollten unsere Freunde uns nicht einmal helfen, unsere Bitte um Gerechtigkeit vorzubringen. Also sollten wir der chinesischen Soldateska ausgeliefert werden.

Beurteilt man heute rückblickend unsere Geschichte, so kann man natürlich mit Leichtigkeit erkennen, wieviel unsere eigene Politik dazu beigetragen hat, uns in diese verzweifelte Lage zu bringen. Als wir 1912 die vollkommene Unabhängigkeit erlangt hatten, begnügten wir uns damit, uns wieder in unsere Isolation zurückzuziehen. Keiner kam jemals auf den Gedanken, daß unsere Selbständigkeit, die für uns klar auf der Hand lag, vor der übrigen Welt auf irgendeine Weise legalisiert werden müßte. Wir hätten nur unsere Mitgliedschaft im Völkerbund oder in den Vereinten Nationen zu beantragen brauchen oder vor der Krise zumindest bei einigen der führenden Mächte Gesandtschaften errichten sollen. Dann – dessen bin ich sicher – wären diese Bekundungen unserer Souveränität fraglos akzeptiert worden, und die absolute Rechtmäßigkeit unserer Sache wäre nicht, wie es nun der Fall war, durch spitzfindige juristische Erörterungen in Frage gestellt worden, die sich auf alte, unter ganz anderen Umständen abgeschlossene Verträge beriefen. Jetzt mußten wir die bittere Erfahrung machen, daß die Erde zu klein geworden ist, als daß auf ihr auch nur ein Volk noch, und sei es auch so unkriegerisch und friedliebend wie das unsere, für sich und abgeschlossen von der Außenwelt leben könnte.

Das einzige, was uns übrigblieb, war, die angebahnten Verhandlungen so gut es ging weiterzuführen. Wir beschlossen also, Ngabo die gewünschte Vollmacht zu erteilen. Durch einen der beiden Beamten, die er nach Lhasa geschickt hatte, wurde Ngabo von mir und meinem Kabinett beauftragt, die Verhandlungen unter der einen Bedingung zu eröffnen, daß die chinesischen Truppen nicht weiter ins Innere von Tibet vorrückten. Wir hatten angenommen, daß die Unterhandlungen entweder in Lhasa oder aber in Chamdo stattfinden würden, wo die chinesischen Truppen stationiert waren. Aber der chinesische Botschafter in Indien schlug vor, unsere Delegation solle gleich nach Peking gehen. Vier weitere Beamte wurden von mir beauftragt, Ngabo zu begleiten. Anfang 1951 traf die gesamte Gruppe in Peking ein.

Erst lange Zeit später, nach Rückkehr der Delegation, erfuhren wir genau, wie es ihr in Peking ergangen war. Nach ihrer Ankunft hatte der chinesische Außenminister Chou En-lai unsere

Vertreter zu einem Empfang geladen und sie dabei den chinesischen Vertretern in aller Form vorgestellt. Sobald jedoch die erste Sitzung begann, präsentierte der Leiter der chinesischen Delegation einen Vertragsentwurf mit zehn fix und fertig ausgearbeiteten Artikeln. Mehrere Tage lang wurde über diesen Entwurf diskutiert. Unsere Delegation betonte, Tibet sei ein unabhängiger Staat, und brachte alle erdenklichen Beweise für unsere Souveränität vor. Aber die Chinesen erkannten diese einfach nicht an. Schließlich entwarfen die Chinesen ein revidiertes Abkommen mit siebzehn Artikeln und legten es in ultimativer Form vor. Von irgendwelchen Änderungen oder Vorschlägen war keine Rede mehr. Man beleidigte und beschimpfte unsere Delegierten, man bedrohte sie persönlich, kündigte weitere militärische Sanktionen gegen das tibetische Volk an und verbot ihnen, bei mir oder der Regierung Anweisungen einzuholen.

Dieses »Siebzehn-Punkte-Abkommen« ging von der Voraussetzung aus, Tibet sei ein Teil von China. Das war ganz einfach unwahr, und deshalb konnte unsere Delegation ohne Rücksprache mit mir und meiner Regierung den Vertragsentwurf gar nicht unterzeichnen. Doch sie stand unter Druck. Ngabo wurde schon bald nur noch als Gefangener behandelt, und mit den übrigen Delegierten war es im Grunde genommen nicht anders. Direktiven konnten sie nicht einholen, und so beugten sie sich schließlich der Gewalt und unterschrieben das Dokument. Noch immer weigerten sie sich, auch die Siegel anzubringen, ohne die es nicht gültig war. Aber die Chinesen fälschten in Peking tibetische Siegel und zwangen unsere Delegation, mit diesen das Dokument zu beglaubigen.

Man setzte weder mich noch meine Regierung darüber ins Bild, daß ein Vertrag unterzeichnet worden war. Wir hörten erst durch eine Rundfunkansprache davon, die Ngabo über Radio Peking hielt. Die Bedingungen bedeuteten für uns einen furchtbaren Schock. Wir waren entsetzt über die Mischung aus kommunistischen Parolen, hochtrabenden, aber völlig verdrehten Ausführungen und halbwahren Behauptungen. Wir hatten nicht im entferntesten damit gerechnet, daß der Vertrag so unheilvoll und bedrückend für uns ausfallen würde.

Die Präambel besagte, daß »in den vergangenen hundert Jahren und noch länger« imperialistische Kräfte in China und Tibet eingedrungen seien und »Betrug und Provokation aller Art begangen« hätten. Dadurch seien »die tibetische Nation und das Volk in die Tiefen der Sklaverei und des Leidens gestürzt« worden.

Dies war barer Unsinn. Es wurde zugegeben, daß die chinesische Regierung der »Volksbefreiungsarmee« den Befehl erteilt hatte, in Tibet einzumarschieren; als Gründe wurde unter anderem angeführt, der Einfluß aggressiver imperialistischer Kräfte in Tibet solle mit Erfolg ausgemerzt, das tibetische Volk befreit und in die »große Familie« der Volksrepublik China zurückgeführt werden.

Dasselbe Thema wurde im ersten Punkt des Abkommens wiederholt: »Das tibetische Volk soll sich vereinen und die imperialistischen aggressiven Kräfte aus Tibet verjagen; das tibetische Volk soll in die große Familie des Mutterlandes zurückkehren – die Volksrepublik China.« Dies war bitterer Hohn, wenn man bedenkt, daß es keinerlei fremde Mächte in Tibet gegeben hatte, seit im Jahre 1912 die letzten chinesischen Truppen von uns vertrieben worden waren. Punkt zwei sah vor, daß »die Lokalregierung von Tibet die Volksbefreiungsarmee aktiv bei ihrem Vorhaben unterstützen solle, in Tibet einzumarschieren und die nationale Verteidigung zu festigen«. Dies gutzuheißen ging über Ngabos Vollmacht hinaus, die von uns eindeutig begrenzt worden war. In Punkt acht hieß es, daß die tibetischen Streitkräfte in der chinesischen Armee aufgehen sollten. Und Paragraph vierzehn nahm Tibet jede Selbständigkeit hinsichtlich der Außenpolitik.

Zwischen diesen Klauseln, die kein Tibeter jemals freiwillig akzeptiert hätte, waren andere eingestreut, in denen die Chinesen viele Versprechungen machten: Sie würden weder das bestehende Regierungssystem in Tibet antasten noch Status, Aufgaben und Machtbefugnisse des Dalai Lama ändern; der Glaube und die religiösen Sitten und Gebräuche des tibetischen Volks sollten respektiert, die Klöster geschützt werden. Es hieß, die Landwirtschaft würde gefördert, der Lebensstandard der Bevölkerung gehoben werden; man wolle Tibet keine unerwünschten Reformen aufzwingen. Aber diese Zusicherungen waren ein schwacher Trost angesichts der Tatsache, daß man von uns erwartete, uns und unser Land auszuliefern: Tibet sollte keine selbständige Nation mehr sein.

Aber wir waren hilflos. Ohne Freunde blieb uns nichts anderes übrig, als zuzustimmen, uns trotz allen Widerstrebens dem Diktat der Chinesen zu unterwerfen und die Faust in der Tasche zu ballen. Wir konnten nur hoffen, daß die Chinesen die Abmachungen dieses uns aufgezwungenen Vertrages wenigstens einhalten würden.

Bald nach der Unterzeichnung des Abkommens teilte mir unsere

Delegation durch ein Telegramm mit, daß die chinesische Regierung einen General namens Chang Chin-wu zu ihrem Vertreter in Lhasa ernannt habe. Er war bereits unterwegs, und zwar reiste er über Indien anstatt auf dem langen Landweg durch Osttibet. Yatung, wo ich mich aufhielt, lag nahe der indisch-tibetischen Grenze an der Hauptstraße von Indien nach Lhasa, und so war es klar, daß ich ihm begegnen mußte, sobald er seinen Fuß auf den Boden unseres Landes setzte.

Diese Aussicht war alles andere denn erfreulich. Ich hatte noch nie einen chinesischen General gesehen, nicht einmal einen anderen Offizier außer unseren eigenen, und was mir da bevorstand, erschien mir geradezu abstoßend. Niemand konnte wissen, wie er sich aufführen würde, ob zugänglich oder als Eroberer. Einige meiner Beamten hatten schon seit Unterzeichnung des Abkommens darauf gedrängt, daß ich mich in Indien in Sicherheit bringen sollte, ehe es zu spät wurde, und erst nach einigen Auseinandersetzungen waren alle damit einverstanden, daß ich warten sollte, bis der General kam, um aus seiner Haltung die Folgerungen für die nächsten Entscheidungen zu ziehen.

Zunächst trafen sich einige meiner höheren Beamten mit ihm in Yatung. Ich selbst blieb in einem nahegelegenen Kloster. Auf seinem Dach befand sich ein herrlicher Pavillon, und wir hatten ausgemacht, daß dort die Begegnung mit dem General stattfinden sollte. Er bestand in Yatung darauf, daß er und ich uns als Gleichberechtigte treffen sollten. Jeder protokollarischen Schwierigkeit gingen wir dadurch aus dem Wege, daß wir für ihn und mich gleiche Sessel besorgten statt der in Tibet üblichen Kissen.

Als es soweit war, blickte ich aus einem Fenster, denn ich wollte wissen, wie er aussah. Ich weiß nicht genau, was ich erwartete. Was ich sah, waren drei Männer in grauem Rock und spitzer Mütze; neben meinen Beamten in ihren prächtigen roten und goldenen Gewändern wirkten sie äußerst monoton und unbedeutend. Wie konnte ich wissen, daß düstere Eintönigkeit der Zustand war, auf den China uns schließlich hinabdrücken sollte – aber mein Eindruck, dieser General sei unbedeutend, war ganz gewiß eine Illusion.

Als der Zug das Kloster erreicht hatte und zu meinem Pavillon hinaufgestiegen war, stellte es sich heraus, daß der General liebenswürdig war und sich durchaus nicht förmlich gab. Die beiden anderen grauberockten Männer waren sein Stellvertreter und sein Dolmetscher. Chang Chin-wu überreichte mir ein Schreiben von Mao Tse-tung, das mehr oder weniger den ersten Punkt des

Pekinger Abkommens wiederholte, indem es unsere Rückkehr ins große Mutterland begrüßte – eine Phrase, die in mir bereits Abscheu erregte. Dann sagte der General das gleiche nochmals durch seinen Dolmetscher. Ich reichte ihm Tee, und ein Beobachter, der nicht wußte, was in unseren Herzen vorging, hätte glauben können, die ganze Begegnung sei in schönster Herzlichkeit verlaufen.

Beim Eintreffen des Generals in Lhasa war es schon anders. Ich hatte dem Kabinett Anweisung gegeben, ihn gebührend zu empfangen und als Gast der Regierung zu behandeln. Deshalb begaben sich zwei Kabinettsmitglieder vor den Norbulingka hinaus, um ihn mit dem entsprechenden Zermoniell zu empfangen, und am Tag darauf veranstalteten die Premierminister und das Kabinett ihm zu Ehren ein Essen. Aber damit war der General nicht zufrieden. Er beklagte sich, daß ihm nicht der dem Vertreter einer befreundeten Macht gebührende Empfang zuteil geworden sei. So merkten wir, daß er nicht ganz so herzlich und liebenswürdig war, wie er aussah.

Unter diesen Umständen war ich jedenfalls gezwungen, in den Norbulingka zurückzukehren, und so wurde ich Zeuge, wie sich die chinesische Militärherrschaft ausbreitete.

Zwei Monate nach der Ankunft des Generals Chang Chin-wu marschierten dreitausend Offiziere und Mannschaften der chinesischen Armee in Lhasa ein. Bald danach traf eine weitere Truppe etwa der gleichen Stärke ein, geführt von zwei Generälen, Tang Ko-hwa und Tang Kuan-sen. Die Bewohner von Lhasa sahen dem Einmarsch mit jener scheinbaren Gleichgültigkeit zu, die, wie ich glaube, einfache Menschen zunächst stets angesichts einer solchen nationalen Demütigung zeigen. Anfangs kam es zu keinerlei Kontakten zwischen den chinesischen Kommandanten und unserer Regierung, außer wenn die Chinesen Verpflegung und Unterkunft verlangten. Aber gerade diese Forderungen richteten bald in der Stadt Unheil an.

Die Chinesen requirierten Häuser und kauften oder mieteten andere, und jenseits des Norbulingka, in jener schönen Gegend am Fluß, die immer der Lieblingsplatz für sommerliche Picknicks gewesen war, beschlagnahmten sie ein riesiges Gelände für ein Lager. Sie forderten die leihweise Überlassung von zweitausend Tonnen Gerste. Diese gewaltige Menge konnte damals von den staatlichen Speichern nicht aufgebracht werden, und so mußte die Regierung sich von Klöstern und Privaten aushelfen lassen. Auch andere Lebensmittel wurden verlangt, so daß die bescheidenen

Vorräte der Stadt bis aufs Letzte beansprucht wurden. Die Preise begannen zu steigen. Und dann erschien ein weiterer General mit nochmals acht- bis zehntausend Mann. Sie beschlagnahmten weiteres Gelände für ihre Lager, und unter der Last ihrer zusätzlichen Forderungen nach Verpflegung brach unsere so einfache Wirtschaft zusammen. Die Chinesen hatten nichts bei sich; alle sollten aus unseren mageren Vorräten verproviantiert werden. Der Preis für Getreide stieg plötzlich auf das Zehnfache, für Butter auf das Neunfache, für Waren des allgemeinen Konsums um das Zwei- bis Dreifache. Zum erstenmal seit Menschengedenken standen die Menschen in Lhasa am Rande einer Hungersnot. Ihre Erbitterung gegen die chinesischen Truppen wuchs; schon hörte man von den Kindern Schimpfwörter, schon begannen sie chinesische Soldaten mit Steinen zu bewerfen – ein Zeichen dafür, daß die Erwachsenen lediglich mit ihrem eigenen Zorn zurückhielten. Klagen über Klagen bekamen die Amtsstellen des Kabinetts zu hören. Aber es war unmöglich, etwas Wirksames zu unternehmen.

Die chinesischen Truppen waren gekommen, um hier für immer zu bleiben; sie zeigten sich allen Vorschlägen unzugänglich, von irgendwelcher Hilfe für unsere Regierung ganz zu schweigen. Im Gegenteil, sie forderten von Tag zu Tag mehr. Bald verlangten sie weitere zweitausend Tonnen Gerste, und auch diese mußten aufgebracht werden. Die Generäle sprachen zwar von einer Anleihe und versicherten, sie zurückzuerstatten: der Gegenwert werde in die industrielle Entwicklung Tibets investiert – ein Versprechen, das niemals eingehalten wurde.

Während sich die Lage für die Bevölkerung von Lhasa zusehends verschlechterte, trafen ständig neue hohe chinesische Beamte in der Stadt ein. General Chang Chin-wu setzte eine Verhandlung nach der andern an. Mitglieder meines Kabinetts wurden zur Teilnahme aufgefordert. Meist war es Lokhangwa, mein Premierminister aus dem Laienstand, der versuchte, einen Ausgleich zwischen den Lebensnotwendigkeiten des Volkes und den Forderungen der Invasoren zu finden. Er hatte den Mut, den Chinesen ins Gesicht zu sagen, daß die Tibeter eine bescheidene, fromme Gemeinschaft seien, deren Wirtschaft stets gerade nur für die eigenen Bedürfnisse ausgereicht habe. Ein Überschuß war kaum vorhanden – vielleicht so viel, um die chinesischen Truppen einen oder zwei weitere Monate zu verpflegen, aber nicht länger –, und mehr war von heute auf morgen nicht herauszuwirtschaften. Lokhangwa wies weiter darauf hin, daß keinerlei Grund einzusehen sei, so gewaltige Streitkräfte in Lhasa zu stationieren. Wenn sie zur Verteidigung des Landes gebraucht würden, müßte man sie doch an die Grenzen schicken; nur Beamte mit einer ausreichenden Wachtruppe sollten in der Stadt bleiben.

Die Chinesen waren mit ihren Antworten zunächst sehr höflich. General Chang Chin-wu führte aus, unsere Regierung habe das Abkommen unterzeichnet, nach dem chinesische Streitkräfte in Tibet stationiert sein sollten, und so hätten wir die Verpflichtung, für Unterkunft und Verpflegung zu sorgen. Aber sie seien nur gekommen, um Tibet bei der Entwicklung seiner natürlichen Reserven zu helfen und es vor imperialistischer Herrschaft zu schützen. Sie würden nach China zurückkehren, sobald Tibet in der Lage wäre, seine eigenen Angelegenheiten selbst in die Hand zu nehmen und seine Grenzen zu sichern. »Wenn Sie auf eigenen Füßen stehen können«, sagte er, »werden wir nicht länger bleiben, auch wenn Sie uns darum bitten.« Lokhangwa versagte sich den Hinweis, daß das einzige Volk, das jemals unsere Grenzen bedroht hatte, die Chinesen waren, und daß wir Jahrhunderte hindurch unsere Angelegenheiten selbst geregelt hatten; aber bei einer anderen Besprechung erklärte er dem General, daß trotz seiner Versicherungen, die Chinesen seien hier, um Tibet zu helfen, sie bis jetzt überhaupt noch nichts dergleichen getan hätten. Im Gegenteil, ihre Anwesenheit sei eine schwere Belastung, und das meiste, was sie täten, steigere nur den Zorn und die Erbitterung des Volkes. Eine der von Lokhangwa erwähnten Handlungen, die uns mehr bedeutete, als es scheinen mag, war das Verbrennen der Knochen toter Tiere innerhalb der heiligen Stadt Lhasa: Diese schwere Beleidigung für die religiösen Gefühle der Tibeter hatte viel böses Blut gemacht.

Aber Chang Chin-wu war keinesfalls gewillt, über die Gründe für die so offensichtlich feindselige Haltung des Volkes zu sprechen; er erwartete vielmehr von unserer Regierung, ihr ein Ende zu machen. Neben anderen Beschwerden brachte er vor, daß in den Straßen von Lhasa Menschen umherzögen und Hohn- und Schmählieder auf die Chinesen sängen. Deshalb müsse unsere Regierung eine Verordnung erlassen, in der freundschaftliche Beziehungen zu den Chinesen zur Pflicht gemacht würden. Der General verfaßte einen entsprechenden Entwurf und übergab ihn Lokhangwa. Doch als dieser ihn las, war es ein Befehl, der das Singen auf der Straße verbot. Der Premier schrieb den lächerlichen Entwurf in etwas würdigere Form um. Ich glaube, der Chinese hat ihm das nie verziehen.

Im Verlauf weiterer Besprechungen häuften sich die chinesischen Beschwerden und wurden massiver: Trotz all ihrer Versuche, dem Volk klarzumachen, sie seien nur hier, um den Tibetern zu helfen, verschlechtere sich das Verhalten des Volkes von Tag zu Tag; außerdem würden öffentliche Versammlungen abgehalten, auf denen man die chinesischen Behörden kritisiere (was zweifellos stimmte). Die Chinesen verlangten vom Kabinett, derartige Zusammenrottungen zu verbieten. Dies geschah. Aber das Volk von Lhasa antwortete sofort mit Plakaten und Flugblättern: Der Hungertod stehe vor der Tür, und die Chinesen sollten hingehen, wo sie hergekommen seien. Und trotz des Verbotes fand eine große Versammlung statt.

In einer Resolution wurde die Not des Volkes dargestellt und betont, wie ernst die Situation in Lhasa sei; weiter wurde verlangt, daß sich die chinesischen Truppen zurückziehen und nur einige wenige Beamte in der Stadt bleiben sollten. Ein Exemplar dieser Resolution erhielten die chinesischen Generäle, ein weiteres mein Kabinett. Daraufhin behaupteten die Chinesen, das Schriftstück sei die Folge imperialistischer Hetze, und begannen anzudeuten, daß gewisse Leute in Lhasa absichtlich Unruhe stifteten; und bei einer Gelegenheit kam Chang Chin-wu in die Amtsräume des Kabinetts und beschuldigte die beiden Premiers, Anführer einer Verschwörung gegen das Abkommen von Peking zu sein.

Der Ablauf dieser Ereignisse wird jedem Land, das einmal das Opfer einer kommunistischen Invasion gewesen ist, betrüblich vertraut sein. Die Eindringlinge waren in dem – seiner Aufrichtigkeit nach nicht zu beurteilenden – Glauben, daß sie als Wohltäter gekommen seien. Nun schienen sie überrascht darüber, daß das Volk von ihren Wohltaten aber auch gar nichts wissen wollte. Der immer größer werdenden Erbitterung versuchten sie nicht dadurch zu begegnen, daß sie abzogen oder dem Willen des Volkes wenigstens Konzessionen machten, sondern mit immer stärkerer Unterdrückung. Und anstatt sich selbst Vorwürfe zu machen, suchten sie nach Sündenböcken. In Tibet waren die ersten Sündenböcke die »Imperialisten«, die reine Einbildung waren, und mein Premierminister Lokhangwa. Aber ein solches Verhalten bringt nichts anderes als Unheil; der Zorn des Volkes kann durch Gewalt immer nur für kurze Zeit niedergehalten werden, weil brutale Unterdrückung die Empörung nur noch stärker werden läßt. Diese Lektion, die, wie man meinen sollte, so einleuchtend ist, haben die Chinesen noch zu lernen.

Während dieser ganzen Zeit wachsender Spannung bestanden die

Chinesen von Zeit zu Zeit darauf, mein Kabinett und die zu-
ständigen Dienststellen der Regierung zu übergehen und direkt
mit mir zu verhandeln. Anfangs waren stets meine beiden Premiers zugegen, um mich zu beraten, wenn ich mich mit den chinesischen Generälen traf. Bei einer Besprechung jedoch brauste
Chang Chin-wu wild über eine Äußerung Losang Tashis, meines
geistlichen Premierministers, auf. Für mich jungen Menschen bedeutete dies einen ziemlichen Schock; noch nie zuvor hatte ich
einen Erwachsenen sich derartig aufführen sehen. Aber trotz meiner Jugend war ich es, der sich jetzt einschalten mußte, um den
General zu beruhigen. Nach diesem Vorfall verlangten die Chinesen wiederholt, mit mir allein zu verhandeln. Immer, wenn sie zu
mir kamen, waren sie von Posten begleitet, die während des Gesprächs vor meinem Zimmer aufgestellt wurden. Dieses Bekunden
schlechter Manieren – wenn es nicht noch mehr war – war eine
Beleidigung für alle Tibeter, die davon erfuhren.

Ihren Höhepunkt erreichten die Auseinandersetzungen zwischen
den Chinesen und Lokhangwa bei einem Anlaß, der nichts mit
den Leiden Lhasas zu tun hatte. Chang Chin-wu hatte eine
Sitzung mit besonders vielen Teilnehmern einberufen: meine
Premierminister und das Kabinett, dazu die höchsten chinesischen
Beamten, zivile wie militärische. Der General erklärte, es sei nun
an der Zeit, die tibetischen Truppen nach den Bestimmungen des
Siebzehn-Punkte-Abkommens in die »Volksbefreiungsarmee« zu
übernehmen, und schlug vor, als erstes eine Anzahl junger tibetischer Soldaten für die Ausbildung im chinesischen Armeehauptquartier in Lhasa auszuwählen. Später könnten diese dann
zu ihren Regimentern zurückkehren und dort selbst die Ausbildung übernehmen.

Lokhangwa entgegnete mit mehr Entschiedenheit, als er je gezeigt hatte, dieser Vorschlag sei weder notwendig noch annehmbar. Es sei absurd, sich auf die Bedingungen des Siebzehn-Punkte-
Abkommens zu beziehen. Unser Volk erkenne dieses Abkommen
nicht an, und die Chinesen selbst hätten mehrmals seine Bedingungen verletzt. Immer noch stehe ihre Armee in Osttibet;
das Gebiet sei der Regierung von Tibet nicht wieder unterstellt
worden, wie es hätte geschehen müssen. Für den Angriff auf Tibet gebe es keinerlei Rechtfertigung; die chinesische Armee sei
mit Gewalt in tibetisches Territorium eingedrungen, zu einer Zeit,
als gerade friedliche Verhandlungen im Gange waren. Und was
die Übernahme tibetischer Truppen in die chinesische Armee an-
gehe, so sei im Abkommen festgelegt, daß die chinesische Re-

gierung die Tibeter nicht zu irgendwelchen Reformen zwingen wolle. Hier handele es sich jedoch um eine Maßnahme, die das Volk von Tibet sehr übelnehmen würde; er als Premierminister werde sie keinesfalls billigen.

Die chinesischen Generäle gaben zunächst nach: Die Angelegenheit sei schließlich nicht so wichtig, obwohl sie nicht einsehen könnten, warum die tibetische Regierung dagegen protestiere. Doch dann änderten sie ihre Taktik etwas: Sie schlugen vor, über allen tibetischen Truppenunterkünften die tibetische Flagge einzuholen und statt ihrer die chinesische zu hissen. Lokhangwa erwiderte, unsere Soldaten würden chinesische Fahnen auf ihren Unterkünften mit Sicherheit wieder einholen, was den Chinesen nur peinlich sein könne. Und dann sagte er geradeheraus, es sei doch widersinnig, wenn die Chinesen, nachdem sie die Integrität Tibets verletzt hätten, von den Tibetern freundschaftliche Beziehungen verlangten: »Wenn man einem Mann über den Kopf schlägt und ihm den Schädel bricht, kann man von ihm kaum erwarten, daß er einem freundlich gesinnt ist.« Diese Äußerung verärgerte die Chinesen gründlich. Sie schlossen die Sitzung und schlugen ein neues Treffen nach drei Tagen vor.

Bei dieser Besprechung fungierte ein anderer General, Fan Ming, als Sprecher der Chinesen. Er fragte Lokhangwa, ob er mit seinen Ausführungen beim letzten Treffen nicht zu weit gegangen sei, und erwartete zweifelsohne eine Entschuldigung. Aber Lokhangwa stand selbstverständlich zu jedem Wort, das er gesagt hatte. Es sei seine Pflicht, fügte er hinzu, frei heraus zu erklären, wie die Dinge liegen, um so mehr, als in ganz Tibet Gerüchte über die chinesische Unterdrückung der Ostprovinzen umliefen und die Erregung groß sei; eine Annahme der chinesischen Vorschläge hinsichtlich der Armee würde gewiß heftige Reaktionen, nicht nur bei der Truppe, sondern im ganzen tibetischen Volk, auslösen. Diese Antwort führte bei General Fan Ming zu einem Wutanfall. Er beschuldigte Lokhangwa, heimliche Beziehungen zu ausländischen imperialistischen Mächten zu unterhalten, und er schrie, er würde mich ersuchen, Lokhangwa seines Amtes zu entheben. Lokhangwa entgegnete: Wenn ich, der Dalai Lama, überzeugt sei, er habe falsch gehandelt, werde er selbstverständlich nicht nur sein Amt, sondern auch sein Leben zur Verfügung stellen. Jetzt aber schaltete sich General Chang Chin-wu ein und sagte, Fan Ming habe sich im Ton vergriffen; er bat unsere Vertreter, nicht allzu ernst zu nehmen, was dieser gesagt habe. Wieder endete die Zusammenkunft ergebnislos.

Trotz des beschwichtigenden Eingreifens von Chang Chin-wu erhielt ich bald darauf eine Note, in der die Chinesen dabei blieben, daß Lokhangwa nicht gewillt sei, die Beziehungen zwischen Tibet und China zu verbessern, und mir nahelegten, ihn aus dem Amt zu entfernen. Das gleiche Ansinnen stellten sie an das Kabinett. Hier vertrat man mir gegenüber die Ansicht, daß es besser sei, beide Premiers zum Rücktritt aufzufordern. So hatte diese Krise ihren Höhepunkt erreicht, und ich stand vor einem sehr schwierigen Entschluß. Lokhangwas Mut, den Chinesen zu widersprechen, bewunderte ich sehr; jetzt aber mußte ich entscheiden, ob ich ihn gewähren lassen oder mich abermals einer chinesischen Forderung beugen sollte.

Es galt zweierlei zu erwägen: Lokhangwas persönliche Sicherheit und die Zukunft unseres ganzen Landes. Im Falle Lokhangwas gab es für mich keinen Zweifel: Er hatte sein Leben bereits gefährdet; wenn ich mich weigerte, ihn zu entlassen, war vorauszusehen, daß die Chinesen sich seiner auf ihre eigene Weise entledigen würden.

Hinsichtlich der größeren Frage – der nach der Zukunft Tibets – waren meine Ansichten in dieser langen Zeit der Spannungen gereift. Ich hatte ja noch immer keinerlei theoretische Vorbildung, wie man sich in den Verwicklungen der internationalen Politik zu verhalten habe; ich konnte auf diese Probleme nur das anwenden, was mir meine religiöse Ausbildung gegeben hatte, und dazu meinen, wie ich annehme, gesunden Menschenverstand; aber die geistliche Ausbildung, so glaubte ich und glaube ich noch immer, war und ist eine sehr zuverlässige Richtschnur.

Wenn wir uns weiterhin den chinesischen Nachbarn widersetzten und sie noch mehr verärgerten – so überlegte ich –, konnte dies nur zu einer immer stärker werdenden Unterdrückung und immer weiter wachsenden Erbitterung des Volkes führen. Die sichere Folge dieser Entwicklung würde schließlich ein Ausbruch gewaltsamer Auflehnung sein. Gewalt aber war nutzlos; wir konnten die Chinesen auf keinen Fall durch Gewaltmittel, gleich welcher Art, loswerden. Sie würden immer Sieger bleiben, wenn wir gegen sie kämpften, und das Opfer würde unser eigenes unbewaffnetes und unorganisiertes Volk sein. Als einzige Hoffnung blieb uns, die Chinesen im guten dahin zu bringen, die Versprechungen zu erfüllen, die sie in dem Abkommen mit uns eingegangen waren. Gewaltlosigkeit war der einzige Weg, auf dem wir schließlich ein gewisses Maß an Freiheit zurückgewinnen konnten, vielleicht erst nach Jahren der Geduld. Dies bedeutete

Zusammenarbeit mit den Chinesen, wann immer sich die Gelegenheit bot, und passiven Widerstand, wo dies nicht möglich war. Gewaltsamer Widerstand war nicht nur undurchführbar, er war auch unsittlich. Gewaltlosigkeit war die einzige sittliche Methode. Dies war nicht nur meine eigene tiefe Überzeugung, sondern stand auch klar in Übereinstimmung mit der Lehre Buddhas, und als religiöses Oberhaupt Tibets war ich verpflichtet, die Lehre rein zu erhalten. Wir konnten gedemütigt werden, und unser geliebtes Erbe mochte für eine Zeitlang verloren scheinen; aber wenn dies sein mußte, dann war eben Demütigung unser Los. Des war ich sicher.

So folgte ich voller Trauer der Empfehlung des Kabinetts und bat die Premierminister um ihren Rücktritt. Bei ihrem Abschiedsbesuch überreichte ich ihnen Glücksschleifen, Geschenke und mein Foto. Ich fühlte, wie sehr sie meine Lage verstanden. Nachfolger ernannte ich nicht. Denn es war sinnlos, wenn die Premierminister nichts als Sündenböcke für die Chinesen sein sollten. Besser übernahm ich selbst die Verantwortung, weil ich in meiner Stellung als Dalai Lama in den Augen aller Tibeter unantastbar war. Später ging Lokhangwa nach Indien und wurde mein Premier im Exil, bis ihn sein fortgeschrittenes Alter zum Rücktritt veranlaßte. Aber noch immer ist er mein Ratgeber, dem ich voll vertraue. In tiefer Bekümmerung habe ich hier noch zu sagen, daß im Jahre 1959, nachdem ich selbst Tibet verlassen hatte, Losang Tashi, mein Premierminister geistlichen Standes, von den Chinesen ins Gefängnis geworfen wurde und noch nicht wieder freigelassen ist. Als jener Zwischenfall beigelegt war, wurde die Haltung der Chinesen freundlicher und zugänglicher. Sie schlugen dem Kabinett vor, eine Delegation tibetischer Beamter, Mönche, Kaufleute und anderer Leute nach China zu senden, damit diese selbst sehen könnten, daß das chinesische Volk vollkommene Freiheit der Religionsübung habe. Wir nahmen diesen Vorschlag an und wählten die Mitglieder für die Delegation aus. Diese machte eine »Gesellschaftsreise« nach genau festgelegten Plan durch China. Von dem Bericht, den sie nach ihrer Rückkehr gab, wußte jedermann, daß er so geschrieben war, wie die Chinesen es hatten haben wollen.

Und dann wurde ich selbst von der chinesischen Regierung eingeladen. Die Beziehungen zwischen meiner Regierung und den chinesischen Behörden in Tibet waren zwar etwas besser geworden, doch war ich nach wie vor zutiefst enttäuscht über die vollkommene Mißachtung der Interessen und der Wohlfahrt unseres

Volkes. Darum glaubte ich, die höchsten unter den chinesischen Machthabern aufsuchen und sie davon überzeugen zu müssen, daß sie die Versprechungen halten müßten, die sie in dem uns aufgezwungenen Vertrag gemacht hatten. So beschloß ich, der Einladung nach China Folge zu leisten.

In Rotchina

In Lhasa sah man es gar nicht gern, daß ich mich nach China begeben sollte: Man fürchtete, die Chinesen würden mich nicht zurückkehren lassen. Aber ich hatte keine Sorge, daß man mich als Gefangenen festhalten könnte, und vor allem war ich zu dem Schluß gekommen, daß es meine Pflicht sei, zu gehen. Anläßlich einer religiösen Feierlichkeit im Norbulingka tat ich mein möglichstes, die sehr zahlreichen Anwesenden zu beruhigen, indem ich ihnen versprach, binnen eines Jahres wieder in Lhasa zu sein. Damals wurde in Peking die Tagung der chinesischen Nationalversammlung vorbereitet, die eine Verfassung ausarbeiten sollte. Die Chinesen hatten Tibet zehn Sitze in dieser Nationalversammlung zugestanden. Die chinesischen Volksvertreter waren angeblich gewählt worden; ich hingegen wurde ersucht, die tibetischen Mitglieder zu nominieren. Die chinesische Regierung hatte außerdem angeregt, daß ich selbst die Delegation anführen sollte. Viele Tibeter hielten es für unvereinbar mit der Würde eines Dalai Lama, Mitglied einer solchen Institution zu sein. Aber mit einer Weigerung schien mir nichts gewonnen. Im Gegenteil: Wenn wir ablehnten, hätten wir unter Umständen auch die letzte Chance für unsere Autonomie verloren; eine Zustimmung hingegen konnte möglicherweise dazu beitragen, die Chinesen dahin zu bringen, ihre Versprechungen zu halten.

So verließ ich Lhasa im Jahre 1954. Am Flußufer hatten sich die Einwohner der Stadt zu feierlichem Abschied versammelt. Es war zu spüren, wie traurig und niedergedrückt sie alle waren, und ich selbst sah meiner ersten Reise über Tibets Grenzen hinaus mit Unbehagen entgegen.

Begonnen wurde die lange Reise mit dem Auto. Die Chinesen hatten es verstanden, viele Kraftfahrzeuge, in der Mehrzahl solche des Heeres, nach Lhasa zu bringen, und vom Osten und Nordwesten her wurden strategische Straßen angelegt. Dieser Straßenbau führte zu weiterer Unterdrückung und Unzufriedenheit. Denn man hatte kurzerhand tibetische Arbeiter zwangsverpflichtet, weil niemand freiwillig mitmachen wollte, und die Bezahlung war außerordentlich schlecht. Zudem war das Land großenteils entschädigungslos beschlagnahmt worden. Wo Ackerland weggenommen worden war, hatte man unsere Regierung angewiesen, anderes Land für die enteigneten Bauern zu beschaffen; aber meist war in der ganzen Gegend kein weiteres fruchtbares Land zu finden. Wenn unser Land entwickelt werden sollte, waren zweifelsohne Straßen notwendig; aber die Art, wie die Chinesen sie bauten, war ungerecht und beleidigend für die Bauern.

Wir fuhren die ersten hundertfünfzig Kilometer mit dem Wagen. Dann war die Straße erst halb fertig, und wir mußten zu Pferd weiterreisen, wie es den Tibetern seit alters her genügt hatte. Infolge heftiger Regenfälle war der Unterbau der Straße mehrfach durch Erdrutsch verschüttet. So konnten wir an einigen Stellen nicht reiten, sondern mußten durch Schlamm waten. An anderen Stellen, wo der Weg am Berghang verlief, bedrohte uns Steinschlag: Felsblöcke stürzten von oben über den Weg tief hinab in den Fluß. Die halbfertige Straße war so gefährlich, daß auf unserer Reise drei Menschen getötet wurden und viele Maultiere und Pferde umkamen.

Dann konnten wir weitere zehn Tage im Jeep fahren, wenn auch der Weg immer noch sehr schlecht blieb. Während der letzten sechs dieser zehn Tage kamen wir durch ein Gebiet, das überwiegend tibetisch war, obwohl es, wie meine Heimat, schon seit langem unter chinesischer Herrschaft stand. Die Menschen hier waren meist von tibetischer Herkunft, und wo immer ich anhielt, um die Nacht zu verbringen, mußte ich Audienz halten. Alle baten sie mich beharrlich, daß ich auf dem Rückweg von China ein paar Tage bei ihnen bleiben solle.

An dem Tachienlu genannten Ort überquerten wir den aus der tibetischen Geschichte berühmten Berg, der die alte, ursprüngliche Grenze zwischen Tibet und China bezeichnete. Jenseits dieser Stelle konnten wir sofort erkennen, daß wir nun wirklich in einem fremden Land waren. Die Menschen sahen chinesisch aus; ihre Häuser, ihre Kleidung, ihr Verhalten, ihre Bräuche – alles war ganz anders. Und dann kamen wir an Teehäusern vorbei, die an der Straße lagen – ein sicheres Zeichen, daß wir uns jetzt in China selbst befanden. Wir fuhren weiter bis zur chinesischen Stadt Chindu; dann flogen wir nach Shingnan und fuhren von dort mit einem Sonderzug nach Peking.

Noch wenige Jahre zuvor, als mich technische Dinge so sehr interessierten, wäre mir Fliegen oder Eisenbahnfahren wie ein

herrlicher Traum erschienen; jetzt aber, da ich beides zum erstenmal erlebte, war mein Geist zu sehr mit unserem politischen Unglück und meiner eigenen Verantwortlichkeit erfüllt, als daß ich
dieses Neue hätte genießen können.

In Shingnan stieß der Panchen Lama zu uns. Er war jünger als
ich, obwohl es oft hieß, er sehe älter aus; ich war damals neun-
zehn Jahre alt, er sechzehn. Er hatte in einer nahezu unerträglich
schwierigen Situation aufwachsen müssen.

Die Panchen Lamas sind wie die Dalai Lamas hohe Inkarnationen; die erste Verkörperung eines Dalai Lama und eines Panchen
Lama fand im vierzehnten Jahrhundert christlicher Zeitrechnung
statt. Seither war der Panchen Lama hinsichtlich der geistlichen
Autorität in Tibet nur der zweite nach dem Dalai Lama gewesen;
irgendeine weltliche Macht hatte ein Panchen Lama niemals gehabt. Während unserer ganzen Geschichte waren die Beziehungen
zwischen Dalai Lama und Panchen Lama stets äußerst herzlich
gewesen, wie es sich für die Inhaber hoher geistlicher Ämter ge-
ziemt. In den meisten Generationen war der Jüngere Schüler
des Älteren gewesen.

Zu einer Entfremdung zwischen unseren unmittelbaren Vorgängern kam es um 1910, zu der Zeit, da die Chinesen in Tibet ein-
fielen und der Dreizehnte Dalai Lama nach Indien fliehen mußte.
Einige aus dem Gefolge des Panchen Lama jener Zeit benützten
die Abwesenheit des Dalai Lama, um über die von der Regierung
erhobenen Steuern und ähnliche weltliche Dinge Klage zu führen;
die Chinesen, die den beginnenden Zwist sahen, taten alles, was
sie tun konnten, um ihn zu verschärfen, sicherlich in der Hoffnung, Tibet teilen zu können und es so zu einer leichteren Beute
für ihren Zugriff werden zu lassen. Es gelang ihnen nicht, Tibet
zu teilen, wie ich schon berichtet habe; die Tibeter jagten sie
vielmehr aus dem Land. Aber die Verstimmung zwischen den
beiden Lamas blieb, und wenige Jahre später ging der Panchen
Lama in das von den Chinesen kontrollierte Gebiet an der Grenze.
Dort lebte er für den Rest seines Lebens. Er starb 1937 – wie ich
glaube, in Kummer und Leid.

Unter den gegebenen Umständen dauerte es ungewöhnlich lange,
bis es zu einer Suche nach seiner Reinkarnation kam. 1950 waren im eigentlichen Tibet zwei Anwärter entdeckt worden; die
Chinesen benannten einen weiteren in dem von ihnen beherrschten Gebiet. Während der Verhandlungen in Peking, die mit dem
sogenannten Abkommen von 1951 abgeschlossen wurden, erhielt
ich ein Telegramm von Ngabo, dem Leiter unserer Delegation,

das besagte, eine Ablehnung des chinesischen Anwärters würde sich auf seine Verhandlungen hinderlich auswirken. Natürlich wollten die Regierung und der hohe Klerus die traditionell vorgeschriebenen Prüfungen durchführen, aber das war damals unmöglich, und so wurde nach und nach der jetzige Panchen Lama als die wahre Reinkarnation anerkannt. Er war damals bereits elf oder zwölf Jahre alt.

Seine ganze Erziehung und Ausbildung stand, wie nicht anders zu erwarten, unter chinesischem Einfluß – anfangs unter dem der Regierung Chiang Kai-shek, dann unter dem der Kommunisten. Die Chinesen hatten sich seiner ganz bestimmt für ihre eigenen politischen Ziele bedient, war er doch zu jung, sich dagegen wehren zu können. Ein Beispiel nur: Als die Kommunisten die Macht in China an sich gerissen hatten, wurde ein im Namen des Panchen Lama an die neue Regierung gesandtes Glückwunschtelegramm veröffentlicht. Damals war der Panchen Lama aber erst zehn Jahre alt und noch nicht einmal als Reinkarnation anerkannt; dennoch ließen sich zweifelsohne viele Menschen täuschen und glaubten, dieses Telegramm käme aus offiziellen tibetischen Kreisen.

Ich war ihm schon einmal begegnet, als er vierzehn Jahre alt war, 1953 in Lhasa, wo er mir einen Besuch abstattete. Natürlich geleitete ihn – außer seinem eigenen Gefolge von Mönchen – eine Schar chinesischer Beamter. Er wurde mir in aller Form nach traditionellem Brauch vorgestellt, als der dem Alter nach Jüngere und im Rang Niedrigere. Schon bei dieser ersten Begegnung erkannte ich aber, daß die Chinesen damit nicht zufrieden waren; sie hätten es lieber gesehen, wenn der Panchen Lama mit mir gleichberechtigt gewesen wäre. So verlief diese erste Begegnung gezwungen und nicht sehr erfreulich. Aber am gleichen Tage noch trafen wir uns ohne jede Förmlichkeit zu einem Essen allein für uns; und ich muß gestehen, daß wir gut miteinander auskamen. Er bewies mir wirkliche Achtung, wie es die Sitte des Buddhismus einem höhergestellten Mönch gegenüber verlangt. Er war korrekt, angenehm in seinen Umgangsformen – ein echter Tibeter. Ich hatte den festen Eindruck ungezwungenen guten Willens und war davon überzeugt, daß er, wenn er nur könnte, Tibet von ganzem Herzen gegen Chinas Übergriffe unterstützt hätte.

Am Ende seines Besuches in Lhasa verhinderte sein chinesisches Gefolge den üblichen formellen Abschied, doch verabschiedete er sich privat von mir im Norbulingka. Ich bemerkte einen Unterschied in seiner Haltung, als habe er in der Zwischenzeit Anweisung bekommen, sich als der Ranghöhere aufzuführen. Aber ich erinnerte ihn daran, wie wichtig es für ihn sei, ebenso wie für mich, die geistlichen Studien fortzusetzen, und ich schlug außerdem vor, wir sollten, da wir beide noch jung seien, das Zerwürfnis unserer Vorgänger vergessen und von neuem beginnen, womit er sich einverstanden erklärte.

Ich bedauere diese alten Zwistigkeiten aufrichtig, und ich tue es noch heute. Hingegen glaube ich, daß er sie während seiner ja ausschließlich chinesischen Unterweisung nicht hat vergessen dürfen. Hätten er und seine Nachfolger es getan, wäre Tibet nicht so tief ins Unglück gestürzt. Die Chinesen haben in unserer Generation genau das zu tun versucht, was ihnen in der vorangegangenen fehlgeschlagen war. Und jetzt hatten sie natürlich den Vorteil für sich, einen Hohen aus der tibetischen Hierarchie in ihrer Gewalt zu haben, in dessen Namen sie ihre Proklamationen erlassen konnten. Aber man darf dem Panchen Lama dafür nicht persönlich die Schuld geben. Ein Knabe, der unter konzentriertem, unablässigem fremdem Einfluß aufgewachsen ist, kann unmöglich seinen eigenen freien Willen behalten. Und doch glaube ich, daß er trotz aller Beeinflussung unseren Glauben niemals völlig zugunsten des Kommunismus preisgeben wird.

Nachdem wir uns in Shingnan abermals getroffen hatten, reisten wir gemeinsam nach Peking weiter. Dort empfingen uns der Vizepräsident Chu Te, der Premierminister Chou En-lai und andere hohe Würdenträger der Pekinger Regierung. Am Bahnhof drängten sich Menschenmengen, um uns zu begrüßen. Es waren wohl meist Studenten oder Angehörige von Jugendorganisationen. Sie klatschten in die Hände und jubelten uns begeistert zu. Aber ich hatte ein ungutes Gefühl: Diese Menschen da, die uns jetzt so freundlich willkommen hießen, würden uns ebenso wütend beschimpfen – man brauchte ihnen nur zu sagen, was sie zu tun hatten. Und ich dachte an die Geschichte vom Besuch eines chinesischen Funktionärs in einer tibetischen Stadt. Die Bewohner waren zusammengeströmt und klatschten wie wild. Hocherfreut fragte er einen, ob sie sich denn nun unter dem neuen Regime auch glücklich fühlten.

»Ja, ganz glücklich«, sagte der Tibeter.

»Das ist ausgezeichnet.«

»Nur diese neue Steuer mögen wir nicht.«

»Neue Steuer ...?«

»Ja, die Klatsch-Steuer. Jedesmal, wenn ein Chinese kommt, müssen wir alle hin und klatschen.«

Wenn man bedenkt, daß viele Steuern in Tibet von jeher in mehr oder weniger unbeliebter Arbeit geleistet werden mußten, spricht vieles für die Wahrheit dieser Geschichte.

Am Abend des Tages unserer Ankunft gab Chu Te mir und dem Panchen Lama zu Ehren ein Bankett. Es waren Gedecke für zweihundert Leute aufgelegt, und es ging großzügig und verschwenderisch zu, was mich wirklich überraschte. Das Geschirr war von feinster Qualität. Chinesische Weine wurden serviert; natürlich trank keiner von unserer Delegation – ausgenommen einige Laienbeamte. Chu Te hielt die Begrüßungsansprache: Die Tibeter seien nun in ihr Mutterland zurückgekehrt, und die chinesische Regierung werde ihr Bestes tun, ihnen zu helfen. Alles, was da um mich vorging, war völlig neu für mich, und ich war mir nicht ganz sicher, wie ich mich zu den Mitgliedern der chinesischen Regierung verhalten sollte. Aber etwas gab mir Zuversicht: Jedermann war liebenswürdig und höflich und gab sich höchst kultiviert und gebildet.

Zwei Tage später traf ich zum erstenmal Mao Tse-tung. Es war ein denkwürdiges Gespräch. Die Begegnung fand im Haus der Empfänge statt, wo Staatsbesucher üblicherweise dem Vorsitzenden der Kommunistischen Partei Chinas vorgestellt werden. Unter Mao Tse-tungs Begleitung befand sich auch Liu Shao-chi, der jetzt Staatspräsident der Volksrepublik ist; ich hatte vier oder fünf Beamte bei mir.

Mao Tse-tung eröffnete das Gespräch. Er freue sich, daß Tibet zum Mutterland zurückgekehrt sei und daß ich eingewilligt hätte, an der Nationalversammlung teilzunehmen. Es sei Chinas Sendung, Tibet durch Ausbau seiner naturgegebenen Hilfsquellen den Fortschritt zu bringen; die Generäle in Lhasa, Chang Chin-wu und Fan Ming, hätten dort als Vertreter Chinas die Aufgabe, mir und dem tibetischen Volk zu helfen, nicht aber irgendwelche Machtbefugnisse über die tibetische Regierung oder das tibetische Volk auszuüben. Und er fragte mich, ob diese Vertreter Chinas irgend etwas entgegen meinen Wünschen unternommen hätten. Ich spürte, in welch schwieriger Situation ich mich befand. Wenn ich die freundschaftliche Atmosphäre – dessen war ich mir sicher – nicht würde erhalten können, dann hätte mein Volk noch weit mehr zu leiden als bisher. So erwiderte ich, daß die Bevölkerung Tibets große Hoffnungen auf ihre Zukunft unter seiner Führung setze; deshalb hätten wir auch unseren Ansichten stets offen und frei Ausdruck gegeben, wenn es einmal zu Differenzen mit den Vertretern Chinas gekommen sei.

Meine nächste Unterhaltung mit Mao Tse-tung dauerte etwa drei Stunden; dieses Mal war außer dem Dolmetscher niemand weiter zugegen. Natürlich sprachen wir wiederum meist über Tibet und seine Zukunft. Ich gab ihm einen persönlichen Bericht von den jüngsten Ereignissen in Tibet, wobei ich versuchte, jegliche Unklarheit über unsere Situation zu beseitigen. Mein Wunsch war es, Vertrauen in ihm zu wecken, weil ich noch immer überzeugt war, daß wir die chinesische Herrschaft durch kompromißlose Opposition nicht abzuschütteln vermochten. Wir konnten nur hoffen, sie uns zu erleichtern, und mußten geduldig alles versuchen, daß sie sich zu etwas Erträglichem entwickelte.

Von den Mitgliedern einer tibetischen Handelsdelegation, die 1953 China besucht hatte, war mir berichtet worden, daß die kommunistischen Führer Chinas ernste Bedenken gegen mich hatten, hauptsächlich wegen des Staatsschatzes, der von mir nach Indien verlagert worden war, und weil sie offenbar annahmen, daß einige Mitglieder meiner Familie enge Beziehungen zu fremden Mächten unterhielten. Das stimmte nun ganz und gar nicht, ich benützte die günstige Gelegenheit, Mao Tse-tung entsprechend zu informieren. Was den Staatsschatz anging, so haben mich die Chinesen oft danach gefragt, und stets sagte ich ihnen, daß ich vorhabe, ihn nach Lhasa zurückbringen zu lassen. Es war dies wirklich meine Absicht – glücklicherweise tat ich es nie.

Mao schien über meine Ausführungen erfreut und teilte mir mit, die chinesische Regierung habe einmal bereits beschlossen, ein Komitee von militärischen und politischen Funktionären einzusetzen, durch das Tibet unmittelbar der chinesischen Regierung unterstellt werden sollte. Nun aber halte er das nicht mehr für nötig. Vielleicht, so dachte ich, war das ein Erfolg meiner Politik. Mao Tse-tung fügte hinzu, jetzt habe man sich entschieden, ein »Vorbereitendes Komitee für das Autonome Gebiet Tibet« einzusetzen. Er fragte mich um meine Meinung, aber hier ging es um eine viel zu schwierige Sache, als daß ich mich schnell hätte entscheiden können, und so erwiderte ich, daß ich mich dazu nicht gerne äußern möchte, ohne mich nicht vorher mit andern Tibetern, auch mit dem Panchen Lama, beraten zu haben. Das brachte ihn auf die Mißhelligkeiten zwischen dem Panchen Lama und der »Lokalregierung von Tibet«, wie er sie beharrlich bezeichnete. Da wir – der Panchen Lama und ich – nun schon einmal beide in Peking seien, sollten wir doch die Gelegenheit benützen, unseren Zwist beizulegen. Ich sagte ihm, daß es sich hier um eine Erbschaft aus der Vergangenheit handele; ich persönlich hätte keine Differenzen mit dem Panchen Lama. Wenn noch irgendwelche Mißverständnisse bestehen sollten, so wäre ich glücklich, sie klären zu können.

Ein paar Tage später benachrichtigte mich Mao Tse-tung, er würde mich in einer Stunde besuchen. Bei seinem Eintreffen erklärte er, er komme nur auf einen Sprung vorbei. Irgend etwas veranlaßte ihn dann zu der Bemerkung, der Buddhismus sei doch eine recht gute Religion, und Buddha habe, obwohl er ein Prinz gewesen sei, sich viel mit der Frage befaßt, wie man die Lebensbedingungen des Volkes verbessern könne. Er meinte auch, daß die Göttin Tara eine gütige Gottheit sei. Schon nach wenigen Minuten ging er wieder. Ich war durch diese Worte ganz verwirrt und wußte nicht, was ich von ihnen halten sollte.

Während meines Aufenthaltes in Peking hatte ich Gelegenheit, Mao einmal auch in seiner Rolle als großer Führer des kommunistischen China zu erleben, anläßlich einer Besprechung in seinem Haus. Etwa zwanzig hohe Funktionäre waren anwesend. Ich saß neben ihm und spürte, welche Macht seine Persönlichkeit ausstrahlte. Das Thema der Zusammenkunft war der Lebensstandard der chinesischen Bauern. Barsch und sehr offen erklärte er: Mit dem, was in dieser Hinsicht geschehe, sei er durchaus noch nicht zufrieden. Er zitierte Briefe aus seinem Heimatdorf, nach denen die kommunistischen Behörden nicht so handelten, wie sie sollten, um dem Volk zu helfen. Nach einiger Zeit wandte er sich an mich und sagte, die Tibeter hielten eigensinnig an ihren Vorstellungen fest. Aber in zwanzig Jahren werde Tibet stark sein; jetzt unterstütze China Tibet – in zwanzig Jahren würde Tibet China helfen. Er erwähnte den großen chinesischen Marschall Shi Ringgnow, der seine Armeen zu vielen Siegen geführt habe, bis er dann endlich doch in den Tibetern Gegner gefunden habe, die ihm gewachsen waren. Wieder war ich überrascht über das, was er sagte; aber diesmal waren seine Ausführungen zumindest annehmbar.

Mein letztes Gespräch mit diesem bemerkenswerten Mann hatte ich gegen Ende meines Besuches in China. Ich nahm an einer Sitzung des Ständigen Ausschusses der Nationalversammlung teil, als mich seine Bitte erreichte, ihn in seinem Haus zu besuchen. Ich hatte inzwischen eine Rundreise durch die chinesischen Provinzen machen können, und so konnte ich ihm wahrheitsgemäß sagen, daß ich durch die Aufbauprojekte, die ich gesehen hatte, sehr beeindruckt sei und mich stark dafür interessiere. Daraufhin hielt Mao mir einen langen Vortrag über die wahre Form der Demokratie und gab mir Ratschläge, wie ich ein Führer meines Volkes werden könne und auf die vom Volk kommenden Anregungen achten solle. Dann aber rückte er näher zu mir auf seinem Stuhl und flüsterte: »Ich verstehe Sie sehr gut. Aber Religion ist selbstverständlich Gift. Sie hat zwei große Fehler: Sie untergräbt die Volkskraft, und zweitens verzögert sie den Fortschritt des Landes. Tibet und die Mongolei sind durch sie vergiftet worden.«

Ich war bestürzt: Was wollte er damit sagen? Ich versuchte mich zu fassen, aber ich wußte nicht, wie ich seine Worte verstehen sollte. Natürlich war mir klar, daß er ein erbitterter Feind der Religion sein mußte; mir jedoch war er aufrichtig freundschaftlich und herzlich gesonnen. Nach seinen frappierenden Ausführungen begleitete er mich zum Auto. Beim Abschied riet er mir nur noch, ich solle auf meine Gesundheit bedacht sein.

Schon ehe ich China verließ, war ich tief beeindruckt von Mao Tse-tungs außergewöhnlicher Persönlichkeit. Ich hatte ihn, abgesehen von unseren privaten Zusammenkünften, bei vielen gesellschaftlichen Anlässen getroffen. Seine Erscheinung verriet nichts von seiner geistigen Macht. Er sah nicht gesund aus, rang stets nach Luft und atmete schwer. Seine Kleidung war nicht anders als die aller Chinesen, hatte gewöhnlich jedoch eine andere Farbe. Er achtete nicht sehr auf sein Äußeres; einmal bemerkte ich, daß seine Hemdmanschetten zerrissen waren. Und seine Schuhe sahen aus, als würden sie nie geputzt. Er war langsam in seinen Bewegungen und noch langsamer im Sprechen. Geradezu wortkarg, redete er nur in kurzen Sätzen, jeder aber voller Bedeutung und fast immer klar und präzise; beim Sprechen rauchte er unaufhörlich. Dennoch fesselte seine Art zu reden ganz sicherlich Verstand und Phantasie seiner Zuhörer und erweckte den Eindruck von Wohlwollen und Offenheit. Ich war überzeugt, daß er selbst glaubte, was er sagte, und daß er voller Zuversicht war, alles erreichen zu können, was er beabsichtigte; ich war auch sicher, daß er selbst niemals Gewalt anwenden würde, um Tibet in einen kommunistischen Staat umzuwandeln. Gewiß – die Verfolgungspolitik der chinesischen Funktionäre in Tibet hat mir später meine Illusionen genommen. Aber es fällt mir noch immer schwer zu glauben, daß diese Unterdrückungsmaßnahmen die Billigung und die Unterstützung eines Mao Tse-tung fanden.

Ein weiterer wichtiger Mann in der chinesischen Hierarchie war der Ministerpräsident Chou En-lai. Von ihm hatte ich einen ganz anderen Eindruck. Zum erstenmal sah ich ihn, als er mich auf dem Bahnhof empfing. Während meines Aufenthalts in China führte ich mehrere kurze Unterredungen mit ihm. Bei einem dieser Gespräche gab er mir viele Ratschläge für die Zukunft Tibets: Wie wichtig es sei, Aufbau und Entwicklung des Landes so schnell wie möglich voranzutreiben. Ich erwiderte, wir wüßten, daß unser Land rückständig ist und daß jetzt die Möglichkeit gegeben sei, die materiellen Lebensbedingungen zu verbessern und die Verwaltung zu modernisieren. Ich selbst hatte ja – wie bereits berichtet – damit begonnen. Aber, so fügte ich hinzu, wenn unsere natürlichen Hilfsquellen entwickelt werden sollten, brauchten wir ganz sicher als erstes Wirtschaftshilfe.

Ich fand Chou En-lai immer freundlich, aber er war nicht so frei und offen, wie Mao Tse-tung mir erschienen war. Äußerst höflich und beredt, hatte er sich offenbar ganz in der Gewalt, und ich konnte mir nicht vorstellen, daß er jemals aufbrausen würde. Um so überraschter war ich, erst neulich zu hören, daß er bei einer Verhandlung in Nepal getobt und mit der Faust auf den Tisch geschlagen habe. Schon bei der ersten Begegnung erkannte ich, daß er sehr geschickt und sehr klug ist; auch hatte ich den Eindruck, daß er rücksichtslos jeden seiner Pläne ausführen würde. Ich war nicht im mindesten erstaunt (wie ich es bei Mao Tse-tung gewesen wäre), als ich später erfuhr, daß er die Unterdrückungspolitik in Tibet billigte.

Während meines Aufenthaltes in Peking lernte ich auch einige bedeutende Nichtchinesen kennen, aber nur flüchtig. Bei einem Essen wurde ich dem sowjetischen Botschafter vorgestellt und sprach kurz mit ihm. Er sagte, er würde es begrüßen, sich länger mit mir zu unterhalten, und ich war gern einverstanden. Aber dieses Gespräch fand niemals statt – ich begann zu verstehen, daß die Chinesen nicht die Absicht hatten, mich frei mit Ausländern sprechen zu lassen. Genau das gleiche geschah mit einem rumänischen Minister. Mit dem indischen Botschafter kam es zu einem Gespräch. Die Chinesen konnten gegen mein Treffen mit ihm keine Einwände erheben, da Indien schließlich unser unmittelbarer Nachbar war; sie bestanden aber darauf, daß anstatt meines eigenen Dolmetschers, der sehr gut aus dem Tibetischen ins Englische übersetzen konnte, chinesische Dolmetscher hinzugezogen wurden. Ein Chinese mußte alles, was ich sagte, zuerst ins Chinesische übersetzen, damit sein Kollege es dem Botschafter dann ins Englische übersetzen konnte; so blieb die Stimmung formell und gezwungen, und es konnte nicht viel gesagt werden. Zudem waren noch zwei sehr ernste und gewichtige chinesische Funktionäre anwesend. Während des Treffens wurde eine große

Obstschale umgeworfen, und wenn ich mich der Sache erinnere, denke ich an jene beiden sehr würdigen Herren, die auf allen vieren unter dem Tisch Orangen und Bananen zusammensuchten.

Ich hatte auch den Vorzug, mit Chruschtschow und Bulganin bekanntzuwerden, die zu den Festlichkeiten anläßlich des chinesischen Nationalfeiertags nach Peking kamen. Auf dem Flughafen wurde ich ihnen vorgestellt, und ich sah sie auch bei einem Empfang am gleichen Abend; aber wir kamen nicht miteinander ins Gespräch und so zu keinem Meinungsaustausch.

Ebenfalls in Peking hatte ich dabei auch das Vergnügen, Nehru kennenzulernen; allerdings war die chinesische Hauptstadt wohl ein ungünstiger Platz für ein Treffen. Damals lernte ich, wie gefährlich es sein kann, von Reportern mißverstanden zu werden. Man hat behauptet, ich hätte Nehru mit einer prochinesischen Politik in Verbindung gebracht. Das ist nicht richtig. Ich hatte viel von ihm gehört und über ihn gelesen, und so war ich sehr daran interessiert, mit ihm zu sprechen und ihn um seinen Rat zu bitten; aber in China ist mir dies nicht gelungen. Ich wurde ihm bei einer Cocktail-Party durch Chou En-lai vorgestellt. Er schien in Gedanken versunken und sprach zunächst gar nichts. Ich sagte ihm, sein Name und Ruf als führender Staatsmann seien auch in unserem von der Welt abgeschlossenen Tibet bekannt, und ich hätte mich sehr darauf gefreut, mit ihm zusammenzutreffen. Er lächelte, sagte aber nur, daß es ihn freue, mich kennengelernt zu haben. Ich sah ihn dann zwar noch bei anderen Gelegenheiten, doch waren dies die einzigen Worte, die ich in China mit ihm wechselte. Es hieß, ich hätte private Gespräche mit ihm geführt, aber dies stimmt nicht; er hat mich auch nicht gefragt, ob Indien irgend etwas tun könne, um Tibet zu helfen. Ich war sehr enttäuscht, daß ich nicht mit ihm sprechen konnte, weil ich seine Hilfe und seinen Rat sehr brauchte; aber dieser Wunsch wurde erst erfüllt, als ich im folgenden Jahr nach Indien ging.

Auf einem Empfang während Nehrus Anwesenheit in Peking kam ein Vertreter der indischen Presse mit einem chinesischen Dolmetscher zu mir und bat um ein Interview. Er fragte mich, was ich über Nehrus Besuch dächte. Ich entgegnete, daß ich hoffe, die beiden großen Länder würden sich näherkommen und so Asien und der Welt ein Beispiel geben. Dann fragte er mich, ob ich zu Reformen in Tibet bereit sei; ich erwiderte, seit ich in Tibet die Herrschaft angetreten habe, sei ich nach besten Kräften um Reformen in unserem politischen und gesellschaftlichen Leben bemüht; ich hoffte, meine Anstrengungen würden Erfolg haben, so daß er schon bald etwas über ihre Ergebnisse erfahren könne. Aber in diesem Augenblick unterbrach uns ein chinesischer Funktionär und führte mich fort. Es amüsierte mich, zu sehen, wie sich der chinesische Dolmetscher in aller Eile Notizen über diese Unterhaltung machte; er selbst hat mir später gesagt, daß er Befehl gehabt habe, alles, was ich sagte, mitzuschreiben und es seinen Vorgesetzten zu berichten.

Auch ich gab in Peking anläßlich der Feier des tibetischen Neujahrstages ein Essen, um so meinen Dank für die mir erwiesene Gastfreundschaft abzustatten. Alles ging genau nach tibetischer Tradition und Sitte vor sich. Die Einladungskarten, die wir versandten, trugen Bilder der sogenannten »Vier Vereinigten Brüder«: Elefant, Affe, Hase und Vogel. Der Vogel, das Symbol glücklicher Vorbedeutung, stellt Buddha dar; insgesamt wollten wir mit den Bildern von unserem Standpunkt aus die »Union der Nationalitäten« betonen, von der die Chinesen immer wieder sprachen. Ich hatte das Vergnügen, bei dieser Gelegenheit viele hohe chinesische Funktionäre begrüßen zu können, darunter auch Mao Tse-tung. Wieder war ich verblüfft durch ihr liebenswürdiges Benehmen, ihre Höflichkeit und ihre Bildung. Wir verzichteten bei diesem Essen auf religiöse Zeremonien, hatten aber die üblichen Neujahrsdekorationen angebracht, und es gab eine besondere Art von Kuchen, der zu dieser Zeit in Tibet gebacken wird. Es ist Brauch bei uns, ein kleines Stück dieses Kuchens zu nehmen und es als ein Opfer für Buddha an die Decke zu werfen. Als Mao Tse-tung von dieser Sitte hörte, warf er ein Stück gegen die Decke und dann mit einem zweideutigen Ausdruck ein weiteres Stück auf den Boden.

Zwischen diesen gesellschaftlichen Veranstaltungen nahm ich an langen Sitzungen der Nationalversammlung teil. Hier machte ich meine ersten Erfahrungen mit politischen Gremien. Betroffen war ich durch die Tatsache, daß so viele Mitglieder so wenig Interesse für das zeigten, was verhandelt wurde. Ich gebe zu, daß ich selbst mich nicht sehr dafür interessieren konnte: Die lange Reise nach China hatte mich ziemlich erschöpft, und die Verhandlungen erfolgten auf Chinesisch, das ich nicht verstand. Eigentlich hatte ich von den Chinesen mehr Anteilnahme erwartet, aber die Volkvertreter neben mir schienen noch müder und gelangweilter als ich. Ihr Gesichtsausdruck zeigte, daß sie gar nicht imstande waren zu verfolgen, um was es eigentlich ging. Sie blickten immer wieder auf die Uhr, ob es noch nicht Zeit für die Teepause war, und wenn diese kürzer ausfiel als üblich, beklagten sie sich.

Ich nahm noch an vielen anderen Konferenzen in China teil, und immer hatte ich den gleichen Eindruck: sprachen gewöhnliche Teilnehmer, so waren ihre Reden oft völlig belanglos und meist nur ein Nachbeten der Verherrlichung der kommunistischen Errungenschaften. Wenn Angehörige der Versammlungsleitung ihre Meinung sagten, war es nicht anders. Ein höheres Parteimitglied pflegte schließlich aufzustehen und die offizielle Ansicht vorzutragen und der Vorsitzende diese ohne weitere Diskussion zu akzeptieren. Es gab auch echte Diskussionen in den Ausschüssen, aber nicht einmal diese hatten auf die Entscheidung der Partei irgendeinen Einfluß. Kurz gesagt, die langen Versammlungen und Konferenzen waren nichts als leere Formalitäten, weil ein einfacher Delegierter überhaupt keinerlei Möglichkeit hatte, Änderungen durchzudrücken, selbst wenn er dies hätte versuchen wollen. Eine ganz andere Atmosphäre fand ich vor, als ich im Jahre darauf das indische Parlament besuchte. Nach meinen chinesischen Erfahrungen in politischen Diskussionen war es eine sehr erfreuliche Überraschung, einfache Mitglieder des indischen Parlaments frei und offen sprechen und die Regierung in kräftigsten Ausdrücken kritisieren zu hören. Dies beeindruckte mich so sehr, daß ich mit Chou En-lai darüber sprach, der zufällig damals ebenfalls in Neu-Delhi war. Das einzige, was er mir als Antwort zu sagen hatte, war, die Dinge hätten sich seit meinem Besuch in Peking völlig verändert.

Noch etwas anderes ist mir von den politischen Versammlungen in China nachhaltig in Erinnerung geblieben: wie schrecklich lang die Ansprachen der kommunistischen Führer waren. Alle diese Männer waren offenbar leidenschaftliche Rhetoriker. Niemals ließen sie eine Gelegenheit vorbeigehen, sich des langen und breiten auszulassen. Ich erinnere mich besonders einer Rede Chou En-lais nach seiner Rückkehr von der Bandung-Konferenz der afrikanischen und asiatischen Staaten gegen den Kolonialismus. Ich erlebte sie, als ich auf dem Rückweg nach Tibet in Chindu aufgehalten wurde, weil die Straße vor uns durch ein Erdbeben beschädigt war. Chou En-lai und Marschall Chen Yi, einer der Stellvertretenden Vorsitzenden der Partei, machten dort auf ihrer Rückreise von der Konferenz ebenfalls Rast. Man berichtete mir von ihrem Kommen, und so begab ich mich auf den Flugplatz, um sie zu begrüßen. Chou En-lai kam in das Haus, das ich bewohnte, und wir sprachen ein paar Minuten lang miteinander. Dann ging er weiter zu einem Saal der Garnison des Ortes und hielt dort vor drei- oder vierhundert Leuten eine Rede über den Erfolg der chinesischen Delegation bei der Konferenz. Er sprach darüber, wie wichtig es sei, sich um die Außenpolitik zu kümmern, und erzählte, daß auf der Konferenz Staaten vertreten waren, von denen er noch nie etwas gehört hatte, so daß er sie erst in einem Atlas suchen mußte. Die Rede dauerte volle fünf Stunden, ehe wir zu dem üblichen Schluß mit der Verherrlichung der Errungenschaften des kommunistischen Regimes kamen. Den Rekord im Dauerreden hält aber wahrscheinlich Chen Yi; wenn er einmal anfängt, dann hört er sieben Stunden lang nicht mehr auf. Seinem Wortschwall zuhörend, fragte ich mich oft, was wohl in den Köpfen der Zuhörer vor sich ging; aber diese waren größtenteils jüngere Kommunisten und nicht solche Vertreter des älteren Lebensstils wie die, neben denen ich in der Nationalversammlung gesessen hatte. Wenn ich mich umschaute, sah ich kaum ein Zeichen von Langeweile oder Müdigkeit. Aus der Geduld der meisten dieser Menschen konnte ich nur schließen, daß ihre Denkweise schon völlig nach kommunisischem Muster umgeprägt war.

Denselben starken Eindruck einer geistigen Vermassung hatte ich bei einer Rundfahrt durch verschiedene Teile Chinas. Ich reiste drei Monate lang durch das Land und besuchte Klöster, Fabriken, Arbeiterorganisationen, landwirtschaftliche Genossenschaften, Schulen und Universitäten. Ich muß sagen, daß durchs ganze Land ein Wille zur Leistung spürbar war. Ich lernte viele Funktionäre kennen, und ich denke sehr gern an manche von ihnen zurück; die besten waren fähige Köpfe, höflich und auch diplomatisch geschult. Die Dienststellen der Regierung waren gut organisiert und arbeiteten schnell. Ich muß zugeben, daß die einfachen Arbeiter damals zufrieden zu sein schienen; und auch die allgemeinen Lebensbedingungen waren zu jener Zeit wohl hinreichend. Lediglich unter Gebildeten hatte man das Gefühl einer heimlichen Unzufriedenheit. Auch konnte niemand den enormen industriellen Fortschritt leugnen, den China unter dem Kommunismus gemacht hatte.

Aber alle Leistung und allen Fortschritt muß man gegen das abwägen, was sie kosten, und mir schien es, daß in China furchtbar dafür bezahlt worden ist. Die Menschen hatten den Fortschritt mit dem Verlust ihrer Individualität bezahlen müssen. Aus Einzelmenschen war eine homogene Masse geworden. Überall, wohin ich kam, fand ich sie straff organisiert, wohldiszipliniert und bis ins letzte reglementiert. Sie alle trugen nicht nur die gleiche Kleidung – Frauen und Männer das gleiche trübselige Kattunzeug –, sie alle sagten das gleiche, sie alle zeigten das gleiche Verhalten, und sie alle dachten auch, wie ich glaube, das gleiche. Sie konnten auch wohl kaum anders, denn es gab für sie alle nur eine Art der Information: Zeitungen und Funk brachten Nachrichten nur in der von der Regierung genehmigten Fassung. Jede ausländische Zeitung war verboten, ebenso das Abhören fremder Sender. Als ich einmal mit einem chinesischen Offizier durch ein Dorf bei Peking ging, war ich freudig überrascht, europäische Musik zu hören – es klang wie die Musik von BBC vor den Nachrichten. Der Ausdruck des Erschreckens auf dem Gesicht meines Begleiters war höchst aufschlußreich. Die Menschen schienen sogar nicht einmal mehr spontan lachen zu können; sie lachten offenbar nur, wenn man es von ihnen erwartete, und sangen nur noch, wenn man sie dazu kommandierte. Gewiß – manche jungen Kommunisten waren gescheit und wohlerzogen auf ihre Art. Niemals aber drückten sie eigene Meinungen aus; es war immer dieselbe Geschichte von der Größe Chinas und seinen glorreichen Errungenschaften. Selbst in Sinling, in der Nähe der tibetischen Grenze und des Ortes, in dem ich geboren bin, hielt mir einer der Führer der Ortsgruppe einen langen Vortrag über genau das gleiche, was ich schon so oft in Peking gehört hatte. Aber er gab doch noch Eigenes dazu: »Abgesehen von Rußland«, sagte er, »ist China das größte Land der Welt. Es ist das einzige Land, das so groß ist, daß man den ganzen Tag und die ganze Nacht mit der Bahn fahren muß, um es zu durchqueren.«

Dies war der allgemeine Eindruck, den ein fast einjähriger China-aufenthalt in mir hinterließ: Leistung und materieller Fortschritt, daneben grauer Nebel von humorloser Uniformität, durch den gelegentlich der traditionelle Zauber und die ganze Höflichkeit des alten China überraschend wie ein freundlicher Sonnenstrahl aufglänzten. Diese äußerste Uniformität macht natürlich die furchtbare Stärke des Kommunismus aus; aber ich konnte nicht glauben, daß es den Chinesen je gelingen würde, den Tibetern eine derartige Sklaverei des Geistes aufzuerlegen. Glauben, Humor und Individualität bedeuten für die Tibeter den Lebensatem, und keiner würde freiwillig diese drei Werte für bloßen materiellen Fortschritt eintauschen, selbst wenn der Tausch nicht zugleich die Unterwerfung unter ein fremdes Volk mit sich bringen würde.

Als ich mich auf meine Rückreise nach Lhasa vorbereitete, hatte ich noch Hoffnungen, mein Volk vor den schlimmsten Folgen der chinesischen Herrschaft bewahren zu können. Ich glaubte, daß mein Besuch in China in doppelter Hinsicht nützlich gewesen war. Er hatte mir eindrucksvoll gezeigt, wen wir gegen uns hatten, und – was noch wichtiger war – es schien mir, als hätte mein Besuch auch die Chinesen dazu veranlaßt, jenen ursprünglichen Plan nicht weiter zu verfolgen – den Plan, von dem mir Mao Tse-tung erzählt hatte, nämlich uns direkt von Peking aus durch einen militärisch-politischen Ausschuß zu regieren. Statt dessen sah es so aus, als wolle man uns gewisse Machtbefugnisse in unseren eigenen inneren Angelegenheiten lassen, und es schien, als hätten wir ein festes Versprechen auf Autonomie erhalten. Damals hatte ich bereits Einzelheiten über das »Vorbereitende Komitee für das Tibetische Autonome Gebiet« erfahren, das Mao Tse-tung als Alternative vorgeschlagen hatte. Es sollte einundfünfzig Mitglieder haben, bis auf fünf alle Tibeter. Ich war als Vorsitzender vorgesehen, der Panchen Lama und ein chinesischer Funktionär als Stellvertretende Vorsitzende, Ngabo als Generalsekretär. Die Aufgabe des Komitees war es, die regionale Autonomie in Tibet durch die Aufstellung von Unterausschüssen für wirtschaftliche und religiöse Angelegenheiten vorzubereiten, die offenbar unseren Tsi-khang und Yig–tshang und den üblichen Regierungsdepartements entsprachen.

Allerdings war für die Wahl der Mitglieder des Komitees ein ganz ungewöhnliches Verfahren beabsichtigt: Nur fünfzehn Mitglieder, darunter ich, sollten die »Tibetische Lokalregierung« vertreten – das heißt, unsere eigene wirkliche Regierung; elf waren aus den wichtigsten Klöstern, aus religiösen Gemeinschaften, öffentlichen Körperschaften und führenden Persönlichkeiten auszuwählen. Je zehn weitere Mitglieder waren als Vertreter zweier ganz neuer Körperschaften vorgesehen, die von den Chinesen gegründet worden waren: das »Chamdo-Befreiungskomitee«, das sie in jenem Teil Osttibets gebildet hatten, der zuerst besetzt und niemals unserer Regierung zurückgegeben worden war, und das »Komitee des Panchen Lama«, das sie in einem westlichen Gebiet von Tibet aufgestellt hatten, wo sie versuchten, dem Panchen Lama zu einer weltlichen Machtstellung zu verhelfen, die seine Vorgänger niemals besessen hatten. Fünf Mitglieder schließlich sollten chinesische Funktionäre in Lhasa sein, und für alle Ernennungen war die Zustimmung der chinesischen Regierung einzuholen.

Diesen neu erfundenen, abgetrennten Regionen Mitgliedschaft im Komitee zuzuerkennen, war an sich schon eine Verletzung des Abkommens mit den Chinesen, nach dem das politische System in Tibet und der Status des Dalai Lama nicht geändert werden sollten. Und schon die Auswahl der Mitglieder barg den Keim des Mißlingens in sich. Aber Menschen in verzweifelter Lage sind stets bereit, sich selbst an die schwächste Hoffnung zu klammern, und immer noch hoffte ich, trotz meiner schlechten Erfahrungen mit chinesischen politischen Ausschüssen, daß ein Komitee mit sechsundvierzig tibetischen Mitgliedern und nur fünf Chinesen zu gedeihlicher Arbeit gebracht werden könnte.

So brach ich auf, sehr begierig zu sehen, was inzwischen in der Heimat geschehen war, und voller Zuversicht, daß wir dieses Letzte, was uns an Freiheit blieb, gut nützen würden.

Unterdrückung und innerer Widerstand

Auf meiner Heimreise hatte ich das Glück, Taktser noch einmal besuchen zu können, mein Heimatdorf. Es war dies ein Augenblick des Glücks auf einer Reise böser Vorahnungen. Ich war stolz und dankbar, daß ich als Sohn einer bescheidenen, echt tibetischen Familie geboren worden war, und ich freute mich, meine schwachen Erinnerungen an die Orte auffrischen zu können, die ich mit vier Jahren verlassen hatte. Aber wann immer ich mit den Menschen sprach, wurde ich jäh in die Gegenwart zurückversetzt. Auf die Frage, ob sie glücklich seien, antworteten sie: »Wir sind sehr glücklich, und es geht uns gut unter der Führung der Chinesischen Kommunistischen Partei und ihres Vorsitzenden Mao Tse-tung.« Aber während sie dies sagten, standen Tränen in ihren Augen. Voller Erschütterung wurde mir klar, daß diese Menschen sich fürchteten, selbst mir auf diese Frage eine andere Antwort zu geben als diese Phrase.

In einem der benachbarten Klöster jedoch hielt ich lange Besprechungen mit den Lamas ab, und diese hatten selbstverständlich das Vertrauen, sich freier auszusprechen. Ich fand sie sehr besorgt. Die Chinesen hatten die Kollektivierung der Landwirtschaft bereits verschärft, und die Bauern waren darüber sehr aufgebracht. Die Lamas sahen voraus, daß die Chinesen zu immer drastischeren Maßnahmen greifen würden, um die Bauern zur Annahme ihrer Pläne zu zwingen. Ich sprach auch mit mehreren führenden Persönlichkeiten aus dem Laienstand. Sie berichteten mir von anderen chinesischen »Reformen«. Die Spannung wachse ständig, die Chinesen würden immer argwöhnischer, die Unterdrückung werde stärker. Ich legte Wert darauf, mich auch mit den chinesischen Funktionären auszusprechen, und erklärte ihnen, daß zwar Reformen notwendig seien, diese aber nicht gleicher Art wie in

China sein sollten. Man könne sie dem Volk nicht aufzwingen, sondern sie nur Schritt für Schritt durchführen, unter Berücksichtigung der örtlichen Gegebenheiten und der Wünsche und Gewohnheiten des Volkes. Aber es war traurig sehen zu müssen, daß die Chinesen hier, so weit von Peking entfernt, rücksichtslos und ohne jedes Verständnis waren. Sie glaubten, die Gefühle des Volkes einfach ignorieren zu können. Ein chinesischer General ging sogar so weit, daß er mir sagte, es würden weitere Truppen in das Gebiet verlegt werden, um die Reformen durchzusetzen, ob das Volk sie nun wünsche oder nicht. Ganz offensichtlich war die Zukunft für das tibetische Volk in diesem chinesischen Gebiet in der Tat sehr trübe.

Aber die Menschen hier waren und blieben in ihrer Wesensart ganz tibetisch. Während ich da und dort zwei oder drei Tage Rast machte, manchmal in chinesischen staatlichen Teehäusern, manchmal in Klöstern, strömten nicht weniger als hunderttausend Menschen aus dem ganzen Distrikt zusammen, um mich zu sehen und mir zu huldigen.

Noch in Peking war eine Delegation zu mir gekommen mit der Bitte, auf meiner Heimreise möglichst viele Orte in Osttibet zu besuchen. Da ich auf meinem Wege infolge des Erdbebens aufgehalten worden war, blieb mir keine Zeit, allen Wünschen nachzukommen, so gern ich es getan hätte. Ich besuchte alle Klöster, die ich im Auto von der Straße aus erreichen konnte; zu den anderen sandte ich die drei höchsten Lamas aus meinem Gefolge, um mich zu vertreten: Trijang Rinpoche, meinen jüngeren Lehrer, Chung Rinpoche und Karma-pa, die gegenwärtige Reinkarnation des gleichen Karma-pa, dessen vierte Reinkarnation das Kloster auf dem Berg über meinem Heimatdorf gegründet hatte.

Auf dem ganzen Weg durch diese Grenzgebiete spürte ich die gleiche Atmosphäre nahenden Unheils. Bei den Tibetern sah ich die Erbitterung und den Haß auf die Chinesen steigen, bei den Chinesen zunehmende Rücksichtslosigkeit und jene Entschlossenheit, die ihre Ursache in Furcht und Mangel an Verständnis hat. Die Chinesen ermahnte ich mit aller mir zur Verfügung stehenden Kraft, sich zu mäßigen, und zu den Tibetern sprach ich oft auf Versammlungen, sie sollten einig bleiben, sollten versuchen, alles auf friedlichem Wege zu verbessern, und übernehmen, was immer an den chinesischen Methoden gut sei. Dieser Rat war meinem Gefühl nach die einzige Möglichkeit, Gewalttätigkeiten zu vermeiden; aber jetzt, da ich sah, wie in dem Jahr, seit ich hier gewesen war, die gegenseitige Feindschaft sich verschärft hatte, mußte ich mir selbst eingestehen, daß nur noch geringe Hoffnung blieb.

Schließlich überquerte ich den Di-chu, den Geisterfluß, der die Grenze zwischen Tibet und China bildet, und kam in die Chamdo-Region, wo die Invasion begonnen hatte. Ich verbrachte einige Tage im chinesischen Hauptquartier in der Stadt Chamdo, ein paar weitere Tage im Kloster. Hier in diesem Distrikt hatten die Chinesen das »Chamdo-Befreiungskomitee« eingesetzt, mit dem ich in Zukunft zusammenarbeiten sollte. Es hatte einige tibetische Mitglieder. Aber bald erkannte ich, daß alle Macht bei den chinesischen Funktionären lag und daß der Distrikt praktisch durch den Kommandierenden General der Armee regiert wurde. Auch hier brodelte der Volkszorn. Die Menschen berichteten mir von Unterdrückung und Unrecht, von Enteignung der Bauern und von Versprechen, an die die Tibeter zuerst geglaubt hatten, die aber von den Chinesen immer wieder gebrochen worden waren. Und hier bestand außerdem eine besondere Gefahr plötzlichen Ausbruchs von Gewalttätigkeiten. Denn hier leben die Khampas, und der kostbarste Besitz jedes Khampa ist, wie ich schon gesagt habe, sein Gewehr. Jetzt hatten die Khampas gehört, daß die Chinesen beabsichtigten, die Ablieferung aller Waffen anzuordnen. Ich wußte, ohne daß man mir dies zu sagen brauchte, daß ein Khampa niemals sein Gewehr abgeben würde – erst würde er es benützen.

Auch hier strömten die Menschen zu Zehntausenden zusammen, um mir zu huldigen. In meiner Ansprache sagte ich ihnen, ich sei sehr glücklich über ihre Liebe zum Vaterland. In der Vergangenheit hätten die Beamten der tibetischen Regierung nicht immer richtig gehandelt und Fehler gemacht, und dies sei mindestens ein Grund, warum das Volk nun das Gottesurteil der Invasion erdulden müsse. Jetzt sei es die Pflicht aller Tibeter, einig zu sein; und wenn das Vorbereitende Komitee seine Tätigkeit aufgenommen habe, würde Chamdo wieder zu unserem Land gehören.

Meine Reise durch die Grenzgebiete erinnerte mich an zwei Beobachtungen, die ich in China gemacht hatte – eine sehr traurige und eine andere, die mir zeigte, daß doch noch ein Schimmer von Hoffnung blieb.

Die erste Beobachtung betraf die chinesischen Klöster. In allen entlegeneren Teilen des Landes hatte ich feststellen müssen, daß die Tempel und Klöster vernachlässigt und fast leer waren, selbst jene, die große historische Bedeutung hatten. Die wenigen Mönche, die ich dort traf, waren alt und lebten in einer Atmosphäre des Mißtrauens, so daß nur sehr wenige Menschen es wagten, in die Tempel zu gehen, um zu beten oder Opfer darzubringen. Ich merkte auch, daß es unter den Mönchen nicht mehr viel Gelehrsamkeit gab, doch sagte ich mir, in der Inneren Mongolei lebten noch gelehrte Lamas; und in der Tat kamen während meines Aufenthaltes in Peking mehrere Hundert Menschen aus der Inneren Mongolei, um mich um meinen Segen zu bitten. Aber man hinderte die jungen Menschen am Eintritt in die Mönchsorden, und die religiösen Gemeinschaften waren so wirksam durch die Kommunisten unterwandert worden, daß selbst diese nun Werkzeuge der politischen Propaganda waren. Die chinesische Regierung erklärte zwar, das Volk habe Glaubensfreiheit, aber man konnte sehen, daß man den religiösen Institutionen keine Zukunft gab; sie wurden ausgehungert, und man erlaubte ihnen allenfalls, daß sie abstarben.

Und dieses Schicksal sah ich nun den bereits unter chinesischer Gewalt befindlichen tibetischen Mönchen und Klöstern drohen. Aber meine zweite Beobachtung gab mir doch einige Hoffnung, daß sich dieses Schicksal noch einmal wenden könnte. Ich hatte den überzeugenden Beweis erhalten, daß die Tibeter, ob jung, ob alt, zu fest in ihrem Charakter und in ihrem Glauben waren, als daß sie eine leichte Beute chinesischer Beeinflussung hätten werden können. Man hatte junge Tibeter in die sogenannte Schule der Nationalitäten in Peking eingewiesen, zusammen mit Gleichaltrigen aus der Mongolei, aus Ostturkestan und Korea. Die Chinesen unternahmen alles nur Denkbare, sie von allen religiösen und kulturellen Traditionen abzuwenden und sie mit den neuen Ideen der Staatsdiktatur zu erfüllen. Doch mit Freuden stellte ich fest, daß der Geist der tibetischen Knaben dadurch nicht in Fesseln zu schlagen war; sie hielten an unseren alten Idealen fest, und ihr Nationalbewußtsein war nicht zu erschüttern. Schließlich gaben die Chinesen den Versuch auf, sie zu bekehren. Später fanden diese jungen Menschen in die Heimat zurück; einige verloren ihr Leben beim Aufstand gegen die chinesische Herrschaft in Lhasa, andere flohen, noch keine zwanzig Jahre alt, nach Indien. Nach dem Fehlschlag mit der »Schule der Nationalitäten« eröffneten die Chinesen eine Anzahl anderer Schulen im Grenzgebiet; aber auch dort hatten sie keinerlei Erfolg: Die tibetischen Kinder wollten die materialistische Weltanschauung einfach nicht in sich aufnehmen, sondern in all ihrem innersten Denken blieben sie Tibeter und Buddhisten. Und ich glaube, daß die Jugend aus der Mongolei und aus Ostturkestan ebenso hartnäckig an ihrem

Glauben festhielt. Zweifellos war dies der Grund, warum die Chinesen später dazu übergingen, tibetische Kinder, die erst ein paar Wochen alt waren, den Eltern fortzunehmen und sie nach China zu verschleppen in der Hoffnung, daß sie dort zu tibetischen Kommunisten aufwachsen würden. Aber inzwischen bin ich durch die Glaubensstärke dieser jungen Tibeter sehr ermutigt worden, und ich habe das Gefühl, daß die Chinesen uns antun können, was immer sie wollen – es wird ihnen unmöglich sein, uns jemals ganz zu vernichten.

Die Reise von China nach Tibet auf der neuen chinesischen Heerstraße verlief recht abenteuerlich. Es hatte heftig geregnet, die Flüsse führten Hochwasser, und immer wieder kamen wir an Stellen, die durch Erdrutsch oder Bergsturz verschüttet waren. Ich kann mich lebhaft einer dunklen Nacht in strömendem Regen erinnern, als unsere Kolonne durch eine beschädigte Brücke aufgehalten wurde, genau an einer Stelle, wo Felsbrocken vom Berghang herab auf die Straße stürzten. Die Chinesen liefen ziellos und schreiend umher; wir Tibeter hingegen saßen in unseren Jeeps unter dem Verdeck und beteten. Am gleichen Tag waren wir vorher schon mit knapper Not einem schlimmeren Unglück entgangen. Eine Brücke war an einem Ende zusammengebrochen; inzwischen hatten die Chinesen sie ausgebessert. Sie meinten, wir könnten sie befahren, doch rieten sie uns, das Gewicht der Autos zu vermindern; wir sollten zu Fuß hinübergehen und dort auf die Kolonne warten. Dies taten wir und sahen nun zu, wie die Jeeps und Lastwagen hinüberzufahren begannen. Ein paar kamen sicher auf unsere Seite. Dann aber, gerade als die Räder eines Jeep auf die Brücke rollten, hörten wir ein lautes Krachen und das Geräusch splitternden Holzes, und die Brücke stürzte in den reißenden Strom. Glücklicherweise hatte der Fahrer das erste Krachen rechtzeitig gehört und schnell den Rückwärtsgang eingeschaltet. So konnte er sich retten. Aber mehr als die Hälfte der Kolonne und mit ihr all unsere trockenen Kleider und das Bettzeug befanden sich nun auf der anderen Seite des Flusses. Wir bestiegen die Fahrzeuge, die noch über die Brücke gelangt waren, und verbrachten die kalte Nacht in einem miserablen chinesischen Rasthaus.

Und dann war endlich Lhasa erreicht. Ich kann nicht sagen, wie dankbar ich war, wieder im Norbulingka zu sein. Dicht vor den Mauern lag immer noch drohend das chinesische Truppenlager; aber im Palast war alles still und schön, und unsere religiösen Übungen konnten wir fast ungestört fortführen.

Ich stellte fest, daß mein Kabinett noch immer erträglich freundschaftliche Beziehungen zu den Chinesen unterhielt, und auch die feindselige Haltung der Bewohner von Lhasa schien abgeebbt und einer gewissen Nachgiebigkeit gewichen zu sein. Die Stadt war ruhig und friedlich. Man wußte hier nichts von den tief einschneidenden Veränderungen, die in den östlichen Grenzgebieten erzwungen wurden; die Erbitterung dort hatte sich noch nicht mit ganzer Kraft nach Zentraltibet ausgebreitet. So schien es, als sei noch Zeit für das Vorbereitende Komitee, einige nützliche Arbeit zu leisten und das Schlimmste zu verhüten.

Die chinesische Regierung entsandte Marschall Chen Yi, jenen Stellvertretenden Ministerpräsidenten, der wegen seiner Sieben-Stunden-Reden bekannt war; er sollte bei der Einsetzung des Komitees das Präsidium übernehmen. Die Chinesen wünschten von mir, den Marschall bei seiner Ankunft in Lhasa zu empfangen. Mein Kabinett weigerte sich, dies zu billigen, aber ich meinte, jetzt sei nicht die Zeit dazu, auf meiner Würde zu bestehen. Wenn es dem Marschall angenehm war und dem Komitee zu einer besseren Ausgangsposition verhelfen konnte, schien es mir die Sache wert zu sein; so empfing ich ihn.

Die Amtseinführung des Komitees fand im April 1956 statt. Ich nahm an ihr mit dem Gefühl teil, daß hier, bei diesen einundfünfzig Mitgliedern, die letzte Hoffnung für eine friedliche Entwicklung unserer Dinge lag. Es schien dies nicht unmöglich. Der Entwurf für die Verfassung schien vernünftig und annehmbar zu sein. Auf dem Papier jedenfalls enthielt die Verfassung nichts an Kommunistischem, was von vornherein undiskutabel war; und angesichts der Tatsache, daß so viele Tibeter im Komitee saßen, sah es aus, als könne man mit dieser Verfassung zu einer wirksameren Regierungsform gelangen, nicht allzu unähnlich unserer eigenen. Jetzt war, so dachte ich, Gelegenheit für die tibetischen Beamten, von ihren chinesischen Kollegen die Methoden einer Verwaltung zu erlernen, die, sah man einmal vom Kommunismus ab, unbestreitbar besser aufgebaut war als die unsere.

Aber es dauerte nicht lange, bis auch diese Hoffnungen zunichte wurden. Das Schlimmste, was ich bei Sitzungen politischer Gremien in China erlebt hatte, wiederholte sich nun hier. Eine wesentliche Tatsache hatte ich nämlich nicht genügend berücksichtigt: Zwanzig der Mitglieder waren zwar Tibeter, aber Abgeordnete des »Chamdo-Befreiungskomitees« und des von den Kommunisten im westlichen Distrikt des Panchen Lama aufgestellten Komitees. Beide waren rein chinesische Gründungen. Ihre Vertreter verdankten ihre Position hauptsächlich chinesischer Unterstützung, und dafür mußten sie sich für jeden chinesischen Vorschlag einsetzen, wobei sich die Vertreter von Chamdo allerdings vernünftiger verhielten als die des Panchen Lama. Angesichts dieses geschlossenen Blocks gelenkter Abgeordneter, zu denen noch die fünf chinesischen Mitglieder kamen, war das Komitee nichts als die Fassade einer tibetischen Volksvertretung, hinter der jede Macht allein von den Chinesen ausgeübt wurde. Denn tatsächlich legte eine andere Körperschaft die Richtlinien der Politik fest: der Ausschuß der Chinesischen KP in Tibet, der keine tibetischen Mitglieder hatte. Wir durften über Kleinigkeiten diskutieren, aber niemals irgendwelche wesentlichen Änderungen vornehmen. Obgleich ich nominell Vorsitzender war, konnte ich nicht viel tun. Manchmal war es geradezu ein Hohn, wie das Verfahren gelenkt und reglementiert wurde; Pläne, die bereits im Ausschuß der KP beschlossene Sache waren, wurden sinn- und zwecklos diskutiert und selbstverständlich angenommen. Und deshalb hatte ich bei den Sitzungen oft ein Gefühl der Bedrückung. Denn ich erkannte, daß die Chinesen mich nur aus einem einzigen Grund zum Vorsitzenden gemacht hatten: ihren Plänen den Schein einer tibetischen Autorität zu geben.

Sobald das Komitee seine Amtsstellen einzurichten begann, erfuhr die Bevölkerung, was hier vor sich ging. Ihre Reaktion war nicht überraschend. Die ganze alte Feindschaft gegen alles Chinesische flammte erneut auf. In Lhasa wurde eine öffentliche Protestversammlung abgehalten, eine Entschließung entworfen, angenommen und den chinesischen Behörden zugeleitet: Tibet habe schon seit sehr langer Zeit seine eigene Verwaltung, eine neue sei also unnötig und werde abgelehnt. Natürlich gaben die Chinesen keinerlei Antwort, obwohl es sich doch um eine Forderung des Volkes handelte. Sie ließen sich die Minister kommen und erklärten, dem Kabinett sei es nicht gelungen, öffentliche Versammlungen zu verbieten. Aus diesem Grunde würden sie nun an mich herantreten, dies zu tun. Das Kabinett verfaßte widerwillig ein neues Verbot, das ich ebenso widerwillig unterschrieb, denn ich wußte nur zu gut, daß man mit Verboten öffentlicher Versammlungen die wirkliche Meinung nicht unterdrücken kann. So war nicht zu vermeiden, daß die Entrüstung des Volkes sich auf eine andere Weise Luft verschaffte.

Während des Monlam-Festes 1956 geschah es. Die Verbitterung der einfachen Menschen gegen die Chinesen hatte etwas in Tibet ganz Neues zur Folge: Es traten politische Führerpersönlichkeiten auf, spontan vom Volk gewählt. Diese Männer waren keine Beamten, sie hatten überhaupt keinen offiziellen Rang, sondern waren einfache Menschen aller möglichen Herkunft. Und wenn ich sie als Politiker bezeichne, will ich damit nicht sagen, daß sie politisch waren in dem Sinn, wie man das Wort im Westen gebraucht. Sie stellten sich gegen die Chinesen nicht deshalb, weil diese Kommunisten waren; sie wußten nichts von den politischen Anschauungen, die die Welt heute in zwei Lager teilen. Sie waren einfach Männer, die das Elend und den Zorn unseres sonst so zurückhaltenden Volkes teilten und zufällig von Natur aus die Fähigkeit hatten, diese Empörung in Wort und Tat zu kleiden. So kamen sie zu ihrem Einfluß auf das Volk.

Sie waren die Männer, die die Bevölkerung von Lhasa organisierten und anführten. Der Zorn, der in ihnen brannte und dem sie im Namen des Volkes Ausdruck gaben, führte zu einer ganz normalen menschlichen Reaktion: Sie wollten zurückschlagen. Unweigerlich brachte dies sie manchmal in Gegensatz zu meinem Kabinett, das wie ich die Sinnlosigkeit des Versuchs einsah, gegen die chinesische Armee zurückschlagen zu wollen. Das Kabinett mußte sie von einer Politik zurückhalten, die patriotisch, aber selbstmörderisch war; andererseits glaubten sie natürlich, das Kabinett gehe in seiner Nachgiebigkeit zu weit. So mußte ich mich gelegentlich einschalten und mich ihren nach Gewalt drängenden Instinkten entgegenstellen, gerade um des Volkes willen, das sie vertraten. Vielleicht nahmen sie mir dies übel, aber bis zum bitteren Ende blieben sie mir leidenschaftlich treu ergeben. Ich schmeichle mir nicht und will nicht behaupten, daß ich diese Treue durch meine eigenen persönlichen Qualitäten verdient hätte. Es war der Begriff des Dalai Lama, dem ihre Treue galt, wie es bei allen Tibetern der Fall war und ist. Ich war das Symbol dessen, wofür sie kämpften.

Meinerseits bewunderte ich sie, selbst als ich mich ihnen widersetzen mußte. Und ich war froh: Erst unser Unglück hatte gezeigt, welche Führerqualitäten unser tibetisches Volk in sich barg. Denn diese Eigenschaften werden wir immer brauchen.

Was diese Führer während des Monlam-Festes unternahmen, stand in seltsamem Gegensatz zu den altehrwürdigen Feiern. Zum erstenmal hatte das Fest einen politischen Unterton, und jeder war sich dessen zwangsläufig bewußt. Während die Prozessionen unterwegs waren und sich die Mönche in den Straßen drängten, wurden in der ganzen Stadt Plakate angeschlagen mit der alten Forderung, die Chinesen sollten gehen: Tibet den

Tibetern! Wie üblich, waren die chinesischen Generäle wütend, und wie üblich ließen sie sich das Kabinett kommen und schoben ihm die Schuld zu. Aber diesmal nannten sie unter Drohungen auch die Namen von drei Volksführern. Diese gehörten zu den Männern, die die Resolution gegen das Vorbereitende Komitee abgefaßt hatten. Die Chinesen behaupteten, sie seien auch für die Plakate und Flugblätter verantwortlich, und forderten, das Kabinett solle ihre sofortige Verhaftung veranlassen. Die drei hatten sich gegen keines unserer Gesetze vergangen, aber die Chinesen drohten, wenn die Tibeter sich weigerten, sie zu verhaften, würden sie selbst es tun und sie verhören. So mußte das Kabinett sie ins Gefängnis werfen, um ihnen sehr viel Schlimmeres zu ersparen. Einer von ihnen starb dort; die anderen wurden bald auf freien Fuß gesetzt, da die drei großen Klöster von Lhasa für sie bürgten. Einer von ihnen ist jetzt bei mir in Indien.

Inzwischen hatte sich nach den Nachrichten, die wir aus Chamdo erhielten, dem östlichen Distrikt, der vollkommen unter chinesischer Militärherrschaft stand, die Lage dort weiter verschlimmert. Während des Monlam-Festes waren in Litang jenseits der Grenze Kämpfe ausgebrochen. Bald nach der Einsetzung des Vorbereitenden Ausschusses berief der chinesische Kommandierende General in Chamdo eine Versammlung von etwa dreihundertfünfzig führenden Tibetern ein und erklärte, ich hätte gesagt, Tibet sei noch nicht reif für kommunistische Reformen; diese sollten nur nach und nach durchgeführt werden, und zwar erst dann, wenn die Mehrheit der Tibeter sie gebilligt habe. Der Panchen Lama jedoch, so führte der General weiter aus, habe sofortige Reformen verlangt. Die Versammlung solle über diese beiden Möglichkeiten diskutieren und beschließen, welche für den Distrikt Chamdo anzunehmen sei.

Die Debatten dauerten Tage. Schließlich stimmten etwa hundert der Versammelten für die Reformen unter der Bedingung, daß ich und das übrige Tibet einverstanden seien. Ungefähr vierzig sprachen sich für eine sofortige Durchführung aus. Die übrigen, etwa zweihundert, waren überhaupt gegen jede Reform, obgleich man diese Alternative gar nicht vorgesehen hatte. Der General dankte ihnen allen, verkündete, daß die Reformen in angemessener Zeit durchgeführt würden, schenkte jedem ein bebildertes Buch, Feder, Tinte und Papier sowie einige Toiletteartikel – eigenartig ausgewählte Geschenke – und entließ sie.

Noch waren keine vier Wochen vergangen, als die Beamten des Grenzgebiets einberufen wurden, diesmal nach Jomdha Dzong, einer alten Feste in dem zu Chamdo gehörenden Bezirk gleichen Namens. Die Versammelten wurden von chinesischen Soldaten umstellt. Dann erklärte man ihnen, daß sofort mit den »demokratischen« Reformen begonnen würde. Sie protestierten lebhaft: Sie kannten das Elend, das die demokratischen Reformen in den Provinzen jenseits der Grenze zur Folge gehabt hatten, und wollten von nichts dergleichen wissen. Die Chinesen hielten die Beamten fast zwei Wochen in Jomdha Dzong fest und redeten ununterbrochen auf sie ein – so lange, bis alle sich mündlich einverstanden erklärten. Man sagte ihnen, sie würden in ihre Bezirke zurückgeschickt werden, um dem Volk die Reformen zu erklären. Aber erst müßten sie jetzt selbst einen Schulungskurs mitmachen.

Nachdem die Beamten zugestimmt hatten, waren die chinesischen Posten rings um das Fort eingezogen worden. Doch in der Nacht vor dem Tag, an dem der Schulungskurs beginnen sollte, brachen alle Beamten, mehr als zweihundert an der Zahl, aus der Feste aus und gingen in die Berge.

So hatten die Chinesen durch diese sinnlose Aktion die meisten der führenden Männer des Distrikts dazu getrieben, als Guerillas zu leben, als Ausgestoßene, die wußten, daß man sie festnehmen würde, wenn sie sich jemals wieder zu Hause blicken ließen. Sie bildeten einen Kern, der wuchs und weiter anwachsen sollte. Zu ihrer Verteidigung hatten sie an Waffen und Munition nur das zur Verfügung, was sie den Chinesen wegnehmen konnten; daher mußten sie kämpfen, ob sie wollten oder nicht. Die Osttibeter, besonders die Khampas, sind ein zäher und entschlossener Schlag; sie kennen ihre Berge, und die Berge bieten für einen Guerillakrieg geradezu ideale Verhältnisse. Schon in der ersten Hälfte des Jahres 1956 liefen Berichte von Überfällen auf chinesische Transporte und Depots um.

So war eine verzweifelte Situation entstanden, deren Ausgang nicht vorstellbar war. In den unzugänglichen Bergen vermochten sich die Guerillas jahrelang zu halten. Die Chinesen würden sie niemals vertreiben können; aber auch die Guerillas konnten nie und nimmer die chinesische Armee schlagen. Und wie lange dieser Kampf dauern mochte – es war doch das tibetische Volk, es waren besonders die Frauen und Kinder, die darunter zu leiden hatten.

Ich war sehr niedergeschlagen. Die Lage sah jetzt viel schlechter aus als vor zwei Jahren. Der Teufelskreis von diktatorischer Unterdrückung und Volkshaß, von dem ich geglaubt hatte, er sei zerbrochen, als ich Lokhangwas Rücktritt zustimmte, war wieder geschlossen. Alle meine bisherigen Versuche einer friedlichen Lösung unserer Probleme hatten nichts erreicht. Das Vorbereitende Komitee war lediglich ein Hohn auf eine verantwortliche Regierung. So konnte ich auch für die Zukunft nichts Besseres erhoffen. Am schlimmsten war, daß ich spürte, wie ich allmählich an Einfluß auf mein Volk verlor: Im Osten trieb man es zur Barbarei. Im Zentraltibet wuchs die Entschlossenheit zu gewaltsamem Widerstand. Ich fühlte, daß es mir nicht möglich sein würde, die Menschen noch länger zurückzuhalten, selbst wenn ich gegen jede Anwendung von Gewalt war, weil ich nicht zu glauben vermochte, daß sie uns irgendwie helfen könnte.

Jahrhunderte hindurch war Tibet von den Dalai Lamas als den weltlichen und geistlichen Herrschern glücklich regiert worden. Sowohl in meiner Eigenschaft als geistliches wie als weltliches Oberhaupt fühlte ich mich verpflichtet, jeder Anwendung von Gewalt durch das Volk entgegenzutreten. Die Chinesen versuchten, wie ich wußte, meine politische Autorität zu untergraben; dadurch aber, daß ich mich dem instinktiv zur Aufleh-nung drängenden Volk widersetzte, half ich nur den Chinesen, das Vertrauen des Volkes zu mir zunichte zu machen. Aber selbst wenn das Volk sein Vertrauen zu mir als weltlichem Oberhaupt verlor, durfte es doch nicht seinen Glauben an mich als geistliches Oberhaupt verlieren. Und das war viel wichtiger. Ich konnte mein weltliches Amt einem anderen übertragen; ich konnte abdanken – aber der Dalai Lama als geistliches Oberhaupt durfte nicht abdanken, und ich dachte auch im Traum nicht daran.

So kam mir der Gedanke, daß es vielleicht im Interesse Tibets am besten war, wenn ich mich von jeglicher politischer Tätigkeit zurückzog, um meine religiöse Autorität unversehrt erhalten zu können. Aber solange ich in Tibet war, konnte ich der Politik nicht aus dem Wege gehen. Wenn ich mich von der Politik zurückziehen wollte, so müßte ich das Land verlassen, so bitter verhaßt mir dieser Gedanke auch war.

In diesem Augenblick, als meine Verzweiflung am höchsten war, erhielt ich aus Indien die Einladung zu einem Besuch.

Mein Freund, der Maharadscha Kumar von Sikkim, war eigens nach Lhasa gekommen, um mir die Einladung zu überbringen. Sein Besuch war wie ein Sonnenstrahl aus der Welt dort draußen – ein Lichtstrahl der Sympathie und der Vernunft. Die Einladung kam von der indischen Mahabodhi-Gesellschaft, die vor siebzig Jahren mit dem Ziel gegründet worden war, die Lehre Buddhas zu verbreiten und die Pilger und Heiligtümer in Indien zu betreuen. Nun lud mich diese Gesellschaft ein, am Buddha Jayanti teilzunehmen, der Feier des zweitausendfünfhundertsten Jahrestages der Geburt Buddhas.

Aus politischen ebenso wie aus religiösen Gründen wollte ich der Einladung sehr gern Folge leisten. Schon das Buddha Jayanti allein war ein für jeden Buddhisten außerordentlich bedeutsames Fest. Aber außerdem hat jeder Tibeter die Hoffnung, einmal eine Pilgerfahrt nach Indien unternehmen zu können. Denn für uns ist Indien seit alters her das Heilige Land gewesen, das Geburtsland des Begründers der buddhistischen Kultur und die Quelle jener Weisheit, die vor Hunderten von Jahren indische Heilige und Seher auch in unsere Berge gebracht hatten. Religion und Gesellschaft hatten sich zwar in Tibet und in Indien verschieden entwickelt, doch war Tibet noch immer ein Kind der indischen Kultur.

Unter weltlichen Gesichtspunkten aber schien mir ein Besuch in Indien die erwünschte Gelegenheit zu bieten, mich wenigstens eine Zeitlang von meinen engen Kontakten mit den Chinesen und von meinen ergebnislosen Auseinandersetzungen mit ihnen zurückzuziehen. Mehr noch: Ich erhoffte mir von dem Besuch die Möglichkeit, Nehru sowie andere demokratische Politiker und Jünger Mahatma Gandhis um ihren Rat zu bitten. Es ist kaum zu sagen, wie sehr wir uns in Tibet politisch isoliert fühlten. Ich wußte wohl, daß ich in der internationalen Politik noch unerfahren und geradezu naiv war; aber das war jeder in unserem Land. Wir wußten, daß andere Länder vor gleichen Situationen gestanden hatten und daß die demokratische Welt über einen großen Schatz an politischer Erfahrung verfügte. Bis jetzt aber war dieser Schatz für uns unerreichbar gewesen – wir hatten in einer Art von blindem Instinkt handeln müssen. Und wir brauchten verzweifelt mitfühlenden klugen Rat.

Doch gab es noch einen weiteren Grund, warum ich nach Indien wollte. Lange Zeit hatten wir zur britischen Regierung Indiens freundschaftliche Beziehungen unterhalten – es war dies sogar unsere einzige Berührung mit der westlichen Welt gewesen. Seitdem jedoch Indien die Selbständigkeit gewonnen hatte, war der Kontakt mit der neuen indischen Regierung immer schwächer geworden. Nach meiner Überzeugung mußten wir ihn zu erneuern versuchen und ihn stark halten als Verbindung zur Welt der Freiheit.

Es war nicht nur mein Wunsch, nach Indien zu gehen. Das tibetische Volk erfuhr von der Einladung, und durch meine Beamten ließ es mich wissen, daß es darauf dränge, die Einladung aus all den Gründen anzunehmen, die ich schon erwähnt habe. Auf den Gedanken, daß ich mich von der unmittelbaren Beschäftigung mit politischen Problemen zurückzuziehen beabsichtige, war allerdings niemand gekommen.

Aber der Wunsch allein genügte nicht. Wenn die Chinesen nicht wollten, konnten sie mich mit Leichtigkeit zurückhalten, und deshalb mußte ich sie um ihr Einverständnis bitten.

Ich sprach bei General Fan Ming vor, der von Anfang an in Lhasa gewesen und nun der höchste Bevollmächtigte der chinesischen Regierung war. Als erstes sagte er mir, daß er mir nur Vorschläge machen könne, ließ mich aber nicht im unklaren darüber, daß es Vorschläge waren, die angenommen werden mußten. Bei diesen Worten schwand meine Zuversicht. Aus Sicherheitsgründen, so führte er weiter aus, sei ein Besuch in Indien unerwünscht; und überdies sei er der Meinung, daß ich in Lhasa bleiben solle: Das Vorbereitende Komitee habe noch so vieles zu tun, und ich sei schließlich der Präsident dieses Komitees. Gleichsam als Trost fügte er hinzu, daß die Einladung schließlich von einer religiösen Organisation gekommen sei und nicht von der indischen Regierung, so daß kein zwingender Grund für mich bestehe, selber zu fahren – ich könne ja einen Vertreter schicken.

Ich war sehr enttäuscht, gab aber meine Hoffnung noch nicht ganz auf. Deshalb verschob ich die Benennung eines Vertreters und gab auch der Mahabodhi-Gesellschaft keine Nachricht, daß ich nicht kommen könnte. Vier Monate später, etwa Mitte Oktober 1956, schlug der General abermals vor, ich solle einen Abgesandten bestimmen, denn den Indern müsse der Name im voraus mitgeteilt werden. Daraufhin richtete ich es so ein, daß eine Delegation unter der Leitung meines jüngeren Lehrers in meinem Namen fahren sollte. Aber am 1. oder 2. November suchte mich der General wieder auf und gab zu, daß die chinesische Regierung am 1. Oktober ein Telegramm der indischen Regierung erhalten habe, in dem diese mich und den Panchen Lama als Gäste zu den Feierlichkeiten eingeladen hatte. Der General fügte hinzu, die chinesische Regierung habe die Angelegenheit nach allen Seiten hin erwogen, und ich könnte hinfahren, wenn ich es wünschte. Ich war sehr erfreut und mit mir das Volk von Lhasa. Einem Gerücht zufolge hatte der indische Generalkonsul in Lhasa mehreren Leuten von der Einladung erzählt, und zwar noch bevor der General mit mir darüber sprach. Natürlich schloß jedermann daraus, daß die Chinesen versucht hatten, die Einladung so lange geheimzuhalten, bis es für mich zu spät war, sie anzunehmen; nur die Tatsache, daß die Einladung bekannt wurde, zwang sie dazu, mir die Fahrt zu gestatten.

Also bereitete ich mich auf die Abreise vor. Doch bevor ich Lhasa verließ, hielt mir General Chang Chin-wu, der eben als ständiger Vertreter Chinas zurückgekehrt war, noch einen langen Vortrag, als sei ich ein Schüler. Ich fand seine Ausführungen sehr interessant, wenn auch vielleicht nicht ganz so, wie er es glaubte. Er sagte, daß es vor kurzem in Ungarn und Polen Unruhen gegeben habe. Sie seien durch kleine Gruppen unter dem Einfluß ausländischer Imperialisten angezettelt worden; aber die Sowjetunion habe auf den Hilferuf des ungarischen und polnischen Volkes unverzüglich gehandelt und die Reaktionäre ohne Schwierigkeit niedergeworfen. Die Reaktionäre suchten immer nach Möglichkeiten, in den sozialistischen Ländern Unruhe zu stiften, aber die Solidarität innerhalb des sozialistischen Lagers sei so groß, daß es stets jedem dieser Länder zu Hilfe kommen werde. Er sprach darüber so ausführlich, daß ich verstand, was er meinte: es sollte eine Warnung sein, daß sich kein anderes Land in Tibet einmischen dürfe.

Dann begann er, von meinem Besuch in Indien zu sprechen. Der Anlaß des Jayanti sei zwar rein religiös, doch habe das Fest auch etwas mit der UNESCO zu tun. Die chinesische Regierung werde mit einer Delegation vertreten sein, aber möglicherweise wolle auch die Kuomintang versuchen, eine Abordnung aus Formosa zu entsenden. Sollte das tatsächlich geschehen, so würden die Chinesen der Volksrepublik die Feierlichkeiten verlassen. In diesem Sinne hätten sie bereits die indische Regierung informiert. Auch ich habe jede Teilnahme abzulehnen, falls jemand aus Formosa anwesend sei. Der chinesische Botschafter werde mich über den neuesten Stand der Dinge sofort nach meiner Ankunft in Indien unterrichten.

Warnend setzte Chang Chin-wu hinzu, falls irgendeiner der indischen Politiker mich hinsichtlich der indisch-tibetischen Grenze ansprechen sollte, hätte ich lediglich zu sagen, dies sei eine Angelegenheit des Außenministeriums in Peking. Es sei außerdem möglich, daß man mir Fragen über die Lage in Tibet stellen werde. Kämen die Fragen von Journalisten oder Beamten niedrigeren Ranges, so sollte ich erklären, es habe zwar einige Schwierigkeiten gegeben, aber jetzt sei alles normal. Wenn aber Nehru oder andere hohe indische Staatsbeamte mich fragten, könne ich ihnen ja etwas mehr berichten: daß es in einigen Teilen von Tibet zu Aufständen gekommen sei.

Er schloß seine Lektion, indem er mir nahelegte, für den Fall, daß ich während der Feierlichkeiten Ansprachen halten wolle, die Texte besser schon im voraus hier in Tibet vorzubereiten. Ich rechnete in der Tat damit, auf dem Buddha Jayanti eine Rede halten zu müssen, und so wurde noch in Lhasa von Ngabo, dem Generalsekretär des Vorbereitenden Komitees, unter Hinzuziehung der Chinesen ein Entwurf für die Rede aufgesetzt. In Indien angelangt, schrieb ich die Rede allerdings völlig um.

Zu dieser Zeit war bereits bis Yatung, das nur zwei Tagereisen von der Grenze entfernt liegt, eine Straße gebaut worden. Sie gehörte zu jenem Netz strategischer Straßen, an dem die Chinesen mit fieberhafter Eile arbeiteten, um so unser Land mit dem Netz ihrer Garnisonen überziehen zu können. Die Straße verkürzte die Reise von Lhasa nach Indien, die vorher Wochen gedauert hatte, auf einige Tage. Wir fuhren in zwei Tagen nach Yatung. Unterwegs, in Shigatse, wo die Chinesen eine Autofähre über den Brahmaputra eingerichtet hatten, stieß der Panchen Lama zu uns. Am vierten Tag stiegen wir um auf Ponys, immer noch das einzige Mittel zum Überqueren der Himalajapässe.

Ein chinesischer General namens Thin Ming-yi, ein Stellvertretender Divisionskommandeur, begleitete uns bis Chumbithang, der letzten tibetischen Siedlung. Als er uns verließ, hielt auch er mir einen kleinen Vortrag. Es gebe viele Reaktionäre in Indien, sagte er bedauernd, und ich müsse mich hüten, wenn ich mit ihnen spräche. Er erinnerte mich daran, daß ich als Vizepräsident der chinesischen Nationalversammlung ebenso China wie Tibet repräsentiere. Deshalb müsse ich jedem von den großen Fortschritten berichten, die China in der Erschließung der Bodenschätze und der Hebung des allgemeinen Lebensstandards gemacht habe. Ich dürfe bei den Menschen, denen ich begegnete, keinen Zweifel daran lassen, daß sowohl in China wie in Tibet völlige Religionsfreiheit herrsche ebenso wie jede andere Art von Freiheit. Und wenn mir jemand keinen Glauben schenken wolle, so solle ich ihm sagen, er wäre jederzeit zu einem Besuch in China willkommen.

Dies war der letzte Rat, den ich vor dem Überschreiten der Grenze erhielt.

Der Abstieg von Tibet nach Indien ist eine erregende Angelegenheit. Achtzig Kilometer weit über die kahle tibetische Hochebene leitet einen der weiße Gipfel des Chomolhari. Bei Phari kommt man dicht am Fuße des Berges vorbei und sieht ihn in seinem ganzen einsamen Glanz. Dann fällt der Weg plötzlich ab, immer tiefer in die Nadel- und Rhododendrenwälder des Chumi-Tales; üppig wachsen dort Rittersporn, Eisenhut und Gelber Mohn. Man fühlt, daß man in eine völlig andere Welt hinabsteigt, in die weiten heißen Ebenen Indiens, die sich tief drunten bis weit in die Ferne erstrecken, hinab zu den wimmelnden Städten und zum Meer, wo nur wenige Tibeter je gewesen sind. Aber noch ist ein Paß zu überschreiten, der Nathu-la; wieder führt der Weg empor, hoch hinauf bis jenseits der letzten Bäume. Dort oben verläuft die Grenze. Dieser Aufstieg bringt einen nochmals in die vertraute karge Landschaft Tibets, ehe es dann schließlich hinabgeht in die Täler von Sikkim.

Die Straße durch das Chumbi-Tal war schon immer die Hauptverbindung zwischen Tibet und Indien. Auf dieser Route kam 1903 die englische Expedition nach Tibet, diese Route benutzten auch die Händler nach dem Abkommen des Jahres 1904, und bis Gyantse war sie die einzige Straße, auf der Ausländer in Tibet Rechte hatten. Im Tal liegt die Stadt Yatung, in die ich mich begeben hatte, als die chinesische Invasion 1950 begann. Aber wie hatte sich die Straße seither verändert! Damals ritt ich auf einem Pony in das Tal hinab; jetzt fuhr ich auf der chinesischen Straße in einem chinesischen Auto. Sicherlich ging es zehnmal schneller und bequemer, aber wie alle Tibeter hing ich mehr am guten alten. Und zufällig sah ich dort, wo diese Straße über den Kamm verläuft, bei Phari, ein Beispiel dafür, wie lächerlich die Chinesen sich manchmal aufführen. Ich vermute, daß sie von der dünnen Luft auf den hohen Bergen gehört hatten; denn auf dem Weg, wo Menschen seit Jahrhunderten zu Fuß und zu Pferd gereist waren, konnte man jetzt Chinesen sehen, die zwar bequem im Auto fuhren, aber dabei Sauerstoffmasken trugen.

Hinter Yatung war mir die Gegend neu. Nachdem ich aus dem

Als Siebenjähriger (1942) auf dem Thron des Dalai Lama

Das Kloster Rating. Hier rasteten wir 1939 auf der Reise von Taktser zu meiner Inthronisation in Lhasa

Der Potala in Lhasa

Das Lager von Dögu-thang, die letzte Station bei der Einholung nach Lhasa. Hinten rechts der Potala

Chensel Phodrang,
mein Lieblingspalais
innerhalb des
Norbulingka,
der Sommerresidenz

Charakteristische tibetische Trachten, links
aus Zentraltibet, rechts aus dem »Unterland« Amdo

Straße
in Lhasa

Der Buddha der
Weisheit (links
unten) im Kloster
Drepung (rechts
oben), in dessen
großer Halle sich
7500 Mönche zur
Andacht versam-
meln konnten

Bei einer unzeremoniellen Audienz (1942)

Die Fassade des Jokhang, des Haupttempels von Lhasa

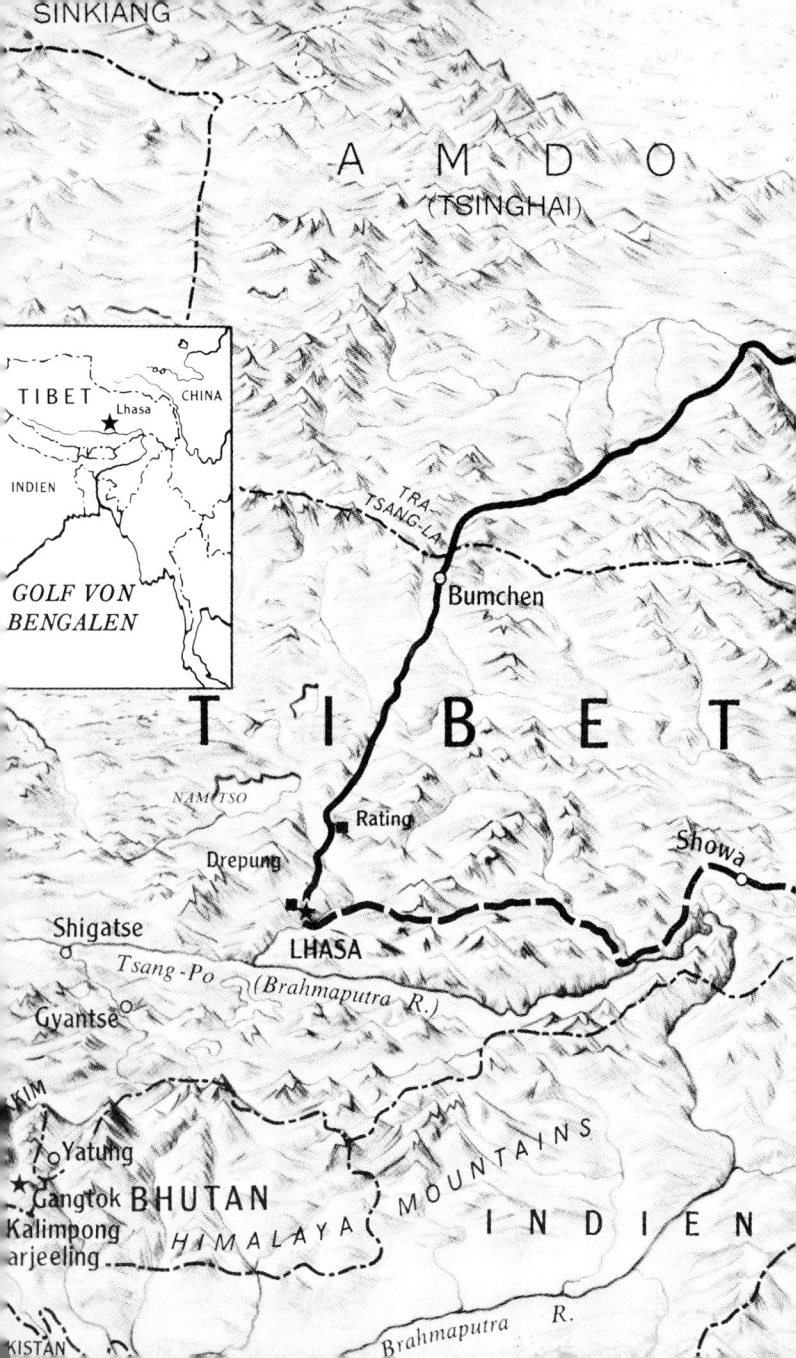

KOKO
NOR

○ Sining
○ Kumbum
Taktser AMI-
CHIRI

Gelber Fluß

TSARING
NOR

ORING
NOR

Ma Chu

Yalung R.

Di Chu (Ghios R.)

NEUE
GRENZE

CHINA

ALTE GRENZE

Chamdo ○

K H A M

(SIKANG)

Salween R.

Yangtze R.

Mekong R.

Chengtu ○

Tachienlu ○

BURMA

━━━━━ Taktser – Lhasa, 1939
╺ ╺ ╺ ╺ Lhasa – Chengtu, 195

0   100   200   300

Kilometer

Beim Monlam-Fest vor dem Jokhang

Kultischer Tanz im Ostflügel des Potala

Die tibetische Armee war nicht modern ausgerüstet, genügte aber für die ihr gestellten beschränkten Aufgaben

Das Kloster Dongkar oberhalb von Yatung, wo ich im Jahr 1951 zum erstenmal einem chinesischen General begegnete

Erster Einmarsch rotchinesischer Truppen in Lhasa,
voran Riesenbilder von Mao Tse-tung und Tschu En-lai

Auf der Fahrt nach Peking traf ich in Sian den Panchen
Lama. Wir reisten gemeinsam weiter und wurden bei
unserer Ankunft von einer großen Menschenmenge
begeistert begrüßt

Peking 1954: Ich überreiche Mao Tse-tung
die weißseidene Glücksschleife

Am Morgen des 10. März 1959 strömte das Volk von Lhasa aus der Stadt zum Norbulingka

Lokhangwa,
mein
Premierminister

Vier Angehörige des tibetischen Kabinetts (von links nach rechts):
Lokhangwa, Shakabpa, Ngabo und Namseling

12. März 1959: In einer Massenversammlung vor dem Potala bekräftigt das Volk von Lhasa erneut seinen Willen, mich zu schützen

Khampa-Guerillas, die auf
der Flucht meine Leibwache
bildeten

In Lhunte Dzong, wo ich
die neue, provisorische Regierung einsetzte

In Indien: Gespräch mit Nehru

Pilger empfangen in Mussoorie meinen Segen

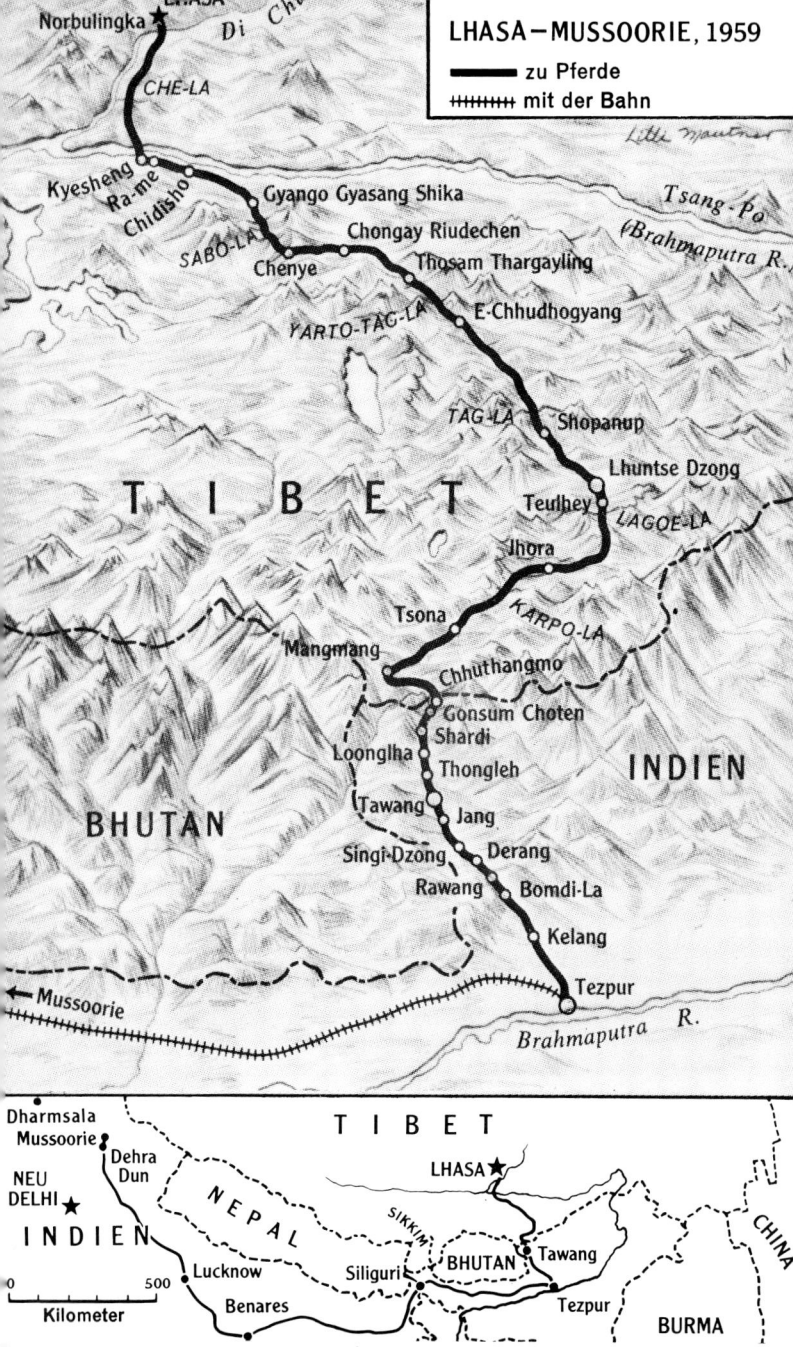

LHASA–MUSSOORIE, 1959

zu Pferde
mit der Bahn

Norbulingka
CHE-LA
Kyesheng
Ra-me
Chidisho
Gyango Gyasang Shika
SABO-LA
Chenye
Chongay Riudechen
Thosam Thargayling
E-Chhudhogyang
YARTO-TAG-LA
TAG-LA
Shopanup
Lhuntse Dzong
Teulhey
LAGOE-LA
Jhora
Tsona
KARPO-LA
Mangmang
Chhuthangmo
Gonsum Choten
Shardi
Loonglha
Thongleh
Tawang
Jang
Singi-Dzong
Derang
Rawang
Bomdi-La
Kelang
Tezpur

Di Ch
Little mautner
Tsang-Po
(Brahmaputra R.

T I B E T

I N D I E N

B H U T A N

Mussoorie

Brahmaputra R.

Dharmsala
Mussoorie
NEU DELHI
Dehra Dun
INDIEN
NEPAL
Lucknow
Benares
0 ——— 500
Kilometer
T I B E T
LHASA
SIKKIM
BHUTAN
Tawang
Siliguri
Tezpur
CHINA
BURMA

Auto gestiegen war, ritt ich mit dem Pony hinauf zum Nathu-la, zur Grenze, im Augenblick frei von meinen chinesischen Aufpassern mit einem Gefühl freudiger Erwartung und Aufregung, wie ich es seit meiner Kindheit nicht mehr empfunden hatte. Als wir den langen Aufstieg begannen, war das Wetter hell und klar, bald aber ritten wir in die Wolken hinein, und auf den letzten paar hundert Metern war es feucht und kalt. Um so mehr spürten wir, mit welcher Wärme wir oben begrüßt wurden. Das erste, was ich an der Grenze sah, war ein Ehrenposten; dann wurde ich von dem Maharadscha Kumar und dem indischen Bevollmächtigten in Sikkim willkommen geheißen, der mir auch die Grüße des Präsidenten, des Vizepräsidenten, des Premierministers und der Regierung von Indien überbrachte und mir eine Glücksschleife reichte, das Symbol der Begrüßung in Tibet, sowie eine Blumengirlande, das entsprechende traditionelle Symbol in Indien. Wir ritten gemeinsam den Paß hinab und verbrachten die Nacht behaglich in Tsongo. Wir waren in Sikkim.

Am nächsten Tag ging es nach Gangtok, der Hauptstadt von Sikkim; und je weiter wir durch Sikkim und das nördliche Indien kamen, wobei wir unsere Transportmittel nach und nach vom Altertümlichen zum Modernen wechselten, desto mehr steigerten sich die spontan herzlichen Willkommenskundgebungen. Ich hatte fast das Gefühl, nicht in der Fremde zu sein, sondern zu Hause. Nach fünfzehn Kilometern stiegen wir von den Ponys; die Reise wurde in Jeeps fortgesetzt. Hier schloß sich der chinesische Botschafter unserer Gruppe an. Ein wenig außerhalb der Stadt Gangtok stießen der Maharadscha von Sikkim und seine Minister zu uns, und ich stieg aus dem Jeep in sein Auto um. Dieses führte auf der einen Seite die Flagge von Sikkim, auf der anderen die von Tibet. Auf dem Weg in die Stadt hielten wir kurz an. Eine große Volksmenge bewarf uns zur Begrüßung mit Glücksschleifen und Blumen. Plötzlich sah ich zu meiner Überraschung, wie ein einzelner Chinese – es war, wie sich herausstellte, der Dolmetscher des chinesischen Botschafters – vergeblich versuchte, die tibetische Flagge zu entfernen und statt ihrer eine chinesische anzubringen. Auch meine indischen Freunde bemerkten sein sonderbares Tun, und es freute mich festzustellen, daß auch sie sein Verhalten lächerlich fanden.

Wir beendeten die Reise mit einem Sonderflugzeug. Als wir uns Neu-Delhi näherten, hatte ich einen herrlichen Blick auf die Hauptstadt, die die Engländer erbaut und dem neuen, freien Indien als Vermächtnis hinterlassen hatten. Am Flughafen wur-

den wir vom Vizepräsidenten Radhakrishnan und von Premierminister Nehru erwartet und begrüßt. Der chinesische Botschafter, der mit im Flugzeug war, bestand darauf, mich vorzustellen,
zuerst den beiden Repräsentanten Indiens und dann den Mitgliedern des Diplomatischen Korps. Er führte mich an ihrer
Reihe vorbei und machte mich mit den Vertretern vieler Länder
bekannt. Wir kamen zu dem Botschafter Großbritanniens; was
aber würde geschehen, fragte ich mich, wenn wir zum Vertreter
der Vereinigten Staaten kämen? Es war dies eine heikle Frage
des diplomatischen Protokolls. Im kritischen Augenblick war der
chinesische Botschafter plötzlich wie vom Erdboden verschwunden, und ich stand allein vor dem Amerikaner. Ein Beamter des
indischen Außenministeriums schaltete sich taktvoll ein und
machte uns miteinander bekannt.

Ich fuhr mit Radhakrishnan in die Stadt. Er sagte mir, wie er sich
freue, mich kennengelernt zu haben, und fand liebenswürdige
Worte über die alten Beziehungen zwischen unseren beiden
Ländern. Eine große Volksmenge hatte sich an den Straßen-
rändern eingefunden unter den Fahnen und Dekorationen, die
anläßlich des Buddha Jayanti angebracht worden waren, und
jubelte mir zu. Wir gingen in den Rashtrapati Bhavan, den
Amtssitz des Präsidenten; dort empfing mich der Präsident,
Dr. Râjendra Prasâd, mit freundlichem Lächeln und sanfter
Stimme auf der Schwelle des Durbar-Saales, in dem die Gala-
Empfänge stattfinden. Ich hatte von den beiden Politikern einen
tiefen Eindruck: In diesen frommen und gelehrten Männern
verkörpert sich der unvergängliche Geist des indischen Volkes.

Mein allererster Besuch an meinem ersten Morgen in Delhi galt
dem Rajghat, dem Platz, an dem Mahatma Gandhi verbrannt
worden ist. Ich war tief bewegt, als ich dort auf dem grünen
Rasen betete, der zum Jumna-Fluß hin abfällt. Ich fühlte, daß
hier eine große Seele anwesend war – die Seele des Mannes,
der zu Lebzeiten vielleicht der größte unseres Zeitalters war,
des Mannes, der bis zu seinem Tod gekämpft hatte, um den Geist
Indiens und der Menschheit zu bewahren, eines wahrhaften
Schülers Buddhas und eines wahrhaft an Frieden und Harmonie
unter allen Menschen Glaubenden. Als ich dort stand, fragte
ich mich, welchen weisen Rat mir wohl der Mahatma gegeben
hätte, wenn er noch unter den Lebenden weilte. Und ich war fest
davon überzeugt, daß er mit der ganzen Stärke seines Willens
und seiner Persönlichkeit für einen friedlichen Feldzug um die
Freiheit des tibetischen Volkes eingetreten wäre.

Inständig wünschte ich, das große Glück gehabt zu haben, ihm noch in dieser Welt begegnet zu sein. Aber nun fühlte ich, daß ich ihm sehr nahe gekommen war, und ich verspürte, daß sein Rat stets der gewesen wäre, dem Weg des Friedens zu folgen. Ich glaubte und ich glaube noch immer unerschütterlich an die Gewaltlosigkeit, die er lehrte und zur Tat werden ließ. Jetzt beschloß ich, noch fester seiner Führung zu folgen, was immer sich mir an Schwierigkeiten entgegenstellen würde; entschiedener denn je war ich, mich niemals auf Handlungen der Gewalt einzulassen.

Nach dieser Wallfahrt nahmen mich die Feiern des Buddha Jayanti zwei oder drei Tage lang in Anspruch. Ich hatte dabei die von mir so erwünschte Gelegenheit, mit erfahrenen Männern aus aller Welt zu sprechen, die frei von jeder unmittelbaren Unterdrückung daran arbeiteten, die Lehre Buddhas um des Friedens in der Welt willen zu verkünden. Friede zwischen den Völkern war auch für mich der höchste Gedanke. Als ich bei der Feier eine Ansprache hielt, betonte ich deshalb den friedlichen Charakter des buddhistischen Glaubens. Meine Hoffnung, so sagte ich, sei, daß diese Feierlichkeiten beitragen möchten zur Erkenntnis des Pfades der Erleuchtung nicht nur in Asien, sondern auch unter den Menschen der westlichen Welt, denn die Lehre Buddhas sei geeignet, nicht nur zu einem zufriedenen und friedlichen Leben für den einzelnen zu führen, sondern auch zu einem Ende der Feindseligkeiten zwischen den Nationen. Die Rettung der Menschen liege in den Grundsätzen des Buddhismus beschlossen. Und ich möchte hier noch hinzufügen: Das Heil der Menschheit liegt in dem religiösen Trieb, der allen Menschen innewohnt, welchen Glaubens sie auch sein mögen; die gewaltsame Unterdrückung dieses Triebs aber ist der Feind des Friedens.

Nach den Feierlichkeiten konnte ich zum erstenmal wirklich mit Nehru sprechen. Zu diesem Zeitpunkt war ich mit meinen Ansichten bereits weiter vorangekommen. Ich habe schon auseinandergesetzt, warum ich nach Indien hatte gehen wollen; jetzt war ich, zögernd noch, zu einem anderen Schluß gekommen: Ich glaubte, es sei richtig, nicht mehr in die Heimat zurückzukehren, sondern in Indien zu bleiben, bis sich irgendein positives Anzeichen für einen echten Wandel in der chinesischen Politik erkennen lasse. Vielleicht war es mein Erlebnis der Nähe zu Mahatma Gandhi, vielleicht waren es meine Begegnungen mit so vielen gelehrten, mitfühlenden Menschen, was mich zu diesem traurigen Entschluß brachte. Denn fast zum erstenmal hatte ich Menschen kennengelernt, die zwar nicht Tibeter waren, aber echte Sympathie für Tibet empfanden. In der Heimat, so dachte ich, konnte ich meinem Volk nicht mehr helfen; ich konnte keinen Einfluß mehr ausüben auf seinen Wunsch, sich mit Gewalt zu helfen. Alle meine friedlichen Bemühungen waren bisher fehlgeschlagen. Aber von Indien aus konnte ich zumindest den Menschen in der ganzen Welt sagen, was in Tibet vor sich ging; ich konnte versuchen, ihre moralische Unterstützung für uns zu mobilisieren und so vielleicht doch einen Wandel in der rücksichtslosen Politik Chinas herbeiführen.

Dies galt es, Nehru zu erklären. Bei unserer Besprechung war außer seinem Dolmetscher niemand zugegen. Ich dankte für die Einladung und sagte ihm, wie glücklich ich über diesen Besuch und die Teilnahme am Buddha Jayanti sei. Dann setzte ich ihm die verzweifelte Situation im östlichen Tibet auseinander; wir alle fürchteten, im ganzen übrigen Land werde noch Schlimmeres geschehen. Ich sei daher gezwungen anzunehmen, daß die Chinesen die feste Absicht hätten, unsere Religion und unsere Sitten für immer zu vernichten; alle Tibeter setzten deshalb jetzt ihre letzten Hoffnungen auf die Regierung und das Volk von Indien. Und dann sagte ich ihm, warum ich in Indien bleiben wolle, bis es möglich sei, unsere Freiheit mit friedlichen Mitteln wiederzugewinnen.

Nehru war sehr liebenswürdig und hörte mir geduldig zu. In seiner Antwort gab er jedoch seiner festen Überzeugung Ausdruck, daß im Augenblick für Tibet nichts getan werden könne. Niemand habe jemals in aller Form die Unabhängigkeit unseres Landes anerkannt. Er stimmte mit mir darin überein, daß jeder Versuch eines Kampfes gegen die Chinesen nutzlos sei. Denn die Chinesen könnten mit Leichtigkeit weitere Streitkräfte ins Land werfen, um uns dann völlig zu vernichten. Er riet mir, nach Tibet zurückzukehren und mich in Frieden um den Versuch zu bemühen, das Siebzehn-Punkte-Abkommen durchzuführen.

Ich erwiderte, daß ich bereits alles mir mögliche dafür getan hätte. Trotz aller meiner Anstrengungen weigerten sich jedoch die Chinesen, ihre Verpflichtungen aus diesem Abkommen zu erfüllen, und ich könnte bei ihnen kein Anzeichen für eine Sinnesänderung sehen. Darauf versprach er mir, er werde mit Chou En-lai sprechen, den er für den folgenden Tag erwartete. Damit war unser Gespräch zu Ende.

Auch mit Chou En-lai hatte ich eine Unterredung. Ich begrüßte ihn auf dem Flugplatz, und am gleichen Abend führte ich ein langes Gespräch mit ihm. Ich schilderte ihm, wie sich in unseren Ostprovinzen die Lage ständig verschlechtert hatte dadurch, daß die Chinesen ohne Rücksicht auf die örtlichen Gegebenheiten oder auf die Wünsche und das Interesse des Volkes ihre Neuerungen erzwangen. Chou En-lai schien wohlwollend. Er räumte ein, daß die örtlichen chinesischen Dienststellen sicherlich Fehler gemacht hätten. Meine Darlegungen würde er an Mao Tse-tung weiterleiten. Ich konnte ihn jedoch nicht dazu bringen, mir ein festes Versprechen auf Abhilfe zu geben.

Einige Tage später lud Chou En-lai meine älteren Brüder Thubten Jigme Norbu und Gyelo Thondup zu einem Essen in der chinesischen Botschaft ein. Das Gespräch, das sie mit ihm führten, ging mehr in die Einzelheiten und gab vielleicht Anlaß zu Hoffnung. Meine Brüder hatten keinerlei offizielle Stellung in unserer Regierung, und so konnten sie es sich leisten, ehrlich ihre Meinung zu sagen, ohne befürchten zu müssen, daß ihre Worte zu direkten Auswirkungen in Tibet führen würden. Nach dem, was sie mir über diese Unterredung berichtet haben, müssen sie ihre Kritik ganz offen vorgebracht haben: Tibet habe jahrhundertelang China als wichtigen und befreundeten Nachbarn respektiert; jetzt aber behandelten die Chinesen in Tibet die Tibeter so, als seien diese ihre Todfeinde. Die schlechtesten Vertreter des tibetischen Volkes, die Schädlinge der tibetischen Gesellschaft würden von den Chinesen mit voller Absicht als Werkzeuge benutzt, um Uneinigkeit zu säen, und sie übergingen die vielen vaterlandsliebenden Tibeter, die in der Lage gewesen wären, die Beziehungen zwischen Chinesen und Tibetern zu verbessern. Sie unterstützten den Panchen Lama in weltlichen Dingen, um die alte Kluft zwischen seinem und meinem Vorgänger wieder aufzureißen und so die Autorität unserer Regierung zu untergraben. Völlig unnötig hätten sie eine so große Armee in Tibet, besonders in Lhasa, stationiert, daß unsere Wirtschaft zusammengebrochen sei. Die Preise hätten eine solche Höhe erreicht, daß die Tibeter vor dem Verhungern ständen. Nicht die herrschenden Klassen in Tibet seien am meisten erbittert wegen der chinesischen Besatzung, sondern das Volk. Es verlange Abzug der Truppen und ein neues Abkommen zwischen gleichberechtigten Partnern. Aber die Chinesen in Lhasa seien nicht gewillt, auf die Stimme des Volkes zu hören.

Chou En-lai schien an diesen offenen Worten keine Freude zu haben, aber er blieb so höflich und verbindlich wie immer. Er

117

versicherte meinen Brüdern, daß die chinesische Regierung nicht daran denke, mit Hilfe unerwünschter Elemente oder des Panchen Lama meine Autorität zu untergraben oder Zwietracht zu säen. Die Chinesen wollten sich auch nicht in die Angelegenheiten Tibets einmischen oder eine wirtschaftliche Last sein. Er gab zu, daß es vielleicht durch mangelndes Verständnis chinesischer Stellen zu einigen Schwierigkeiten gekommen sei, und versprach, die Lebensmittelvorräte in Lhasa zu vergrößern. Auch mit einem allmählichen Abzug der chinesischen Truppen werde man beginnen, sobald Tibet in der Lage sei, seine Angelegenheiten wieder in eigene Hände zu nehmen. Die Beschwerden werde er an Mao Tse-tung weiterleiten, und er wolle auch dafür sorgen, daß alle Ursachen zu Klagen beseitigt würden. Diese Zusagen seien nicht leere Worte; meine Brüder könnten, wenn sie wollten, in Indien bleiben, um zu sehen, ob seine Versprechungen erfüllt würden; sollte dies nicht der Fall sein, hätten sie jede Freiheit, die chinesische Regierung zu kritisieren.

Am Ende des Gesprächs jedoch sagte er zu meinen Brüdern, auch er habe eine Bitte: Es sei ihm zu Ohren gekommen, daß ich daran dächte, in Indien zu bleiben, und so würde er es gern sehen, wenn sie mich zur Rückkehr nach Tibet bewegen könnten. Es werde mir und meinem Volk nur Schaden bringen, schloß er, wenn ich nicht zurückkehrte.

Nach diesen Unterredungen mit Chou En-lai machte ich eine Rundreise durch Indien. Man zeigte mir mehrere im Bau befindliche Großprojekte, darunter das mächtige Wasserkraftwerk in Nangal. Hier sah ich mit eigenen Augen zum erstenmal den ganzen Unterschied zwischen Kommunismus und freier Demokratie – den ganzen Unterschied, in Geist und Atmosphäre, zwischen Zwangsarbeit und freiwilliger Arbeit. Aber mein wichtigstes Vorhaben war natürlich meine Wallfahrt zu den historischen religiösen Stätten. So pilgerte ich nach Sanchi, Ajanta, Benares und Bodh Gaya und bewunderte die Meisterwerke indischer religiöser Kunst, großartige Beweise schöpferischen Genies und glühender Glaubenskraft. Und ich dachte darüber nach, wie Sektierertum und Verhetzung dieses Erbe der Vergangenheit hatten verfallen lassen, wie nun aber dank der Zusicherung religiöser Freiheit in der indischen Verfassung der Haß sich zu Ruhe und Frieden gewandelt habe.

In Benares und Bodh Gaya erwarteten mich Tausende tibetischer Pilger. An beiden Orten sprach ich über die Lehren Buddhas und ermahnte sie, stets seinem Weg des Friedens zu folgen.

Mein Besuch in Bodh Gaya wurde für mich zu einer Quelle tiefer Inspiration. Jeder fromme Buddhist wird Bodh Gaya stets mit all dem Edelsten und Höchsten seines religiösen und kulturellen Erbes verbinden. Von frühester Kindheit an hatte ich an diesen Besuch gedacht und von ihm geträumt; nun stand ich an diesem geheiligten Ort, wo der hehre Geist in das Mahaparinirvana eingegangen ist, in das höchste Nirvana – er, der für die ganze Menschheit den Weg des Heils gefunden hat. Glaubensinbrunst erfüllte mein Herz, und mit aller Macht packte mich das Wissen von göttlicher Kraft, die in einem jeden von uns wohnt.

Aber noch auf meiner Pilgerfahrt – ich war eben nach Sarnath aufgebrochen – brachte mir ein Bote aus der chinesischen Botschaft in Delhi ein Telegramm von General Chang Chin-wu, dem chinesischen Bevollmächtigten in Lhasa: Die Lage in Tibet sei ernst, Spione und Kollaborateure planten einen gewaltigen Aufstand; ich müsse so bald wie möglich zurückkehren. Und in Bodh Gaya übergab mir ein Angehöriger meiner chinesischen Begleitung eine Mitteilung, Chou En-lai komme nochmals nach Delhi zurück und wolle mich unbedingt sprechen. So mußte ich mich schon nach ein paar Tagen wieder in die Welt der Politik, der Feindseligkeit und des Mißtrauens zurückbegeben.

In Delhi sagte Chou En-lai mir, die Lage in Tibet habe sich verschlechtert. Ich solle deshalb zurückkehren. Er ließ mich nicht im Zweifel darüber, daß er im Falle eines Volksaufstands bereit sei, ihn mit Gewalt niederzuwerfen. Ich erinnere mich noch an seine Worte: Die in Indien lebenden Tibeter seien entschlossen, Unruhe zu stiften. Ich müsse mich entscheiden, welchen Weg ich selbst einzuschlagen beabsichtigte. Ich erwiderte, daß ich noch nicht sagen könne, was ich tun werde, und wiederholte all das, was wir an Klagen über die chinesische Besatzung vorzubringen hatten. Doch würden wir gerne alles Unrecht vergessen, das man uns bisher zugefügt habe. Mit der unmenschlichen Behandlung und mit der Unterdrückung aber müsse nun ein Ende gemacht werden. Er antwortete, Mao Tse-tung habe eindeutig erklärt, »Reformen« würden in Tibet nur in Übereinstimmung mit dem Willen des Volkes durchgeführt, und aus seinen Worten klang es, als könne er immer noch nicht verstehen, warum die Tibeter den Chinesen nicht herzlich zugetan seien.

Chou En-lai fuhr fort, er habe gehört, ich sei nach Kalimpong eingeladen worden. (Dort, im Norden Indiens, nahe der tibetischen Grenze, lebte eine Gemeinde von Tibetern, darunter einige, die durch die Chinesen bereits ins Exil getrieben worden waren.) Er rate mir ab, der Einladung Folge zu leisten, weil möglicherweise die Leute dort Schwierigkeiten machen könnten. Ich entgegnete ihm lediglich, daß ich mir das überlegen wolle. Dann beendete er das Gespräch mit der Warnung, manche hohe indische Beamte seien sehr gut, andere hingegen sehr eigenartig, so daß ich auf der Hut sein müsse. So hatte die Unterredung keinerlei Ergebnis, und als ich ihn verließ, fühlte ich mich tief enttäuscht.

Am Morgen darauf besuchte mich ein weiteres hohes Mitglied der chinesischen Regierung, Marschall Ho Lung, um Chou En-lais Aufforderung zu wiederholen, sofort nach Lhasa zurückzukehren. Ich erinnere mich, daß er ein chinesisches Sprichwort zitierte: »Der Schneelöwe sieht würdig aus, wenn er in seiner Bergheimat bleibt, wenn er aber ins Tal hinabsteigt, wird er wie ein Hund behandelt.« Ich hatte keine Lust, noch lange hin und her zu reden. Denn inzwischen hatte ich mir Nehrus Ratschlag überlegt und auch über die Zusagen nachgedacht, die Chou En-lai mir und meinen Brüdern gemacht hatte. So sagte ich dem Marschall, ich hätte mich zur Rückkehr entschlossen im Vertrauen darauf, daß die mir und meinen Brüdern gegebenen Versprechungen erfüllt würden.

Ehe ich Delhi verließ, hatte ich noch eine letzte Unterredung mit Nehru. Ich halte es für das beste, seinen eigenen Bericht über die Besprechungen mit Chou En-lai und mir wiederzugeben, den er im Jahre 1959 vor dem Unterhaus des indischen Parlaments erstattet hat:

»Als Ministerpräsident Chou En-lai vor einigen Jahren hierher kam, hatte er die Liebenswürdigkeit, mit mir eine beträchtlich lange Unterredung über Tibet zu führen. Wir sprachen offen und ausführlich. Er sagte mir, daß Tibet zwar schon lange ein Teil des chinesischen Staates gewesen sei, sie aber Tibet dennoch nicht als chinesische Provinz betrachteten. Die Menschen seien verschieden von denen des eigentlichen China, wie auch in anderen autonomen Gebieten des chinesischen Staates die Menschen anders seien, selbst wenn sie einen Teil dieses Staates bildeten. Deshalb betrachteten sie Tibet als ein autonomes Gebiet, das sich auch der Autonomie erfreuen werde. Er sagte ferner zu mir, es sei absurd, zu glauben, China werde Tibet den Kommunismus aufzwingen. Der Kommunismus könne nicht auf diese Weise einem sehr rückständigen Land aufgezwungen werden, und sie hätten auch nicht den Wunsch, dies zu tun, selbst wenn' sie es gern sähen, daß fortschreitend Reformen durchgeführt würden. Selbst diese Reformen beabsichtigten sie für eine beträchtliche Zeit hinauszuschieben.« Und über seine Besprechung mit mir sagte Nehru: »Um jene Zeit war auch der Dalai Lama hier, und ich unterhielt mich in langen Gesprächen mit ihm. Ich berichtete ihm von der freundlichen Haltung des Ministerpräsidenten Chou En-lai und von seiner Versicherung, daß er die Autonomie Tibets achten würde. Ich legte ihm nahe, diese Versicherung voll Vertrauen anzunehmen und daran mitzuwirken, die Autonomie zu erhalten und gewisse Reformen in Tibet durchzuführen. Der Dalai Lama stimmte zu, daß sein Land – obgleich nach seiner Meinung geistig fortgeschritten – gesellschaftlich und wirtschaftlich sehr rückständig sei und daß Reformen notwendig seien.«

Ich erinnere mich, Nehru bei unserem letzten Treffen gesagt zu haben, ich sei aus zwei Gründen gewillt, nach Tibet zurückzukehren: weil er mir zu dieser Entscheidung geraten habe und weil Chou En-lai mir und meinen Brüdern feste Zusagen geben konnte.

Nehrus Persönlichkeit hat mich sehr tief beeindruckt. Ihm war zwar der Mantel Mahatma Gandhis zugefallen, doch konnte ich in ihm keinen Schimmer von religiöser Inbrunst entdecken. Doch ich sah in ihm den glänzenden Staatsmann, einen Meister der internationalen Politik. Und er ließ mich erkennen, daß er sein Land tief liebte und völlig an sein Volk glaubte. Um seiner Wohlfahrt und seines Fortschritts willen verfolgte er fest den Weg des Friedens.

In jenem Gespräch mit Nehru unterhielten wir uns auch über meinen Wunsch, Kalimpong zu besuchen. Nehru wußte, daß Chou En-lai mir abgeraten hatte, und er schien ebenfalls der Ansicht zu sein, daß die Menschen dort oben Unruhe stiften und versuchen könnten, mich zu überreden, nicht nach Tibet zurückzukehren. Indien sei ein freies Land, sagte Nehru, und niemand könne die Menschen von Kalimpong daran hindern, ihre eigene Meinung zu äußern. Aber er fügte hinzu, wenn ich wirklich wünsche, nach Kalimpong zu gehen, werde seine Regierung alle Vorkehrungen treffen und auf mich aufpassen.

Ich beschloß, nach Kalimpong zu reisen, obwohl mir Chou En-lai abgeraten hatte. Es ging hier nicht nur um politische Dinge. Ich hatte eine geistliche Pflicht, meine Landsleute zu besuchen, und in meiner Eigenschaft als geistliches Oberhaupt dieser Menschen konnte mir Chou En-lai wahrlich keine Ratschläge erteilen.

In Kalimpong war ich nicht nur mit den Tibetern zusammen, die dort lebten, sondern fand auch eine Abordnung vor, die mir meine Regierung in Lhasa zum Geleit in die Heimat entgegengesandt hatte. Sie alle legten mir nahe, in Indien zu bleiben, weil die Lage in Tibet so verzweifelt und so gefährlich geworden war. Ich jedoch hatte den Entschluß gefaßt, man müsse noch einmal den Chinesen eine Chance geben, die Versprechungen ihrer Regierung zu erfüllen, und nochmals versuchen, die Freiheit mit friedlichen Mitteln zu gewinnen.

Ich war der Politik müde. Politische Gespräche hatten den größten Teil meiner Zeit in Delhi in Anspruch genommen und meine Pilgerfahrt verkürzt. Wie gern hätte ich mich völlig von der Politik, die ich zu verabscheuen begann, zurückgezogen. Aber da war meine Pflicht, die ich meinem Volk gegenüber zu erfüllen hatte. So war ich glücklich, daß ich wenigstens in Gangtok und Kalimpong Zeit gehabt hatte zur Meditation und für Predigten an das Volk, das gekommen war, um mich zu hören.

Es schneite stark in den Bergen. Ich mußte fast einen Monat warten, ehe der Weg nach Tibet über den Nathu-la-Paß wieder passierbar war.

Aufstand

Endlich besserte sich das Wetter, und der Weg war frei. Auf der Höhe des Nathu-la verabschiedete ich mich von den letzten meiner Freunde aus Indien und Sikkim. Als ich den Scheitel des Passes nach Tibet überschritt, sah ich, daß neben den kleinen Gebetsfahnen, wie sie die Tibeter gern an hochgelegenen Stellen wehen lassen, riesige rote Flaggen der Volksrepublik China gehißt und Bilder von Mao Tse-tung aufgestellt waren. Zweifelsohne war dies als Willkommensgruß gedacht, aber es war ein schwermütig stimmendes Willkommen in meinem eigenen Land.

Ein chinesischer General erwartete mich zu meinem Empfang. Glücklicherweise war es General Chin Rhawo-rhen, ein Stellvertretender Divisionskommandeur, einer der chinesischen Offiziere, die ich wirklich gern mochte. Er war ein offener und aufrichtiger Charakter, keineswegs der einzige seiner Art; denn ich habe auch andere kennengelernt, die ebenso ehrenhaft und sympathisch waren. Ich bin mir vollkommen sicher, daß viele von ihnen uns gerne geholfen hätten. Aber sie alle unterstanden der strikten kommunistischen Disziplin, und so konnten sie nur wenig unternehmen. Einer von ihnen war uns so zugetan, daß er sich 1958 unseren Guerillas anschloß und neun Monate lang an ihrer Seite kämpfte. Er ist jetzt als Flüchtling in Indien.

Ich hatte mich entschlossen, in den Städten, durch die wir auf dem Weg nach Lhasa kamen – in Yatung, Gyantse und Shigatse –, bei Reden an das Volk offen zu sprechen. Denn nach dem, was man meinen Brüdern und mir in Delhi zugesagt hatte, wollte ich nun sehen, wie die Chinesen in Tibet reagieren würden, wenn man ein wenig seine Meinung sagte. So betonte ich in meinen Ansprachen in diesen drei Städten und dann auch in Lhasa, was ich seit meiner Rückkehr 1955 aus China meinem Volk, aber auch den chinesischen und tibetischen Beamten immer wieder erklärt hatte: daß die Chinesen nicht unsere Herren und wir nicht ihre Untertanen seien. Man habe uns eine autonome Regierung versprochen, und jeder solle nach besten Kräften dazu beitragen, sie arbeitsfähig werden zu lassen. Stets müsse es unsere Pflicht sein, Unrecht wiedergutzumachen, ganz gleich, ob es von Chinesen oder Tibetern begangen wurde. Die führenden Männer Chinas hätten mir versichert, so sagte ich, daß die Chinesen nur deshalb in Tibet sind, um den Tibetern zu helfen, und darum sei jeder Chinese, der nicht helfe, seiner eigenen Zentralregierung gegenüber ungehorsam.

Ich setzte diese Politik auch in die Praxis um, indem ich darauf achtete, daß jede Maßnahme unserer Regierung genau dem Siebzehn-Punkte-Abkommen entsprach; außerdem arbeitete ich auf alle nur mögliche Weise auf die Autonomie hin. Anfangs ließen die Chinesen keine Reaktion erkennen. Aber allmählich begann ich zu verstehen, daß sie einfach annahmen, ich handle unter fremdem Einfluß.

Sehr bald erfuhr ich, daß während meines Aufenthalts in Indien der Zorn des Volkes gegen die Chinesen ständig gestiegen war, in Lhasa ebenso wie in den entlegeneren Bezirken. Der Hauptgrund dafür war meines Erachtens, daß Khampas und andere Flüchtlinge aus den östlichen Provinzen nach dem Westen gekommen waren; es waren bereits Tausende, die rings um Lhasa kampierten, weil sie sich hier im Schutz der Regierung befanden. So hatte jedermann von den abscheulichen Methoden erfahren, mit denen die Chinesen im Osten versuchten, dem Volk ihre Doktrin aufzuzwingen. Und jeder fürchtete, das gleiche würde nun bald auch im übrigen Tibet geschehen.

Aber während die Erbitterung und damit die Gefahr eines

Aufstandes unaufhaltsam wuchs, wandelte sich die Haltung der chinesischen Behörden auf höchst merkwürdige und erregende Weise: Kurz vor meiner Rückkunft waren sie eine Zeitlang zu meinen Ministern so freundlich gewesen, wie nur Chinesen es sein können. Damals erklärten sie dem Kabinett anläßlich einer von ihnen einberufenen Zusammenkunft, ihre Regierung habe Verständnis, wenn das Volk wegen der Reformvorschläge besorgt sei. Sie wünschten nicht im mindesten, die Wünsche des Volkes unberücksichtigt zu lassen, und deshalb sollten die Reformen um sechs Jahre verschoben werden. Ich weiß nicht, ob dieser Wandel eine Folge meines Protestes bei Chou En-lai in Delhi war; aber wie dem auch sei, er kam zu spät, als daß er die feindselige Stimmung des Volkes noch wesentlich hätte beeinflussen können.

In der gleichen Zeit ausgesucht freundlichen Verhaltens verkündeten die Chinesen jedoch bei einer öffentlichen Versammlung – ohne das Kabinett vorher informiert zu haben –, daß im Osten ein Aufstand gegen sie ausgebrochen sei, den sie mit allen Mitteln niederwerfen würden. Dies bedeutete für die Minister einen schweren Schlag. Sie hatten natürlich gewußt, daß die Khampas kämpften, nicht aber, wie gefährlich der Aufstand war – so gefährlich, daß die Chinesen selbst es öffentlich zugaben.

Und dann hatte plötzlich, ohne daß wir einen direkten Grund hätten erkennen können, die Zeit der Freundlichkeiten ein Ende, und wir befanden uns wieder in der alten Atmosphäre von Drohungen, Forderungen und kaum verhüllter Beleidigung.

Nach meinem Besuch in Indien hatte ich Nehru nach Tibet eingeladen. Ich tat dies nicht nur, um meine Dankesschuld für die mir in Indien gewährte Gastfreundschaft abzutragen, sondern selbstverständlich auch, weil ich wollte, daß er sich selbst von den Geschehnissen in Tibet ein Bild machen könne. Nehru nahm die Einladung an, und die Chinesen erhoben zuerst keinen Einwand. Aber ich hätte ja wissen müssen, was geschehen würde. Ich hätte wissen müssen, daß sie es nicht wagen konnten, einen Staatsmann aus der Welt dort draußen sehen zu lassen, was sie taten. Kurz ehe der Besuch stattfinden sollte, erklärten sie, sie seien nicht in der Lage, für Nehrus Sicherheit zu garantieren – sie deuteten an, ihm könnte von tibetischer Seite etwas zustoßen. (Dabei hätten die Tibeter ihn sicherlich als ihren Retter begrüßt.) Deshalb müsse meine Einladung leider zurückgezogen werden. So sollte ich wieder von allem Mitgefühl und von jedem Rat abgeschnitten werden.

Allmählich erhielten wir aus den Berichten der Flüchtlinge einen klaren Überblick über das, was im Osten und Nordosten vor sich gegangen war, wenn auch die wahre Geschichte dieser Ereignisse noch heute nicht bekannt ist und vielleicht niemals bekannt werden wird. Dort, in dem Distrikt, der seit dem Beginn der chinesischen Invasion völlig unter chinesischer Herrschaft stand, war die Zahl der Khampas, die als Guerillas in die Berge gingen, von Hunderten auf Zehntausende angewachsen. Es hatte bereits einige heftige Gefechte mit chinesischen Truppen gegeben. Die Chinesen setzten Artillerie und Bombenflugzeuge ein, nicht nur gegen die Schlupfwinkel der Guerillas, soweit sie diese ausfindig machen konnten, sondern auch gegen die Dörfer und Klöster, deren Bewohner sie zu Recht oder Unrecht verdächtigten, ihnen beigestanden zu haben. So waren Dörfer und Klöster völlig zerstört worden. Lamas und führende Persönlichkeiten aus dem Laienstand wurden gedemütigt, eingesperrt, gefoltert und sogar getötet. Land wurde beschlagnahmt. Heilige Bilder, heilige Schriften und andere Dinge, die uns heilig sind, hat man lächerlich gemacht, vernichtet oder einfach gestohlen. Gotteslästerungen wurden auf Plakaten und in Zeitungen verbreitet und sogar in den Schulen gelehrt: Religion sei nur ein Mittel, das Volk auszubeuten, und Buddha sei ein »Reaktionär«. Einige Exemplare solcher Zeitungen aus dem chinesischen Herrschaftsbereich gelangten nach Lhasa und zirkulierten dort unter Tibetern und chinesischen Funktionären; die Chinesen, die die heftige tibetische Reaktion sahen und sich klar wurden, daß sie zu weit gegangen waren, boten fünf Dollar für jedes Exemplar, um sie auf diese Weise verschwinden zu lassen, bevor auch der letzte Mann von ihnen erfuhr.

Wenn die Chinesen jemals gewünscht hatten, die Tibeter als willige Bürger ihres »Mutterlands« zu gewinnen, dann hatten sie diesen Versuch nun offensichtlich aufgegeben, zumindest in den östlichen Provinzen. Ein Tibeter läßt sich weder durch Einschüchterung noch durch Terror beugen, und der Angriff auf unsere Religion, unseren kostbarsten Besitz, war eine Politik des Wahnsinns. Solche Maßnahmen konnten nur eine Wirkung haben: daß der Aufstand immer weiter um sich griff, der Widerstand sich verstärkte. Kurze Zeit nach meiner Rückkehr griffen die Menschen im ganzen Osten, Nordosten und Südosten von Tibet zu den Waffen. Nur in den westlichen und mittleren Teilen des Landes blieb es noch verhältnismäßig ruhig.

Selbstverständlich protestierte ich wiederholt sehr energisch bei dem chinesischen General in Lhasa gegen diese empörende Taktik. Immer wenn ich dies tat, wenn ich beispielsweise mit allem Nachdruck gegen die Bombardierung von Dörfern und Klöstern Einspruch erhob, pflegte er mir zu versprechen, sofort für Abstellung zu sorgen. Aber alles ging genauso weiter.

In Lhasa wuchs die Zahl der Khampas sowie der Menschen aus Amdo und anderen Gebieten des Ostens auf mindestens zehntausend. Einige hatten schon dauernd hier gewohnt; die meisten jedoch waren Flüchtlinge. Da sie aus dem Osten waren, wo der Aufstand losgebrochen war, fürchteten sie, die Chinesen könnten sich an ihnen rächen. Deshalb übersandten sie dem Kabinett eine Bittschrift, in der sie um Schutz ersuchten. Die chinesischen Kommandanten teilten dem Kabinett mit, sie könnten ihm zusichern, daß keine Strafmaßnahmen gegen die Leute aus dem Osten allgemein getroffen würden. Das Kabinett ließ daraufhin die einzelnen Khampa-Führer kommen und bemühte sich nach Kräften, ihre Befürchtungen zu zerstreuen. Aber es gelang dies nur für kurze Zeit. Die Flüchtlinge wandten sich erneut an das Kabinett mit der Bitte um eine formelle schriftliche Zusicherung der Chinesen, daß die Khampas und die Flüchtlinge aus Amdo nicht bestraft würden. Die Chinesen weigerten sich jedoch, und zwar mit einer seltsamen Begründung: Wenn eine solche Zusicherung öffentlich bekannt würde, bestehe die Möglichkeit, daß man auch in Indien Kenntnis von ihr erhalte, und dadurch könne China sein Gesicht verlieren.

Unter diesen Umständen konnte das Kabinett lediglich die mündliche Zusage wiederholen, die die Chinesen gegeben hatten, und sie auf eigene Verantwortung schriftlich niederlegen. Aber schon bald sollte es sich zeigen, daß dieses chinesische Versprechen ebenso nichtig war wie so vieles andere, was sie zugesichert hatten. Denn in den nächsten Wochen begannen chinesische Offiziere, in den Zelten der Khampas eine Volkszählung zu veranstalten; bei dieser Gelegenheit schrieben sie auch alle möglichen Einzelheiten aus der persönlichen Vergangenheit eines jeden nieder, den sie dort antrafen. So etwas hatten sie noch nie zuvor getan; es war also nicht zu verwundern, daß die Khampas befürchteten, dies sei nur ein Vorspiel für eine Massenverhaftung, und sich in Lhasa nicht mehr sicher fühlten. So begann ein großer Exodus: Flüchtlingsgruppe nach Flüchtlingsgruppe brach des Nachts in die Berge auf, um zu den Guerillas zu stoßen. Manche nahmen auch ihre Familien mit sich, so daß kaum noch jemand aus dem Osten in Lhasa blieb.

Wie nicht anders zu erwarten, waren die Chinesen wütend; Beschwerde über Beschwerde lief beim Kabinett ein. Ich selbst war über diese Wendung der Ereignisse sehr unglücklich. Das Dilemma, in dem ich mich befand, wurde dadurch nur noch schlimmer. Denn etwas in mir bewunderte die Guerillas sehr. Sie waren tapfere Männer und Frauen, die ihr und ihrer Kinder Leben aufs Spiel setzten bei dem Versuch, unseren Glauben und unser Land auf die einzige noch mögliche Weise zu retten, die sie sich vorzustellen vermochten. Wenn man von den chinesischen Greueln im Osten hörte, war es nur eine allzu menschliche Reaktion, Rache nehmen zu wollen. Und überdies wußte ich, daß sie guten Glaubens waren, aus Treue zu mir als dem Dalai Lama kämpfen zu müssen: Der Dalai Lama war der Inbegriff all dessen, was sie verteidigen wollten.

Und doch drängte sich mir mein altes Argument auf. Ich dachte noch oft an meinen Besuch in Rajghat und fragte mich stets von neuem, welchen Rat mir wohl Mahatma Gandhi angesichts dieser veränderten Umstände gegeben hätte. Würde er mir noch zur Gewaltlosigkeit raten? Ich konnte nur eines glauben: daß er auch jetzt noch so raten würde. So groß auch die Gewalt war, die man uns antat – niemals konnte es rechtens sein, mit Gewalt zu antworten. Und ich sah ja nun die Abscheulichkeiten im Osten als ein fürchterliches Beispiel dessen, was die Chinesen so leicht in ganz Tibet anrichten könnten, wenn wir gegen sie kämpften. Ich mußte, dessen war ich mir sicher, abermals versuchen, mein Volk davon abzuhalten, zu den Waffen zu greifen. Nur so war es möglich, nicht die gleichen Repressalien wie im Osten, wenn nicht gar schlimmere, für das übrige Land heraufzubeschwören. So bat ich das Kabinett, die Khampa-Führer wissen zu lassen, daß dies mein Wunsch sei. Das Kabinett ernannte eine Abordnung aus zwei Laienbeamten und drei Mönchen, die die Anführer der Guerillas aufsuchen und ihnen meine Botschaft überbringen sollten, außerdem aber auch eine Zusage der Chinesen, es werde nichts gegen die Guerillas unternommen, wenn sie die Kampfhandlungen einstellten. Allerdings ließen die Chinesen in dieser Zusage durchblicken, daß sie im Falle einer Ablehnung schärfstens vorzugehen gedächten. Die Chinesen hatten als Gegenleistung für ihre Zusicherung anfangs verlangt, daß die Khampas ihre Waffen abliefern sollten. Das Kabinett vermochte sie jedoch von diesem Ansinnen abzubringen, denn es war klar, daß kein Khampa eine solche Bedingung je annehmen würde.

Während dieser Zeit führte ich mehrere Gespräche mit den drei höchsten Generälen, Chang Chin-wu, Tang Ko-hwa und Tang Kuan-sen. Was sie mir zu sagen hatten, schien kaum irgendwelche Beziehungen zu dem zu haben, was vor sich ging. Bei jeder Besprechung wiederholten sie die Versicherungen, die Chou En-lai mir in Indien gegeben hatte: In Tibet würden für mindestens sechs Jahre keine drastischen Änderungen unternommen werden, und auch später werde man uns nichts gegen den Willen des Volkes aufzwingen. Und doch übten sie diesen Zwang bereits aus, gegen den sehr betonten Willen des Volkes, und zwar in den östlichen Distrikten. Vielleicht waren sie sogar in der Lage, sich selbst etwas vorzumachen – daß nämlich jene Gebiete ein Teil Chinas seien und überhaupt nicht zu Tibet gehörten. Für mich aber bedeuteten ihre wiederholten Versprechungen einen letzten Strohhalm der Hoffnung, an dèn ich mich klammern konnte. Vielleicht wollten die Chinesen gerade dies erreichen.

Dann änderten sie plötzlich ihre Taktik. Bis jetzt waren sie und ihre Truppen es gewesen, die im Osten gegen die Guerillas vorgegangen waren und in anderen Gebieten Repressalien angedroht hatten. Nun jedoch bestanden sie darauf, unsere Regierung solle gegen die Guerillas einschreiten: Unsere eigene tibetische Armee müsse zur Unterdrückung des Aufstands eingesetzt werden; sie würden uns Verstärkungen und Nachschub liefern. Diese Zumutung lehnte das Kabinett rundweg ab. Die tibetische Armee sei viel zu schwach, sei auch nicht genügend ausgebildet und bewaffnet; außerdem brauche das Kabinett sie, um in Lhasa die Ordnung aufrechtzuerhalten. Vor allem aber könne das Kabinett keine Garantie leisten, daß die tibetische Armee nicht einfach zu den Guerillas überlaufen würde. Ich selbst zweifelte nicht im geringsten daran. Es war einfach unvorstellbar, tibetische Truppen in den Kampf gegen Tibeter schicken zu wollen – gegen Landsleute, die doch nichts Schlimmeres taten als ihre Heimat Tibet zu verteidigen. So sah sich das Kabinett dazu gezwungen, sich einer chinesischen Anordnung von erheblichem Gewicht standhaft zu widersetzen.

Die Chinesen hatten eine höchst merkwürdige Art, unwichtige Forderungen mit solchen von größter Bedeutung zu verbinden. Mitten in dieser verzweifelten Situation bestanden sie plötzlich darauf, es sei zur Bezeichnung aufständischer Khampas stets nur der Ausdruck »Reaktionäre« zu verwenden. Das Wort »Reaktionär« hat für jeden Kommunisten eine ganz spezifische emotionale Bedeutung, während wir uns natürlich nichts darunter vorstellen konnten. So begann jedermann in und außerhalb der Regierung, es als ein anderes Wort für Guerillas zu verwenden. Für einen Kommunisten bedeutete es sicherlich den Gipfel der Bösartigkeit, wir jedoch gebrauchten es im allgemeinen als Ausdruck unserer Bewunderung. Es kam uns nicht darauf an, wie man die Khampas nannte, und diesen nicht, welchen Namen ihnen ihre Landsleute gaben. Später aber, als ich in aller Harmlosigkeit dieses Wort in Briefen benutzte, führte dies unter unseren Freunden im Ausland doch zu erheblicher Verwirrung.

Auch in viel ernsteren Dingen zeigten die Chinesen den gleichen Mangel an Logik und Sachlichkeit. Der Aufstand war dort ausgebrochen, wo sie selbst sieben Jahre lang die Herrschaft in Händen gehabt hatten; jetzt aber beschuldigten sie wütend unsere Regierung. Tag für Tag kamen von ihnen endlose Beschwerden und Klagen: das Kabinett mache keinerlei Anstalten, den Aufstand der »Reaktionäre« niederzuwerfen; es lasse tibetische Arsenale unbewacht, so daß die »Reaktionäre« Waffen und Munition stehlen könnten. Hunderte von Chinesen hätten dadurch ihr Leben eingebüßt, und man werde blutige Vergeltung üben. Wie alle Invasoren waren die Chinesen für die einzige Ursache des Aufstandes völlig blind: daß unser Volk sie nicht in unserem Land haben wollte und daß es bereit war, alles hinzugeben, auch das Leben, um sie wieder loszuwerden.

Aber nicht nur unsere Regierung beschuldigten die Chinesen, sondern sie kamen auch immer wieder mit ihrem Hirngespinst von den »Imperialisten«. Sie mußten doch längst erkannt haben, daß es in Tibet keine »imperialistischen Kräfte« gab und niemals gegeben hatte; nun aber behaupteten sie, gewisse Tibeter in Indien hätten sich mit den »Imperialisten« verbündet, und sie seien es, die in Tibet Unruhe stifteten. Sie nannten neun Namen – darunter die meines früheren Premierministers Lokhangwa und meiner Brüder Thubten Jigme Norbu und Gyelo Thondup – und verlangten, wir sollten sie ihrer tibetischen Staatsangehörigkeit für verlustig erklären. Es schien mir und dem Kabinett nicht der Sache wert zu sein, uns diesem Befehl zu widersetzen. Die Beschuldigung war glatter Unsinn, und diese neun konnten es sich zur Ehre anrechnen, derart herausgestellt zu werden. Soweit ich weiß, hat die »Strafe« ihnen niemals die geringsten Unannehmlichkeiten bereitet.

Aber in Lhasa stand es nun auf Biegen und Brechen. Zwischen den Chinesen und dem Kabinett war es zum offenen Konflikt gekommen. Die Chinesen bewaffneten jetzt auch ihre Zivilisten und verstärkten ihre Barrikaden in der Stadt. Sie erklärten, daß sie im ganzen Land nur ihre eigenen Staatsangehörigen und ihre Nachschublinien schützen würden; alles andere falle unter unsere Verantwortlichkeit. Auf Versammlungen, die sie in Schulen und an anderen Stätten abhielten, erklärten sie dem Volk, das Kabinett habe sich mit den »Reaktionären« verbündet. Seine Mitglieder würden dementsprechend behandelt werden: nicht nur erschossen, sondern langsam und öffentlich hingerichtet, wie sie gelegentlich androhten. General Tang Kuan-sen bediente sich auf einer Frauenversammlung in Lhasa eines Gleichnisses: Wo es verfaultes Fleisch gibt, sammeln sich die Fliegen, aber wenn man das Aas beseitigt, hat man keinen Ärger mehr mit den Fliegen. Die Fliegen, nehme ich an, waren die Guerillas, und das verfaulte Fleisch entweder mein Kabinett oder ich.

Noch schlimmer aber war: Während die Chinesen behaupteten, das Kabinett sei mit den Guerillas verbündet, glaubten die Khampas zweifellos, das Kabinett halte es mehr oder weniger mit den Chinesen. Die Abordnung, die das Kabinett an die Führer der Khampas gesandt hatte, kam niemals zurück. Die fünf schlossen sich selbst den Guerillas an, und das war damals durchaus verständlich. Meine Wünsche, die ich den Khampas durch die Abordnung hatte ausrichten lassen, führten zwar dazu, daß die Kämpfe eine Weile ruhten, aber sie waren zu spät gekommen. Die meisten Guerillas hatten nicht die Absicht, nach Hause zurückzukehren, weil sie den Versicherungen keinen Glauben schenkten, und viele von ihnen hatten ja tatsächlich kein Zuhause mehr.

Ich muß gestehen, daß ich der Verzweiflung nahe war. Und dann führten die Chinesen, ob zufällig, ob mit Absicht, die endgültige Krise herbei.

Krise in Lhasa

Am 1. März 1959 war ich zur Feier des Monlam-Festes im Jokhang, dem Haupttempel von Lhasa. Während dieses Festes legte ich meine Abschlußprüfung als Magister der Metaphysik ab, wie man diesen Rang im Westen nennen würde. Denn selbstverständlich hatte während all der unglückseligen politischen Ereignisse meine religiöse Erziehung ihren Fortgang genommen. Sie interessierte mich auch immer noch am meisten; am liebsten hätte ich überhaupt in Frieden meine religiösen Studien fortgesetzt, wenn dies nur möglich gewesen wäre. Die Prüfung in einem Streitgespräch vor einer großen Zuhörerschaft von Mönchen und Lamas, wie ich es schon beschrieben habe, bedeutete für mich, aber auch für ganz Tibet eine sehr wichtige Angelegenheit, und ich war in diesem Augenblick völlig in religiöse Fragen vertieft.

Inmitten aller Zeremonien und Vorbereitungen für meine Abschlußprüfung teilte man mir mit, daß mich zwei chinesische Offiziere zu sprechen wünschten. Man führte sie herein; es waren zwei Offiziere niederen Ranges. Sie kamen im Auftrag von General Tang Kuan-sen; ich sollte ihm einen Zeitpunkt angeben, zu dem ich an einer Theateraufführung teilnehmen könnte, die er im chinesischen Truppenlager zu veranstalten gedachte. Ich hatte von diesem Plan bereits gehört und meinen Besuch zugesagt; aber in diesem Augenblick konnte ich mich wirklich auf nichts anderes konzentrieren, und so sagte ich den Offizieren, ich würde einen Termin festlegen, sobald nach zehn Tagen die Zeremonien zu Ende seien. Sie wollten sich damit nicht zufriedengeben, sondern drängten weiterhin, ich solle sofort Bescheid geben. Ich wiederholte, ich könne den Zeitpunkt erst festlegen, wenn die Feierlichkeiten beendet seien. Schließlich gaben sie nach: sie würden dem General meine Antwort übermitteln.

Dieser Besuch war merkwürdig. Wenn der General mich nicht persönlich aufsuchte, ließ er mir seine Schreiben auf dem Weg über diejenigen meiner Beamten zugehen, die der jeweilige Fall am meisten betraf. Einladungen zu gesellschaftlichen Anlässen wurden gewöhnlich an Donerchemo Phala gesandt, meinen Oberkämmerer, oder an Chikhyab Phempo, den geistlichen Staatskämmerer, der im Kabinett mein Stellvertreter war.

So weckte das ungewöhnliche Verfahren, rangniedrige Offiziere zu mir persönlich und noch dazu in den Tempel zu schicken, sofort Argwohn bei allen, die davon erfuhren. Ganz abgesehen von dem Groll, den dies begreiflicherweise unter meinen Beamten erregte, fühlte jedermann, daß der General wieder einmal versucht hatte, den Dalai Lama in den Augen seines Volkes herabzusetzen.

Unter der chinesischen Herrschaft hatten wir die schmerzliche Erfahrung machen müssen, daß nicht einmal ich die Möglichkeit hatte, eine gesellschaftliche Einladung abzulehnen, wenn sie mir nicht zusagte. Andernfalls lief ich Gefahr, mir das Mißvergnügen der Chinesen zuzuziehen, was stets nur unangenehme Rückwirkungen hatte. Ihren Ärger ließen sie in solchen Fällen immer an anderen aus und deshalb hielten wir es im Interesse des Landes für klüger, solche weniger schweren Demütigungen schweigend zu ertragen, um nicht die Gefahr einer weiteren Versteifung der chinesischen Politik heraufzubeschwören, die ja doch nur darauf hinauslief, mich und meine Regierung in eine weniger exponierte Stellung zu verweisen.

Man hörte nichts mehr von dieser merkwürdigen Einladung, bis ich am 5. März den Tempel verließ, um mich inmitten einer feierlichen Prozession in den Norbulingka zu begeben. Diese Prozession zum Norbulingka war seit jeher ein großes Ereignis. Früher hatten auch die Chinesen daran teilgenommen, aber in diesem Jahr war kein Chinese weit und breit zu sehen.

Zwei Tage später, am 7. März, erhielt ich vom General eine weitere Mitteilung. Sein Dolmetscher – er hieß Li – bat Chikhyab Phempo telefonisch um Mitteilung eines endgültigen Termins, zu dem ich ins chinesische Lager kommen könne. Der Kämmerer fragte mich, und auf meine Bitte hin sagte er Li, daß mir der 10. März angenehm sei.

Die für meinen Besuch zu treffenden Maßnahmen wurden erst am 9. März besprochen, am Tag vor der Aufführung. Morgens um acht Uhr kamen zwei chinesische Offiziere in das Haus des Kommandanten meiner Leibwache, Kusung Depon. Sie hatten den Auftrag, ihn in das chinesische Hauptquartier zu Brigadekommandeur Fu zu begleiten, der den Titel eines »Militärischen Beraters« führte. Kusung Depon hatte noch nicht gefrühstückt, und so sagte er zu ihnen, er werde um zehn Uhr kommen. Sie gingen, waren aber bereits eine Stunde später wieder da und forderten ihn auf, sofort mitzukommen, da der Brigadier ungeduldig auf ihn warte.

Im Laufe des Vormittags kam Kusung Depon verzweifelt in den Norbulingka zurück. Er sprach mit meinem geistlichen Staatskämmerer und dem Oberkämmerer; beide führten ihn zu mir. Und dann erstattete Kusung Depon Bericht.

Der Brigadier hatte verärgert ausgesehen, als der Kommandant der Leibwache sich bei ihm meldete. »Der Dalai Lama wird morgen hierherkommen«, sagte der Chinese kurz angebunden, »um eine Theateraufführung anzusehen. Es ist einiges zu erledigen. Deshalb habe ich Sie kommen lassen.«

»Steht denn der Termin schon fest?« fragte Kusung Depon. »Wissen Sie das nicht?« fuhr der Brigadier auf. »Der Dalai Lama hat die Einladung des Generals angenommen und wird am 10. kommen. Ich möchte Ihnen folgendes klarmachen: Das sonst übliche Zeremoniell wird nicht stattfinden. Keiner Ihrer Bewaffneten darf mit, wie es der Fall ist, wenn der Dalai Lama sich zum Vorbereitenden Komitee begibt. Kein tibetischer Soldat darf die Steinbrücke überschreiten. Wenn Sie darauf bestehen, können Sie zwei oder drei Mann der Leibwache stellen. Aber auch sie dürfen nicht bewaffnet sein, und dieser Entscheid ist endgültig.«

Diese ungewöhnlichen Befehle bedeuteten für meinen Kommandanten einen schweren Schlag. Die Steinbrücke war die Grenze des großen Truppenlagers, in dem sich auch das chinesische Hauptquartier befand. Daß dieses Lager nur rund drei Kilometer vom Norbulingka entfernt lag, war jedem vaterlandsliebenden Tibeter schon immer ein Dorn im Auge gewesen. Solange die Chinesen es lediglich für ihre Zwecke verwandten, hatten die Leute von Lhasa es jedoch hingenommen; aber daß nun der Dalai Lama sich aus irgendwelchen Gründen in dieses Lager begeben sollte, war kaum vorstellbar. Kusung Depon war sich dessen bewußt, daß die Tibeter dies höchst ungern sehen würden. Und wenn ich noch dazu ohne meine Leibwache dorthin sollte, so war dies noch außergewöhnlicher. Denn nach altem Brauch war der Dalai Lama stets und ständig von seiner Leibwache – fünfundzwanzig Mann unter Waffen – begleitet, und längs des Weges wurden Soldaten postiert. So war sich Kusung Depon darüber klar, daß man der Öffentlichkeit eine Erklärung geben mußte, wenn jetzt diese Sitte plötzlich aufgegeben wurde. Deshalb fragte er den Brigadier nach dem Grund. Es war eine harmlose Frage. Aber sie machte den Brigadier nur noch ärgerlicher:

»Werden Sie die Verantwortung übernehmen, wenn jemand schießt?« rief er. »Wir wollen keine Unruhe. Unsere eigenen Truppen werden keine Waffen tragen, wenn der Dalai Lama hierher kommt. Sie können Ihre Leute auch auf der Straße bis zur Steinbrücke aufstellen, wenn Sie wollen, aber unter keinen Umständen darf auch nur ein einziger weiter. Und außerdem: die ganze Angelegenheit ist streng geheimzuhalten.«

Als Kusung Depon uns von diesen Befehlen berichtete, kam es bei meinen Beamten zu erregten Auseinandersetzungen. Doch niemand sah eine andere Möglichkeit als die, dem Befehl nachzukommen. Dementsprechend wurden die Vorbereitungen für meinen Besuch im chinesischen Militärlager getroffen.

Aber alle hatten wir ein eigenartiges Gefühl, daß irgend etwas mit dieser Einladung nicht stimme. Der Wunsch der Chinesen, der Besuch sei geheimzuhalten, konnte diesen Verdacht nur noch verstärken. Dabei wäre es völlig unmöglich gewesen, auch nur einen Schritt, den ich aus dem Norbulingka tat, geheimzuhalten, es sei denn, daß man über die ganze Stadt ein allgemeines Ausgehverbot verhängt hätte. War es doch schon immer so gewesen: In dem Augenblick, da ich mich zum Verlassen der Sommerresidenz anschickte, lief diese Nachricht wie ein Lauffeuer durch die Stadt, und ganz Lhasa säumte die Straße, um mich zu sehen. Und gerade jetzt waren besonders viele Menschen von außerhalb in der Stadt, die ganz sicher kommen würden. Die meisten Mönche zwar, die am Monlam-Fest teilgenommen hatten, waren bereits wieder fort, aber einige Tausend weilten noch in Lhasa, und zudem hatten wir bereits wieder mehrere Tausend Khampa-Flüchtlinge in der Stadt. Grob geschätzt lebten damals in Lhasa etwa hunderttausend Menschen – vielleicht die höchste Einwohnerzahl, die die Stadt je gehabt hat.

Also beschlossen meine Beamten, zur Aufrechterhaltung der Ordnung am nächsten Tag wie immer tibetische Soldaten aufzustellen, und zwar bis zu der Steinbrücke, die ins chinesische Lager führte. Sie trafen außerdem Vorkehrungen, um die Menge am Passieren der Brücke zu hindern. Am Nachmittag des 9. März erhielten die tibetischen Posten, die Spalier bilden sollten, Anweisung, dem Volk einzuschärfen, daß für den kommenden Tag besondere Bestimmungen erlassen seien und niemand die Brücke überqueren dürfe.

Alle diese Vorsichtsmaßregeln wurden in bester Absicht getroffen. Das Passieren der Brücke war bisher gewöhnlich nicht verboten gewesen. Aber meine Beamten waren überzeugt, daß es tragische Folgen haben konnte, wenn das Volk nichtsahnend über die Brücke ging, um mich vorbeikommen zu sehen, und wenn dann die chinesischen Soldaten vielleicht versuchten, die Menge abzudrängen. Doch das Ergebnis dieser Überlegungen hatte den genau entgegengesetzten Erfolg: Sofort verbreitete sich in der Stadt das Gerücht, die Chinesen hätten den Plan, mich zu entführen. Während des Abends und in der Nacht vom 9. zum 10. März wuchs die Erregung. Und am Morgen des 10. war das Volk von Lhasa in seiner überwiegenden Mehrzahl spontan entschlossen, meinen Besuch im chinesischen Militärlager auf jeden Fall zu verhindern.

Für den Verdacht, daß man mir eine Falle gestellt habe, um mich zu entführen, gab es noch einen weiteren Anhalt: Im nächsten Monat sollte in Peking eine Tagung der chinesischen Nationalversammlung stattfinden, und die Chinesen hatten mich gedrängt, an ihr teilzunehmen. Da ich die Stimmung meines Volkes kannte, hatte ich versucht, die Einladung abzulehnen, und der chinesischen Regierung keine bindende Zusage gegeben; dennoch hatten sie erst vor einer Woche in Peking erklärt, daß ich kommen werde. Schon diese Ankündigung ohne meine Zustimmung hatte das Volk von Lhasa sehr verärgert, und natürlich vermuteten sie jetzt, diese merkwürdige neue Einladung in ihr Lager sei nur eine List, um mich gegen meinen Willen im Flugzeug nach China zu bringen.

Aber das Volk befürchtete noch Schlimmeres: Es war weithin bekannt geworden, daß an vier verschiedenen Orten der östlichen Provinzen hohe Lamas für immer verschwunden waren, nachdem sie eine Einladung chinesischer Kommandanten zu irgendwelchen Veranstaltungen angenommen hatten: drei waren umgebracht worden, einen hatte man eingekerkert. Es schien also eine beliebte chinesische Methode zu sein, unbequeme Persönlichkeiten in eine Situation zu bringen, in der es keinerlei Schutz mehr für sie gab, und sich dann ihrer zu bemächtigen.

Das Mißtrauen der einfachen Menschen von Lhasa teilte sich auch den Beamten meiner Regierung mit. Anlaß dazu war eine weitere ungewöhnliche Maßnahme der chinesischen Behörden. Wenn mich die Chinesen nämlich sonst zu irgendeiner gesellschaftlichen Veranstaltung einluden, baten sie gewöhnlich auch die höchsten tibetischen Würdenträger um ihr Erscheinen. Dieses Mal jedoch hatte bis zum Abend des 9. März außer meiner engsten Umgebung kein Beamter eine Einladung erhalten. Spät in der Nacht noch kamen allerdings zwei chinesische Offiziere in den Norbulingka und überbrachten Einladungen, aber lediglich für die sechs Mitglieder meines Kabinetts. Dabei stellten sie mündlich die ganz ungewöhnliche Forderung, die Kabinettsmitglieder dürften nur je einen Bediensteten mitbringen. Nach dem Zeremoniell hatte mich mein Oberkämmerer stets und auf allen Wegen zu begleiten, und die Chinesen wußten das sehr wohl; aber weder ihn noch sonst einen hohen Beamten hatten sie eingeladen.

Trotz ihrer Befürchtungen versuchten meine Beamten nicht, mich durch Zureden von dem Besuch im Lager abzuhalten. Mein Kabinett aber war gewillt, sich mir unmittelbar anzuschließen und nicht, wie es normalerweise üblich war, getrennt von mir zu gehen. Im Falle unerfreulicher Vorkommnisse wollten meine Getreuen zumindest die Genugtuung haben, mich nicht allein gelassen zu haben.

Der folgende Tag sollte der denkwürdigste werden, den Lhasa bis dahin gesehen hatte. Um die Mittagsstunde war mein Besuch angesetzt. Das bisher Beispiellose hatte zu geschehen: Ohne Begleitung würde ich das chinesische Lager betreten. Als ich an jenem Morgen erwachte, konnte ich noch nicht ahnen, was der Tag wirklich bringen würde. Ich hatte schlecht geschlafen, weil ich mir Sorgen über das Kommende machte. Um fünf Uhr stand ich auf und ging wie immer in meinen Gebetsraum. Alles war vollkommen in Ordnung, alles völlig friedlich und vertraut. Die Butterlampen brannten vor den Altären, und in die kleinen goldenen und silbernen Schalen hatte man süß duftendes Safranwasser nachgefüllt, das aussah wie flüssiges Gold. Der Duft des Räucherwerks erfüllte die Luft. Ich betete und meditierte, dann ging ich hinab in den Garten, wo ich am frühen Morgen stets so gern spazierenging.

Anfangs bedrückten mich noch meine Sorgen, aber dann vergaß ich sie über der Schönheit des Frühlingsmorgens. Der Himmel war wolkenlos. Die Sonne erhob sich soeben über den Gipfel des Berges hinter dem fernen Kloster von Drepung. Ihre ersten Strahlen fielen auf den Palast und auf die Kapellen in meinem »Edelsteingarten«. Alles war frühlingsfrisch und heiter: das sprießende junge Gras, die zarten Knospen an den Pappeln und Weiden, die Lotusblätter im See, die zum Wasserspiegel emporstrebten und sich der Sonne öffneten. Alles war grün. Und da ich im Holz-Schwein-Jahr geboren bin und Holz grün ist, würden die Astrologen gesagt haben, daß Grün meine Glücksfarbe sei. Und in der Tat waren aus diesem Grund meine eigenen Gebetsfahnen grün. Auf dem Dach meines Palastes begannen sie in der sanften Morgenbrise zu flattern.

Doch dies sollte der letzte kurze Augenblick des Seelenfriedens sein, der mir vergönnt war. Jäh wurde die Stille durch lautes Schreien jenseits der Parkmauer unterbrochen. Ich horchte, konnte die Worte aber nicht verstehen. So eilte ich in den Palast, traf hier auf einige meiner Beamten und schickte sie hinaus, um zu erfahren, was da vor sich ging. Sehr bald waren sie zurück und berichteten: Das Volk von Lhasa ströme in Scharen aus der Stadt herbei. Rings um den Norbulingka sammelte sich die Menge. Immer wieder wurden Rufe laut: Sie seien hier, um mich zu beschützen und die Chinesen daran zu hindern, mich ins Lager zu entführen.

Bald wimmelte es im Palast von besorgten Menschen. Ununterbrochen kamen Boten mit weiteren Neuigkeiten. Die Menge war nicht zu zählen – es hieß, es seien dreißigtausend Menschen. Und sie waren in wilder Erregung. Immer wieder hörte man zornige

Rufe gegen die Chinesen. Stunde um Stunde wuchs der Tumult. Ich ging zum Gebet in die kleine Kapelle, die der Siebente Dalai Lama erbaut und dem Mahakala geweiht hatte, dem kämpferischen Aspekt von Chenresi, begabt mit der Macht des Schutzes vor dem Bösen. Acht Mönche weilten dort schon seit mehreren Tagen und beteten ununterbrochen.

Zwei Mitglieder meines Kabinetts, Liushar und Shasur, kamen gegen neun Uhr in chinesischen Jeeps mit chinesischen Fahrern zum Sommerpalast, wie sie es auch sonst taten. Die Menschen wurden noch erregter, als sie die chinesischen Fahrer sahen, doch hatten die Minister keine große Mühe, durch die Menge in den Palast zu gelangen.

Aber wenig später fuhr ein weiterer Minister, Samdup Phodrang, in seinem eigenen Wagen vor, begleitet von einem chinesischen Offizier. Für einen Augenblick verloren die Anführer der Demonstration die Herrschaft über die Menge. Samdup Phodrang war erst vor kurzem in das Kabinett berufen worden, und nur wenige Leute in Lhasa kannten ihn vom Sehen. Er trug ein tibetisches Gewand aus gelber Seide, und allein wäre er wahrscheinlich ohne Mühe durch das Tor gekommen. Aber die Menge glaubte, es sei ein chinesischer Wagen und der chinesische Offizier sei gekommen, um mich abzuholen. Plötzlich warf jemand einen Stein gegen ihn. Das war das Signal zu einer wilden Massenreaktion: Der Wagen wurde mit einem Hagel von Steinen bombardiert. Ein Stein traf Samdup Phodrang an der Schläfe. Bewußtlos sank er zu Boden. Auch jetzt erkannte man ihn nicht. Nur einige kamen auf den Gedanken, daß hier in einem bösen Irrtum einer meiner Beamten verletzt worden war. Sie hoben Samdup Phodrang auf und brachten ihn in das Krankenhaus des indischen Konsulats.

Nur wenig später näherte sich ein weiteres Kabinettsmitglied, Surkhang, dem Palast in seinem Jeep. Er konnte nicht mehr bis ans Tor fahren, weil die aufgebrachte Menge inzwischen den Weg völlig versperrte. So stieg er in einiger Entfernung aus dem Wagen und ging zu Fuß durch die Menge. In den Palast gelangte er mit Hilfe eines tibetischen Beamten, der am Tor aufgestellt war.

Für die drei Minister, die selbst inmitten der aufgebrachten Menge gewesen waren, gab es keinen Zweifel, daß schnellstens irgend etwas geschehen müsse, um eine Katastrophe abzuwenden. Sie fürchteten, daß die Menge den Versuch machen könne, das chinesische Hauptquartier anzugreifen. Einige Zeit warteten sie noch auf Ngabo, der ebenfalls Kabinettsmitglied war; aber er kam

137

nicht. Später erfuhren wir, daß Ngabo sich ins chinesische Lager begeben hatte, offenbar des Glaubens, ich sei bereits eingetroffen. Als er erst einmal dort war, hielt er es für gefährlich, das Lager wieder zu verlassen – und das war es in der Tat, weil die Chinesen ihm sicher eine Eskorte mitgegeben hätten. Es wäre ihm also dasselbe geschehen wie Samdup Phodrang.

So beschlossen die drei Minister, nicht mehr länger zu warten, und besprachen sich mit Chikhyab Phempo, dem geistlichen Staatskämmerer, der ebenfalls Ministerrang hatte. Anschließend suchten sie mich auf. Sie berichteten mir, das Volk habe entschieden, ich dürfe nicht ins chinesische Lager, denn man befürchte, daß ich nach China entführt werden könnte. Die Menge hatte bereits eine Art Komitee von sechzig oder siebzig Führern gewählt. Sie waren zum äußersten entschlossen und hatten geschworen, den Palast zu verbarrikadieren. Ich sollte nicht hinaus, die Chinesen nicht hinein können. Nach Ansicht des Kabinetts war die Menge so aufgebracht, daß jeder Versuch, den Norbulingka zu verlassen, für mich tatsächlich gefährlich sei.

Als die Kabinettsmitglieder bei mir waren, konnte ich hören, was die Menge rief: »Fort mit den Chinesen!« und »Tibet den Tibetern!« In Sprechchören verlangten sie immer wieder das Ende der chinesischen Besatzung und der chinesischen Einmischung in die Herrschaft des Dalai Lama. Ich konnte nachempfinden, in welcher Stimmung sie sich befanden – war ich doch als einer von ihnen geboren und verstand, was sie fühlten. Und ich wußte, daß sie in diesem Zustand nicht zu bändigen waren. Wie recht ich damit hatte, bestätigte sich zu meinem großen Schmerz im Verlauf des Vormittags: Ein geistlicher Beamter namens Phakpala Khenchung wurde durch die wütende Menge mißhandelt und schließlich zu Tode gesteinigt. Er hatte sich in Lhasa wegen seiner engen Beziehungen zu den chinesischen Besatzungsstreitkräften verhaßt gemacht. Am Morgen hatte er noch an der täglichen Zusammenkunft der Mönchsbeamten, der sogenannten Trungcha-Zeremonie, teilgenommen. Dann war er aus unbekannten Gründen gegen elf Uhr auf einem Fahrrad zum Norbulingka gefahren. Er trug ein halbchinesisches Gewand, eine dunkle Brille und eine Staubmaske sowie offen im Gürtel eine Pistole. Einige aus der Menge hielten ihn für einen verkleideten Chinesen; andere dachten, er komme mit einem Schreiben aus dem chinesischen Hauptquartier. Der Zorn und die Verbitterung gegen alles Chinesische entflammten plötzlich zu heller Wut – Mord war das tragische Ergebnis.

Dieser Ausbruch von Gewalttat machte mir schwerste Sorge. Ich beauftragte mein Kabinett, dem chinesischen General mitzuteilen, ich könne an der Aufführung nicht teilnehmen und es sei auch unklug, jetzt jemand aus seinem Hauptquartier zum Norbulingka zu schicken, denn dies würde die Menge nur noch weiter aufbringen. Mein Oberkämmerer telefonierte mit dem Dolmetscher des Generals und übermittelte ihm diesen Bescheid zugleich mit meiner Entschuldigung und dem Ausdruck meines Bedauerns. Der Dolmetscher erwiderte zustimmend, mein Entschluß sei korrekt, und sagte, er werde meine Mitteilung an den General weitergeben.

Gleichzeitig beauftragte ich das Kabinett, dem Volk, das den Palast umringte, auszurichten, ich würde mich dem Willen des Volkes beugen und nicht ins chinesische Lager gehen. Minister Surkhang setzte sich mit den Anführern in Verbindung, die das Volk gewählt hatte, und erklärte ihnen, daß ich meinen Besuch abgesagt habe. Gegen Mittag wurde ein Lautsprecher eingesetzt, um der Menge das gleiche mit ähnlichen Worten durchzugeben. Die Bekanntgabe fand vor den Toren jubelnden Beifall.

Eine geistige Anspannung wie an jenem Morgen hatte ich während der kurzen Zeit meiner Herrschaft noch nicht erlebt. Ich hatte das Gefühl, zwischen zwei Vulkanen zu stehen, die jeden Augenblick ausbrechen konnten – auf der einen Seite der heftige, unmißverständliche, einhellige Protest meines Volkes gegen die chinesische Unterdrückung, auf der anderen Seite die von Waffen starrenden Truppen einer aggressiven Besatzungsmacht. Wenn es zwischen beiden zu einem Zusammenstoß kam, war der Ausgang vorherzusehen: Das Volk von Lhasa würde erbarmungslos zu Tausenden umgebracht werden, und Lhasa und das übrige Land hatten unter all den Verfolgungen und all der Tyrannei einer schrankenlosen Militärherrschaft zu leiden. Unmittelbarer Anlaß für die explosive Situation war die Frage gewesen, ob ich mich in das chinesische Lager begeben sollte oder nicht; aber gleichzeitig war ich doch der einzige, der möglicherweise noch Frieden stiften konnte. Und ich war mir bewußt, daß ich unter allen Umständen im Interesse meines Volkes versuchen mußte, seinen Zorn zu besänftigen und zugleich die Chinesen zu beruhigen, die womöglich noch zorniger waren.

Ich hatte gehofft, daß die Mitteilung, ich würde mich nicht in das chinesische Lager begeben, der Demonstration ein friedliches Ende machen würde. Aber die Menge blieb. Die Mitteilung hatte nicht genügt. Die Anführer erklärten, nicht eher zu gehen, bis ich nicht versichert hätte, daß ich nicht nur für diesen Tag absage, sondern auch entschlossen sei, in Zukunft keine Einladung in das chinesische Lager anzunehmen. Um ein Unglück abzuwenden, schien mir kein Preis zu hoch, und so gab ich auch diese Erklärung. Daraufhin entfernte sich ein Teil der vom Volk gewählten Führer; die meisten Demonstranten blieben jedoch vor dem Palast und waren nicht zu bewegen, nach Hause zu gehen.

Ungefähr um ein Uhr beauftragte ich meine drei Minister, General Tang Kuan-sen aufzusuchen und ihm persönlich die Lage auseinanderzusetzen. Immer noch befand sich eine große Menge vor den Toren, entschlossen, jeden am Verlassen des Palastes zu hindern. Als die Minister am Tor erschienen, war das Volk sofort mißtrauisch, ich könnte ihnen folgen. Die Minister hatten einige Mühe, den Leuten klarzumachen, daß sie von mir beauftragt seien, in das chinesische Hauptquartier zu fahren und dem General mitzuteilen, daß ich der Theateraufführung nicht beiwohnen werde. Trotz dieser Erklärung bestanden die Demonstranten darauf, die Autos der Minister zu untersuchen, um sich zu vergewissern, daß man mich nicht in einem Wagen versteckt hatte. Schließlich gaben sie den Ministern den Weg frei. Während der Auseinandersetzungen am Tor erklärten die Sprecher der Menge, sie wollten aus ihrer Mitte geeignete Männer für eine Leibwache aussuchen und diese dann rings um den Palast aufstellen, damit die Chinesen nicht in den Palast eindringen und mich entführen konnten. Die Minister versuchten, sie davon abzubringen, doch wollte niemand auf ihren Rat hören.

Am Nachmittag kamen die Minister zurück und berichteten mir, was sie im chinesischen Hauptquartier erlebt hatten: Bei ihrem Eintreffen dort war General Tang Kuan-sen nicht da, doch wurden sie von zehn anderen Offizieren erwartet, die offensichtlich gerade ein ernstes Gespräch geführt hatten. Bei ihnen befand sich Minister Ngabo. Er trug nicht die Uniform eines chinesischen Generals, die er seit kurzem anziehen mußte, wenn er bei den chinesischen Dienststellen vorsprach, sondern tibetische Kleidung. An der Unterhaltung der Offiziere hatte er sich offenbar nicht beteiligt. Er stand jedoch nicht auf, um sich den Ministern anzuschließen.

Eine Zeitlang wurde von keiner Seite ein Wort über die Ereignisse des Tages gesprochen. Die chinesischen Offiziere schienen recht wenig interessiert zu sein; sie erkundigten sich höflich nach dem Wohlergehen der Minister. Aber die Atmosphäre änderte sich schlagartig, als General Tang Kuan-sen eintrat.

Der General schien außer sich vor Zorn. Er sah wie ein Rasender aus. Die Minister erhoben sich nervös von den Stühlen und verneigten sich respektvoll. Ein paar Minuten lang schien Tang Kuan-sen vor Wut kein Wort herauszubringen. Er begrüßte die Minister nicht. Surkhang eröffnete das Gespräch: Sie, die Minister, seien in meinem Auftrag gekommen, um ihm zu erklären, warum ich bei der Theateraufführung nicht anwesend sein könne. Ich hätte zwar die feste Absicht gehabt, aber der Wille des Volkes sei so strikt dagegen gewesen, daß ich den Plan aufgeben mußte. Auch die beiden anderen Minister gaben ähnliche Erklärungen ab. Als der Dolmetscher seine Übersetzung beendet hatte, war das Gesicht des Generals rot angelaufen. Er sprang auf und begann im Zimmer auf und ab zu gehen, offenbar immer noch sprachlos vor Wut. Erst nach einer Weile und mit sichtlich großer Anstrengung vermochte er sich zu beherrschen und setzte sich wieder. Und nun begann er, wohlüberlegt und langsam sprechend, mit einer bombastischen Rede gegen die Minister und die »tibetischen Reaktionäre«. Zwar gab er sich anscheinend Mühe, an sich zu halten, doch immer wieder erhob er scharf die Stimme, und sein schwelender Zorn machte sich in groben Schimpfworten Luft. Er bediente sich chinesischer Ausdrücke, wie man sie nie und nimmer unter kultivierten Chinesen zu hören bekommt. Seine Ausführungen gipfelten in der Beschuldigung, die Regierung von Tibet habe hinterrücks die Auflehnung des Volkes gegen die chinesischen Behörden organisiert und die Khampas bei ihrem Aufstand unterstützt. Tibetische Beamte hätten sich über die Befehle der Chinesen hinweggesetzt und es abgelehnt, die Khampas in Lhasa zu entwaffnen. Jetzt würde er drastische Maßnahmen ergreifen, um den Widerstand zu brechen.

Zwei weitere Generäle ergingen sich in ähnlichen Tiraden. Einer erklärte, die Zeit sei gekommen, »alle diese Reaktionäre zu vernichten ... Unsere Regierung ist bis jetzt geduldig gewesen«, sagte er. »Aber dies ist Rebellion. Dies bedeutet den Bruch. Wir werden jetzt handeln – bereiten Sie sich also darauf vor!«

Meine Minister waren bestürzt. Denn diese Reden bedeuteten die ultimative Androhung militärischen Einschreitens, wenn die Erregung des Volkes nicht sofort ein Ende fand. Sie wußten, was uns damit bevorstand. Sie wußten, daß nunmehr die Sicherheit der geheiligten Person des Dalai Lama gefährdet war. Und sie wußten, daß von Tibet nichts mehr übrigbleiben würde, wenn mir etwas geschah. Shasur bat den General, die Chinesen sollten doch versuchen, das einfache Volk von Tibet zu verstehen; sie

141

sollten etwas Geduld haben und nachsichtig sein und die ohnedies so ernste Lage nicht durch Vergeltungsmaßnahmen noch verschlimmern. Der Minister versicherte dem General, daß das Kabinett alles nur Erdenkliche tun werde, um bei den Khampas oder bei allen anderen Tibetern jede gesetzwidrige Handlung und jede Unbesonnenheit zu verhindern, durch die ein bewaffneter Zusammenstoß mit den chinesischen Besatzungstruppen provoziert werden könnte. Aber die chinesischen Generäle waren weder gewillt, diese Versicherung entgegenzunehmen noch auf Shasurs Rat zu hören.

Völlig verstört kamen die Minister ungefähr um fünf Uhr nachmittags in den Norbulingka zurück. Zu dieser Zeit hatte sich ein Teil der Menge zerstreut; aber noch immer umlagerten zahlreiche Menschen das Haupttor. Erst später erfuhren wir, daß die, die sich entfernt hatten, in der Stadt öffentliche Versammlungen abhielten und zu Massendemonstrationen gegen die Chinesen aufriefen. Auf den Versammlungen wurde das Siebzehn-Punkte-Abkommen als ungültig abgelehnt, weil die Chinesen es gebrochen hatten, und abermals verlangt, daß die Chinesen abziehen sollten. Um sechs Uhr des gleichen Abends trafen auf dem Gelände des Norbulingka etwa siebzig Regierungsbeamte, größtenteils solche niedrigeren Ranges, mit den vom Volk gewählten Führern sowie mit Angehörigen des Kusung-Regiments, der Leibgarde des Dalai Lama, zusammen und erklärten ihre Zustimmung zu den Beschlüssen der Versammlungen in der Stadt. Sie forderten darüber hinaus die Ablehnung jedes chinesischen Herrschaftsanspruchs. Bald danach weigerte sich das Kusung-Regiment, weiterhin Befehlen chinesischer Offiziere Folge zu leisten; die Soldaten zogen die chinesischen Uniformen aus, die sie hatten tragen müssen, und legten ihre tibetische Kleidung an.

Sobald ich von diesen Beschlüssen erfuhr, ließ ich den Führern der Volksbewegung ausrichten, daß es ihre Pflicht sei, die bestehende Spannung zu vermindern, nicht aber, sie zu vermehren. Sie hätten Geduld zu bewahren und allem, was geschehe, mit Ruhe und Fassung entgegenzusehen. Doch jetzt war der Groll des Volkes bereits so gestiegen, war das Mißtrauen gegen die Chinesen schon so groß, daß dieser Rat offenbar überhaupt keine Wirkung mehr hatte.

Am späten Abend desselben Tages wurde mir ein Brief des Generals Tang Kuan-sen übergeben. Es war das erste von insgesamt drei Schreiben, die er mir in diesen Tagen sandte. Auf alle drei gab ich schriftlich Antwort.

Diese Briefe sind von den Chinesen in propagandistischer Absicht veröffentlicht worden, nachdem in Tibet alles vorüber war. Sie sollten ihnen zum Beweis dafür dienen, daß ich angeblich die Absicht hatte, im chinesischen Hauptquartier Schutz zu suchen, aber durch eine von ihnen so genannte »reaktionäre Clique« im Norbulingka festgehalten und schließlich gegen meinen Willen nach Indien entführt worden sei. Diese Darstellung wurde auch in einem Teil der ausländischen Presse wiederholt, die dem kommunistischen China wohlgesinnt ist. Und ich war erschüttert, als ich über ein Jahr später hören mußte, daß der Text von einem Angehörigen des englischen Hochadels im britischen Oberhaus zitiert wurde. Um der Wahrheit willen möchte ich hier schildern, unter welchen Umständen diese Briefe geschrieben worden sind und aus welchen Gründen. Und ein für allemal erkläre ich hier, daß ich Lhasa aus freien Stücken verlassen habe. Den Entschluß habe ich ganz allein gefaßt, unter dem nicht mehr zu ertragenden Druck einer verzweifelten Situation. Ich bin weder durch meine Umgebung entführt, noch bin ich von irgend jemandem gezwungen worden, außer Landes zu gehen. Der einzige Grund war vielmehr, wie jeder Tibeter in Lhasa mit eigenen Augen sehen konnte, der: zu dem Zeitpunkt, da ich den Norbulingka verließ, trafen die Chinesen ihre Vorbereitungen zur Beschießung meines Palastes. Mein Leben war also gefährdet, wenn ich dort blieb.

Die Briefe des Generals waren in freundlichen Worten gehalten, die noch aufrichtiger geklungen hätten, wenn ich nicht bereits durch meine Minister über seine Wut unterrichtet gewesen wäre. Er schrieb, daß er sich wegen meiner Sicherheit Sorgen mache, und lud mich ein, in seinem Lager Zuflucht zu suchen.

Ich beantwortete alle seine Briefe, um Zeit zu gewinnen – Zeit, damit sich die Erbitterung auf beiden Seiten legen konnte, und Zeit für mich, das Volk von Lhasa zur Mäßigung zu ermahnen. Deshalb hielt ich es für töricht, mit dem chinesischen General zu streiten oder darauf hinzuweisen, daß chinesischer Schutz vor meinem eigenen Volk das Allerletzte sei, was ich brauchte. Im Gegenteil, ich beschloß, ihm so zu antworten, daß er sich, wie ich hoffte, beruhigen würde. Dies konnte ich nur, indem ich so tat, als hätte ich Verständnis für sein Wohlwollen und sei einverstanden mit seinem Vorschlag. Deshalb schrieb ich in meinem ersten Brief, in welche Verlegenheit ich dadurch geraten sei, daß mich das Volk am Besuch seiner Veranstaltung hinderte. Im zweiten Brief teilte ich ihm mit, ich hätte Befehl erteilt, die den Norbulingka umlagernden Menschen sollten auseinandergehen, und pflichtete seiner Ansicht bei, diese Menschen hätten unter dem Vorwand, mich zu schützen, nur darauf hingearbeitet, die Beziehungen zwischen den Chinesen und unserer Regierung zu beeinträchtigen. Und im dritten Brief fügte ich hinzu, ich müsse erst die Menschen, die für neue Ideen eintreten, von jenen scheiden, die sich ihnen entgegenstellen, bevor ich sein Hauptquartier aufsuchen könne.

Selbst wenn ich damals geahnt hätte, daß man diese Briefe später gegen mich verwenden könnte, hätte ich sie doch geschrieben. Denn es war damals meine höchste moralische Pflicht, die Katastrophe eines Zusammenstoßes zwischen meinem unbewaffneten Volk und der chinesischen Armee zu verhindern.

Und vielleicht muß ich es nochmals wiederholen: Ich konnte keinerlei Art von Gewalt billigen, und deshalb konnte ich auch nicht mit der gewalttätigen Haltung der Bevölkerung von Lhasa einverstanden sein. Ich hatte und habe alle Hochachtung vor der Liebe, die jeder Tibeter mir als dem Symbol Tibets entgegenbrachte – jener Liebe, aus der an diesem schicksalhaften Tag unmittelbar der Zorn gegen die Chinesen erwuchs. Ich tadle mein Volk nicht wegen seiner Sorge um meine Sicherheit, weil ihm der Dalai Lama der Inbegriff dessen bedeutete, für das es lebte und arbeitete. Aber ich war mir sicher, daß das, was mein Volk tat, nur Unheil bringen konnte, wenn es so weitermachte. Und als Staatsoberhaupt mußte ich mit allen Mitteln versuchen, seine Gedanken in andere Bahnen zu lenken und es davon zurückzuhalten, seine eigene Vernichtung durch die chinesische Armee herbeizuführen. So war der Rat, den ich dem Volk erteilte, vollkommen aufrichtig. Und obwohl ich meine Briefe an den chinesischen General nur geschrieben hatte, um meine wahren Absichten zu verbergen, fühlte und fühle ich noch immer, daß sie gerechtfertigt waren.

Aber am folgenden Tag, am 11. März, war es klar, daß es immer schwieriger wurde, das Volk von Lhasa im Zaum zu halten. An diesem Tag zogen sechs Wachtposten vor den Amtsräumen des Kabinetts im Norbulingka auf und warnten die Minister vor jedem Versuch, das Gebäude zu verlassen. Wahrscheinlich vermutete man, daß das Kabinett sich auf einen Kompromiß mit den Chinesen einlassen und so den Wunsch des Volkes nach Abzug der Chinesen vereiteln könnte. Das Kabinett trat zu einer Notstandssitzung zusammen. Nur vier der sechs Minister waren anwesend. Samdup Phodrang litt noch an den Folgen des Steinwurfs, und Ngabo weigerte sich, das chinesische Lager zu verlassen. Das Rumpfkabinett beschloß, das Volk nochmals zur Einstellung der Demonstrationen aufzufordern. Deshalb wurden die Anführer zu einer Besprechung zusammengerufen.

Bei dieser Verhandlung zeigten sich die Anführer recht entgegenkommend, denn sie sagten dem Kabinett zu, sie würden dafür sorgen, daß die Demonstranten auseinandergingen. Sie drückten auch ihr Bedauern über Samdup Phodrangs Verletzung aus und baten das Kabinett, ihm als Entschuldigung einige Geschenke von ihnen zu übermitteln.

Angesichts dieser etwas versöhnlicheren Stimmung hätte sich das Volk wahrscheinlich wirklich beruhigt, und alles, was ich und mein Kabinett unternommen hatten, um den Demonstrationen ein Ende in Frieden zu machen, wäre wahrscheinlich erfolgreich gewesen. Aber da kamen zwei weitere Briefe des Generals, einer an mich und ein weiterer an das Kabinett. Der Brief an das Kabinett machte unsere Bemühungen völlig zunichte. Der General teilte mir mit, die »Rebellen« hätten im Norden von Lhasa Barrikaden errichtet, auf der Straße nach China. Das Kabinett habe ihre sofortige Entfernung zu befehlen. Geschehe dies nicht, dann hätte dies »ernste Folgen, für die Surkhang, Liushar, Shasur und Donerchemo die Verantwortung zufällt«.

Das Kabinett ließ die Anführer des Volkes abermals kommen und riet ihnen dringend, die Barrikaden abzubauen, damit die Chinesen keinen Vorwand für weitere Unterdrückungsmaßnahmen hätten. Aber dieser Ratschlag bewirkte genau das Gegenteil. Die Anführer weigerten sich mit aller Schärfe. Sie hätten sie zum Schutz des Norbulingka errichtet, um chinesischen Verstärkungen den Weg zur Stadt zu verlegen. Wenn die Chinesen die Beseitigung der Barrikaden verlangten, so lasse das nur den einen Schluß zu: daß sie die Absicht hätten, den Palast anzugreifen und den Dalai Lama gefangenzunehmen. Außerdem hätten die Chinesen selbst vor dem Tempel Barrikaden errichtet und weitere Vorkehrungen getroffen, um ihre tibetischen Anhänger, zum Beispiel Ngabo, zu schützen. Wenn die Chinesen zum Schutz Ngabos Barrikaden bauen, warum, so fragten sie, erheben sie dann Einspruch dagegen, daß das Volk von Lhasa den Palast schützt? Es war dies eine unheilvolle Logik. Aber die Volksführer waren einfach nicht dahin zu bringen, die chinesischen Befehle anders aufzufassen. Das Ergebnis der Besprechung war ein einziges Unglück: Aus der immer größer werdenden Sorge um meine Sicherheit weigerten sie sich, die Menge zum Auseinandergehen zu veranlassen. Allen Einwänden unzugänglich, ernannten sie sechs

Kommandanten aus ihrer Mitte, um die Verteidigung des Palastes zu verstärken, und erklärten, sie würden den Palast nicht ohne Schutz lassen, was immer geschehe.

Diese Entwicklung betrübte mich sehr, denn ich fühlte, daß dies einen weiteren Schritt dem Unheil entgegen bedeutete. So beschloß ich, selbst mit den Volksführern zu sprechen. Ich ließ sie zu mir bestellen. Sie kamen – alle siebzig. In Anwesenheit des Kabinetts und anderer höherer Beamter versuchte ich mit allen Mitteln, sie umzustimmen. Ich sagte ihnen, daß mich der chinesische General nicht gezwungen hatte, seine Einladung anzunehmen, sondern daß er vorher bei mir anfragen ließ und daß ich schon einverstanden war, ehe die Einladung kam. Weiter führte ich aus, daß ich keine Sorge hätte, die Chinesen würden meine persönliche Sicherheit bedrohen. Deshalb dürfe nichts geschehen, was für das Volk ernstere Folgen haben könnte. Ich wußte, daß ich sie mit diesen Worten kränkte, aber ich mußte ihnen sagen, was ich empfand, in der aufrichtigsten Hoffnung, doch noch wenigstens einigermaßen friedliche und normale Verhältnisse in Lhasa herstellen zu können.

Die Anführer widersprachen mir nicht. Sie verließen die Zusammenkunft in aller Ruhe, hielten aber am äußeren Tor des Palastes eine eigene Besprechung ab. Sie waren sich einig, daß sie meinen Befehlen unmöglich den Gehorsam verweigern durften. Aber dann kam es zu einer langen Auseinandersetzung, was mir wohl geschehen würde, wenn ich ihren Schutz nicht mehr hätte. Schließlich kamen sie meinen Wünschen insofern nach, als sie beschlossen, innerhalb des Norbulingka keine Zusammenkünfte mehr abzuhalten. Statt dessen trafen sie sich in dem Dorf Shol, am Fuß des Potala, und sandten mir und dem Kabinett nach jeder Versammlung Berichte über ihre Entschlüsse. Diese Berichte liefen stets auf eine Wiederholung ihrer früheren Erklärungen hinaus: Sie wollten mich auch weiterhin beschützen; die Chinesen müßten Tibet verlassen, und den Tibetern solle endlich die Freiheit wiedergegeben werden.

So vergingen die folgenden beiden Tage. Die Lage blieb unverändert, die Probleme schienen unlösbar. So konnte es nicht weitergehen. Irgend etwas mußte bald geschehen, sei es zum Guten oder zum Schlimmen.

Am Morgen des 16. März erhielt ich den dritten und letzten Brief von General Tang Kuan-sen; ich beantwortete ihn noch am gleichen Tag. Die Chinesen haben diese beiden Briefe später veröffentlicht. Aber sie verschwiegen, daß im gleichen Umschlag, in dem sich der Brief des Generals befand, auch ein Brief Ngabos an mich lag. Er hatte seit Beginn der Krise an keiner Kabinetts-sitzung mehr teilgenommen; jetzt schrieb er mir, seiner Meinung nach bestehe kaum noch viel Aussicht auf eine friedliche Lösung. Er schlug vor, ich solle versuchen, »die heimtückischen Pläne der Reaktionäre zunichte zu machen« und alle meine Verbindungen zu den Volksführern zu lösen. Seines Wissens hätten diese einen »schurkischen Plan« geschmiedet, mich aus dem Norbulingka zu entführen. Sollte dies wahr sein, würde das für mich eine ernste Gefahr bedeuten, denn die Chinesen hätten vor, rücksichtslos durchzugreifen, um meine Flucht zu verhindern. Selbst wenn ich aber fliehen könne, wäre ich bei der jetzigen internationalen Lage niemals in der Lage, nach Lhasa zurückzukehren. Und dann hieß es: »Wenn Euer Heiligkeit mit ein paar zuverlässigen Offizieren der Leibwache innerhalb der inneren Mauer bleiben und sich dort halten können, und wenn Sie dann General Tang Kuan-sen genau mitteilen, welches Gebäude Sie besetzt haben, werden die Chi-nesen sicherlich darauf achten, daß dieses Gebäude nicht beschä-digt wird.«

So wußte Ngabo, was wir nur erraten konnten: daß die Chinesen die Absicht hatten, ihre angekündigte Drohung wahrzumachen, den Palast und die dort versammelte Volksmenge zu beschießen, daß sie aber mich nach Möglichkeit dabei schonen wollten.

Einen weiteren Brief hatte Ngabo an das Kabinett gerichtet. Die-ser Brief wiederholte mehr oder weniger, was er mir geschrieben hatte. Mit aller Dringlichkeit forderte er die Minister auf, das Volk vom Palast zu entfernen oder zumindest darauf zu achten, daß es außerhalb der Mauern blieb. Er habe durchaus Verständ-nis für die Schwierigkeiten, und wenn es schon nicht möglich sei, das Volk zum Abziehen zu veranlassen, so sollten sie doch wenig-stens versuchen, mich um meiner eigenen Sicherheit willen aus dem Palast ins chinesische Lager zu bringen. Inzwischen sollten sie ihm eine Planskizze des Palastes schicken, auf der anzugeben sei, in welchem Gebäude ich mich befand.

Ich beantwortete das Schreiben des Generals in etwa der gleichen Weise, wie ich vorher an ihn geschrieben hatte. Immer noch war ich der Ansicht, daß die einzige Möglichkeit, ihn von einem An-griff auf die Volksmenge und den Palast abzubringen, darin be-stand, scheinbar auf seine Wünsche einzugehen. Ich teilte ihm nicht mit, in welchem Gebäude ich mich aufhielt. Solange die Chi-nesen nicht genau wußten, wo ich mich befand, war immer noch, so dachte ich, einige Aussicht, daß sie keine Artillerie einsetzen würden. Teilten wir ihnen dies jedoch mit, so schien es sicher, daß die übrigen Baulichkeiten des Norbulingka zerstört wurden. Deshalb schrieb ich ihm nochmals, daß ich so schnell wie möglich in sein Lager kommen wollte. Ich hatte keineswegs die Absicht, dies zu tun, aber ich hoffte, daß meine Zusage ihn veranlassen würde, seinen Angriffsbefehl hinauszuzögern, und daß wir rechtzeitig das Volk wegbringen könnten. Es war dies der letzte Brief, den ich an den General schrieb.

Die Stimmung rings um den Palast war nunmehr aufs äußerste gespannt. Vor der inneren Mauer staute sich eine große Menge erregter wutentbrannter Menschen. Die meisten hatten sich bewaffnet, mit Knüppeln, Spaten, Messern, mit allem, was sie gerade in die Hände bekommen konnten. Es waren auch Soldaten und Khampas dabei mit Gewehren, ein paar Maschinengewehre und sogar vierzehn oder fünfzehn Granatwerfer. Im Kampf Mann gegen Mann, mit Fäusten oder Schwertern, hätte ein Tibeter es mit einem Dutzend Chinesen aufgenommen. Was wir in letzter Zeit aus den östlichen Provinzen gehört hatten, bestätigte diese alte Erfahrung nur. Aber es war doch völlig klar, daß alle körperliche Stärke gegen die schweren Waffen der Chinesen nichts auszurichten vermochte. Diese Menschen hatten außer ihrer eigenen Entschlossenheit, mich zu beschützen, nichts, womit sie kämpfen konnten.

Diesseits der inneren Mauer, auf dem eigentlichen Gelände des Palastes, sah alles ruhig und friedlich aus. Im Garten war es still wie immer. Die Pfauen stolzierten umher und schlugen ihr Rad, unbeeindruckt von all dem Tumult der Menschen dort draußen. Singvögel flatterten von Baum zu Baum; ihr Gesang vermischte sich mit dem Plätschern der Springbrunnen im nahen Steingarten; die zahmen Hirsche, die Fische, die Brahminengänse und die weißen Kraniche – alles war so friedlich wie je. Sogar eine Abteilung meiner Leibwache, allerdings nicht in Uniform, begoß Rasen und Blumenbeete. Die Atmosphäre war noch ganz die des alten Tibet, in dem die Menschen jahrhundertelang nach dem Seelenfrieden gesucht und sich mit ihrem Glauben der Aufgabe hingegeben hatten, den Pfad zur Freiheit von Sorge und Leiden zu finden.

Am 16. März bekamen wir auch die ersten Meldungen über die chinesischen Vorbereitungen zur Zerstörung dieses friedvollen Fleckchens Erde. Erregte Menschen überbrachten sie dem Kabinett, von dem ich es erfuhr: Die gesamte Artillerie des Gebiets wurde in Stellungen gebracht, von denen aus die Stadt und besonders der Norbulingka beschossen werden konnte. Ein Mann, der auf der Baustelle eines Wasserkraftwerks etwa zwölf Kilometer östlich von Lhasa arbeitete, erzählte, daß vier Gebirgsgeschütze und achtundzwanzig schwere Maschinengewehre, die sonst bei dem Kraftwerk aufgestellt waren, am 14. März nachts insgeheim nach Lhasa gebracht worden waren, begleitet von mehreren Lastautos voller chinesischer Soldaten. Ein Distriktbeamter aus Bomtue, zweiundzwanzig Kilometer östlich von Lhasa, wußte von zwanzig schweren Geschützen, die man nach der Stadt in Marsch gesetzt hatte. Am Abend des 13. und dann noch einmal am 15. März sah man in der Nähe des Nordtors des Palasts zwei riesige chinesische Militärfahrzeuge, darauf je drei Soldaten mit Instrumenten; offensichtlich nahmen sie Messungen vor. Als sie sich beobachtet fühlten, fuhren sie rasch davon. Die vom Volk aufgestellten Wachen waren überzeugt, daß diese Messungen nur zum Richten schwerer Geschütze auf den Palast dienen konnten. In der Nacht sah man hundert weitere chinesische Lastwagen, die sich langsam auf den Potala zu bewegten und von dort ins chinesische Lager fuhren. Am nächsten Morgen arbeiteten fünfzehn bis zwanzig Chinesen in Zivilkleidung auf Telegrafenmasten. Anscheinend brachten sie die Leitungen in Ordnung, doch das Volk war der Meinung, daß auch sie artilleristische Vermessungen vornahmen. Die Tibeter verstehen nicht viel von Artillerie, und vielleicht beruhten die Meldungen über die Vorbereitungen zum Beschießen des Norbulingka auf einem Irrtum. Auf jeden Fall aber wurden sie geglaubt.

Aber da waren nicht nur diese Beobachtungen. Es liefen Gerüchte um: neue Truppen seien auf dem Luftweg von China her unterwegs. In der Nacht vom 16. auf den 17. März gab es für die um den Sommerpalast versammelten Menschenmassen keinen Zweifel mehr, daß die Chinesen den Palast beschießen würden und die Katastrophe in jedem Augenblick ohne jede Warnung hereinbrechen könne. Es herrschte Panikstimmung. Aber sie blieben, gewillt, den Palast und mich nicht im Stich zu lassen. Jeder, der einigermaßen Einfluß hatte, versuchte die Menge zu beruhigen, aber ihre Wut auf die Chinesen war nicht mehr zu bändigen. Für die Menschen draußen, für meine Minister und für mich wurde es eine sehr unruhige Nacht. Niemand vermochte zu schlafen.

Mit dem Morgen kamen neue Gerüchte, die sich wie ein Lauffeuer verbreiteten. Und nach wie vor drohte die Beschießung. Ich hielt mit dem Kabinett eine Besprechung ab. Die Situation schien aussichtslos. Zu diskutieren war nur noch eine einzige Frage: Wie konnten wir die Zerstörung des Palasts und das Hinschlachten der Tausende von Menschen verhindern, die ihn umlagerten? Es gab nur eine Möglichkeit: nochmals an den chinesischen General zu appellieren, er solle keine Gewalt anwenden, sondern abwarten; das Kabinett werde abermals versuchen, die Menge vor dem Norbulingka zu friedlichem Auseinandergehen zu veranlassen. In aller Eile wurde ein entsprechender Brief an Ngabo aufgesetzt. Es hieß darin, daß sich das Volk unvernünftig und von Erregung getrieben aufführe; aber noch sei Hoffnung, daß man es schließlich doch zum Verlassen des Palastbereichs bewegen könne. Das Kabinett schlug außerdem vor, Ngabo solle dabei behilflich sein, mich in das chinesische Lager zu bringen. Das werde allerdings größte Schwierigkeiten haben, weil das ganze Gebäude rings um den Palast vom Volk besetzt sei; doch wollten die Kabinettsmitglieder alles nur Mögliche tun. Sie legten dem Schreiben einen besonderen Code bei und baten Ngabo, diesen für seine Antwort zu verwenden, weil die vom Volk aufgestellten Wachen rings um den Palast begonnen hatten, jeden Brief genau zu prüfen, der in ihre Hände gelangte. Der wirkliche und einzige Zweck dieses Briefes war es natürlich, den chinesischen General versöhnlich zu stimmen. Denn in dieser Situation war es für mich völlig unmöglich geworden, mich in das chinesische Lager zu begeben. Ich hätte es sogar getan, ich war bereit, mich der Gnade der Chinesen auszuliefern, um ein Massaker zu verhindern. Aber das Volk hätte mir den Weg zu den Chinesen nie und nimmer freigegeben.

Es war sehr schwierig, den Brief an Ngabo durchzubringen, denn die Volksmenge vor dem Palast war sehr auf der Hut und erlaubte keinem Beamten, den Norbulingka zu verlassen. Doch schaffte es ein Diener des Ministers Shasur, unter dem Vorwand hinauszukommen, er müsse in der Stadt einkaufen. Es gelang ihm, Ngabo den Brief zu überbringen und mit seiner Antwort zurückzukommen. Diese war jedoch lediglich eine kurze höfliche Empfangsbestätigung: Er sei erfreut über den Vorschlag des Kabinetts, mich ins chinesische Lager bringen zu lassen; eine ausführliche Antwort werde später folgen. Aber diese Antwort kam erst, als alles schon vorbei war.

Als ich gegen vier Uhr nachmittags mit den Ministern über Ngabos Antwort sprach, hörten wir das Knallen zweier schwerer Granatwerfer, die in einem nahe gelegenen chinesischen Lager abgeschossen worden waren, und gleich danach auch den Aufschlag der Granaten in einem Sumpf außerhalb des nördlichen Tors.

Auf diese beiden Schüsse hin – mehr fielen zunächst nicht – erreichten die Bestürzung und die Wut des Volkes den Siedepunkt. Es ist niemals geklärt worden, warum diese beiden Schüsse abgegeben worden sind. Aber alle, die sie hörten, konnten nur eines vermuten: daß der Angriff auf den Palast begonnen hatte. Innerhalb des Norbulingka fühlte jeder, daß das Ende da war. Es mußte sofort, ohne weiteres Zögern, etwas Entscheidendes geschehen. Aber alles war kopflos, niemand in der Lage, einen Entschluß zu fassen.

So hatte ich allein die Entscheidung zu treffen. Doch ich war so unerfahren in allen weltlichen Dingen, und deshalb wurde mir der Entschluß nicht leicht. Ich kenne keine Furcht vor dem Tod. Ich hatte auch keine Angst, ein Opfer des chinesischen Angriffs zu werden. Ich glaube ehrlich daran, daß meine strenge religiöse Erziehung mir genug Stärke verliehen hat, furchtlos dem Augenblick entgegenzusehen, in dem ich meinen gegenwärtigen Körper verlassen muß. Ich war mir tief bewußt, und ich bin es noch immer, daß ich nur ein sterbliches Wesen bin, ein Werkzeug des unsterblichen Geistes meines Meisters, und daß der Tod einer sterblichen Hülle nicht viel zu bedeuten hat. Aber ich wußte auch, daß mein Volk und meine Beamten diese meine Auffassung nicht zu teilen vermochten. Für sie war die Person des Dalai Lama ihr höchstes Gut. Im Dalai Lama waren für sie Tibet und die tibetische Lebensweise verkörpert – alles, was ihnen lieb und teuer ist. Wenn mein sterblicher Leib umkam durch die Hand der Chinesen, so bedeutete das für mein Volk, daß es auch mit dem Leben Tibets zu Ende sein würde.

Und nun hatten die chinesischen Granatwerfer das Warnzeichen des Todes gegeben. Jeder Beamte innerhalb des Palastes, jedes noch so bescheidene Mitglied des großen Gefolges ringsum dachte jetzt nur an eines: Wie mein Leben geschützt werden konnte. Und das hieß, daß ich den Palast und die Stadt sofort verlassen mußte. Der Entschluß war eine schwerwiegende Angelegenheit. Denn es stand viel auf dem Spiel: Tibets ganze Zukunft hing von ihm ab. Und es war nicht sicher, ob es eine Möglichkeit zur Flucht überhaupt noch gab. Hatte nicht Ngabo uns versichert, daß es unmöglich sei? Und wenn ich aus Lhasa fliehen konnte, wohin sollte ich dann gehen? Wie und wo konnte ich ein Asyl finden? Vor allem aber: Würden die Chinesen unsere heilige Stadt zerstören, würden sie unser Volk hinmetzeln, wenn ich floh? Oder würde das Volk den Palastbereich verlassen, wenn es gehört hatte, daß ich nicht mehr da war? Konnten so vielleicht wenigstens ein paar Menschenleben gerettet werden? Fragen über Fragen – und auf keine wußten wir eine Antwort.

Alles war ungewiß. Nur eines nicht: die zwingende Sorge meines ganzen Volkes, mich in Sicherheit zu bringen, ehe die Orgie chinesischer Zerstörungswut, ehe das Massaker begann. Diese Sorge war der einzige positive weltliche Grund, der mich bei meiner Entscheidung leitete: Wenn ich mich zum Bleiben entschloß, würde dies nur die Not meines Volkes und meiner engsten Freunde vermehren. Und so war ich bereit, zu gehen. Ich brauche kaum zu sagen, daß ich um Erleuchtung betete und sie erhielt.

Wir wußten nicht, wohin die Flucht mich führen und wie sie enden würde. Aber alle mir eng verbundenen Menschen wollten mich begleiten: die vier noch anwesenden Mitglieder meines Kabinetts, meine geistlichen Betreuer, meine persönlichen Bediensteten, meine Leibwache und natürlich meine nächsten Angehörigen. Meine Mutter war bei Beginn der Unruhen in den Norbulingka gekommen und hatte meinen jüngsten Bruder mitgebracht, jenen Bruder, der wiedergeboren wurde, nachdem er mit zwei Jahren gestorben war. Meine älteste Schwester hatte Kusang Depon geheiratet, den Kommandanten meiner Leibwache; sie war ebenfalls zugegen. Zwei meiner Brüder weilten in Amerika, der dritte war in Indien, ebenso meine jüngste Schwester, die eine Schule in Darjeeling besuchte.

So kam eine große Schar zusammen, und wir brauchten außerdem die Hilfe einer noch viel größeren Zahl von Menschen. Trotzdem mußte unser Vorhaben streng geheim bleiben. Die Chinesen durften nichts erfahren, aber auch die Volksmenge vor dem Palast nicht. Denn wir alle hatten den Verdacht, daß sich unter ihr chinesische Spitzel befanden. Vor allem bestand eine Gefahr: Wenn die Menge erst einmal erfuhr, daß ich den Norbulingka und Lhasa verlasse, würden Tausende sich mir anschließen, um mich zu beschützen. Die Folge konnte dann nur noch ein sofortiges Blutbad sein. So etwas konnte den Chinesen bestimmt nicht entgehen.

Ich und meine Minister verhandelten deshalb mit den Anführern des Volkes. Sie sahen sofort die Notwendigkeit meines Entschlusses ein und zeigten auch volles Verständnis dafür, daß das Volk, das sie gewählt hatte, nichts davon wissen durfte. Wo sie nur konnten, halfen sie uns bei den Vorbereitungen. Ich schrieb ihnen dann noch einen Brief, den ich im Norbulingka mit dem Befehl zurückließ, daß er ihnen am folgenden Tag auszuhändigen sei. In diesem Brief bat ich sie nochmals, nicht zu schießen, solange sie nicht angegriffen wurden, und sagte ihnen ausführlichere Anweisungen zu, sobald ich den unmittelbaren Gefahrenbereich verlassen hätte und wieder Herr meiner Entschlüsse sei.

Wir hatten keine Zeit, Unwichtiges mitzunehmen. Denn schon vor Anbruch der Morgendämmerung mußten wir Lhasa hinter uns haben. Die Minister nahmen mein Amtssiegel und das des Kabinetts sowie ein paar Schriftstücke, die sich im Norbulingka befanden, an sich. Die meisten Akten lagen in den Amtsräumen des Kabinetts oder im Potala; sie mußten also zurückgelassen werden. Nicht anders erging es unserem ganzen persönlichen Besitz. Ich konnte lediglich ein oder zwei Lamagewänder zum Wechseln mitnehmen. Es war auch völlig unmöglich, aus dem Staatsschatz Geld zu holen oder aus dem Potala etwas von den unermeßlichen Reichtümern an Juwelen und Kostbarkeiten, die von meinen Vorgängern auf mich gekommen waren.

Wir hatten beschlossen, den Palast in kleinen Gruppen zu verlassen. Wichtig war vor allem, über den Fluß zu kommen. Der Norbulingka und das chinesische Lager lagen beide nahe dem Nordufer, und nur auf der Südseite hatten wir eine Chance, davonzukommen.

Der Verwalter eines der Klöster befand sich bei uns. Er wurde vorausgeschickt, um den Fluß zu überqueren und auf der anderen Seite für Pferde und Begleitung zu sorgen. Dann rückte Dorji Dadul, Kommandant des zweiten Bataillons der tibetischen Armee, mit etwa hundert Soldaten ab; er sollte einen Punkt südöstlich der Norbulingka sichern, wo der Fluß schmal und verhältnismäßig leicht zu überqueren ist. Um ein Haar wäre unser Plan schon zu diesem frühen Zeitpunkt gescheitert. Die Truppe hatte erst knapp einen Kilometer zurückgelegt, als sie plötzlich eine chinesische Streife sichtete, die offenbar zu der gleichen Stelle wollte. Sofort ließ Dorji Dadul ein Bren-Geschütz in Stellung gehen und fünf Schüsse abfeuern. Mit diesem schnellen Entschluß war die Situation gerettet. Die Chinesen wußten, daß sich in der Nähe des Flusses bewaffnete Khampas befanden, und in der Dunkelheit konnten sie nicht erkennen, wen sie vor sich hatten und wie stark der Gegner war. So zogen sie sich auf ihr sicheres Lager zurück, das nicht weit entfernt war.

Als alles zum Aufbruch bereit war, begab ich mich in die Mahakala-Kapelle. Stets war ich dorthin gegangen, wenn ich vor einer langen Reise Abschied nahm. Noch befanden sich Mönche in der Kapelle, die beständig hier beteten. Sie wußten nicht, was beabsichtigt war. Auf dem Altar legte ich als Symbol des Abschieds eine Glücksschleife nieder: Ich wußte, daß sie sich fragen würden, wohin ich wohl gehen wollte – aber ich wußte auch, daß sie ihrer Überraschung niemals Ausdruck geben würden.

Als ich aus der Kapelle kam, stieß ich auf meinen Oberkämmerer, auf den geistlichen Staatskämmerer und auf Kusung Depon. Die Kämmerer trugen bereits einfache Laienkleidung, wie sie es schon seit einigen Tagen bei jedem Ausgang gemacht hatten. Ich aber sah sie heute zum erstenmal so. Wir hatten verabredet, daß wir uns um zehn Uhr am Tor der inneren Mauer treffen wollten. Wir verglichen unsere Uhren. Ich besuchte dann noch mehrere andere Kapellen und segnete sie. Schließlich suchte ich meine eigenen Räume auf; hier blieb ich wartend allein.

Ich wußte, daß in der Zeit, da ich den Moment des Aufbruchs erwartete, meine Mutter, meine Schwester und mein kleiner Bruder den Palast verlassen würden. Sie sollten nämlich als erste gehen, weil es für sie leichter war als für uns übrige, den Norbulingka zu verlassen, denn sie hatten ja außerhalb der inneren gelben Mauer gelebt. Meine Mutter und meine Schwester waren als Khampas verkleidet. Als nächster sollte ich folgen; die Kabinettsminister, meine geistlichen Betreuer und ein paar andere bildeten die dritte und letzte Gruppe.

Für mich war Soldatenkleidung und eine Pelzmütze bereitgelegt worden; um halb zehn Uhr zog ich mein Mönchsgewand aus und die Uniform an. Dann ging ich in dieser mir ungewohnten Kleidung zum letztenmal in meinen Gebetsraum. Ich setzte mich auf meinen Thronsessel, öffnete das Buch mit den Lehren Buddhas, das vor ihm lag, und las darin, bis ich zu einer Stelle kam, an der Buddha einem Schüler riet, guten Mutes zu sein. Dann schloß ich das Buch, segnete den Raum und löschte die Lichter. Als ich hinausging, war ich wie betäubt; ich hörte nur meinen eigenen harten Tritt auf dem gestampften Lehmboden und das Ticken der Uhr in dem Schweigen, das mich umgab.

An der inneren Tür meines Hauses stand ein einzelner Soldat, der mich erwartete, ein weiterer an der äußeren Tür. Ich ließ mir von einem das Gewehr geben und hing es über die Schulter, um meine Verkleidung zu vervollständigen. Die Soldaten folgten mir. Dann ging es durch den dunklen Garten, der so viele der glücklichen Erinnerungen meines Lebens barg.

Kusung Depon hatte den Wachen an den Gartentoren und an dem Tor der inneren Mauer den Befehl gegeben, wegzutreten. Wir trafen uns am ersten Tor; meine beiden anderen Gefährten stießen am zweiten zu uns. Als wir an der heiligen Bibliothek nahe dem Mahakala-Tempel vorbeikamen, entblößten wir in Ehrfurcht und zum Abschied unser Haupt. Gemeinsam gingen wir durch den Park zum Tor in der äußeren Mauer, voran die beiden Kämmerer und der Kommandant der Leibwache, dann ich und die beiden Soldaten. Ich nahm meine Brille ab; nun konnte man mein Gesicht wohl kaum noch erkennen.

Das Tor war geschlossen. Mein Kämmerer ging voraus und sagte den Posten, er sei auf einer Runde, um die Wachen zu inspizieren. Sie grüßten und öffneten das schwere Schloß.

Nur ein einziges Mal in meinem Leben, vor neun Jahren, als ich nach Yatung gebracht wurde, war ich ohne feierliche Prozession außerhalb der Tore des Norbulingka gewesen. Als wir zum Tor kamen, sah ich undeutlich in der Dunkelheit die Gruppen meines Volkes, die es noch bewachten. Aber niemand achtete auf den einfachen Soldaten. Unangefochten ging ich hinaus auf die dunkle Straße.

Die Flucht

Auf unserem Weg hinab zum Fluß kamen wir an einer großen Menschenmenge vorbei. Mein Kämmerer hielt an, um mit den Anführern zu sprechen. Einige waren verständigt worden, daß ich in dieser Nacht Lhasa verlasse. Das Volk aber wußte selbstverständlich nichts. Während des Gesprächs wartete ich ruhig und versuchte, wie ein Soldat auszusehen. Es war zwar nicht ganz dunkel, aber ohne meine Brille konnte ich nicht viel sehen und deshalb auch nicht erkennen, ob die Leute mich neugierig ansahen oder nicht. Ich war froh, als die Unterhaltung abgeschlossen war.

Das Flußufer erreichten wir oberhalb der zur Überquerung bestimmten Stelle. Auf dem Weg dorthin mußten wir über weiße Sandflächen gehen, auf denen vereinzelt dunkle Gruppen von Büschen standen. Der geistliche Kämmerer ist ein hochgewachsener kräftiger Mann; er trug ein mächtiges Schwert, und ich bin sicher, daß er entschlossen war, im Notfall mit seiner Waffe gewaltig dreinzuschlagen. Bei jedem Gebüsch nahm er eine sehr bedrohliche Haltung an. Aber nirgends hielt sich ein Feind verborgen.

Wir überquerten den Fluß in Lederbooten. Auf dem anderen Ufer trafen wir meine Angehörigen. Auch meine Minister und geistlichen Betreuer kamen; sie waren unter der Zeltbahn eines

Lastwagens versteckt aus dem Norbulingka herausgekommen. Etwa dreißig Khampa-Krieger erwarteten uns unter ihren drei Anführern Kunga Samten, Tempa Thargye und Wangchug Tsering, einem sehr tapferen, erst zwanzigjährigen jungen Mann. Noch ein weiterer junger Mann war bei der Gruppe, Losang Yishi. Er hatte zu denen gehört, die von den Chinesen nach Peking auf die »Schule der Nationalitäten« geschickt worden waren, aber während der ganzen fünf Jahre sich dort standhaft jedem chinesischen Beeinflussungsversuch verschlossen hatte. Er fiel zwei Tage später im Kampf.

Wir wechselten mit den Anführern der Khampas Begrüßungsschleifen. Sie hatten alles so gut vorbereitet, wie es unter den gegebenen Umständen möglich war. Vom Verwalter des Klosters waren Ponys für uns alle beschafft worden; gute Sättel hatte er allerdings nicht auftreiben können. Nach rascher, leiser Begrüßung stiegen wir auf und ritten unverzüglich davon. Die ersten paar Kilometer würden sicherlich die gefährlichsten sein.

Hier gab es keine Straße, nur einen schmalen, steinigen Pfad, der über einen Hügel oberhalb des Flusses führte. Rechts konnten wir die Lichter des chinesischen Lagers sehen. Wir befanden uns immer noch in Schußweite, und keiner wußte, ob irgendwo am dunklen Ufer des Flusses Posten standen. Noch näher war eine Insel, zu der die Chinesen ständig mit Lastwagen fuhren, um aus einem Steinbruch Baumaterial zu holen, selbst bei Nacht. Wenn jetzt einer dieser Lastwagen kam, mußten seine Scheinwerfer uns fassen. Der Pfad war kaum zu erkennen. Das Klappern der Hufe auf den Steinen erschien uns sehr laut. Wir fürchteten, daß chinesische Streifen es hören könnten, aber wir mußten uns beeilen. Einmal kam ich vom Pfad ab, mußte mein Pony wenden und zurückreiten. Und dann blitzten hinter uns Taschenlampen auf. Kurze Zeit sah es so aus, als seien uns die Chinesen dicht auf der Spur. Aber es waren tibetische Soldaten; sie führten einige aus unserer Gruppe, die den falschen Weg eingeschlagen und sich vollkommen verirrt hatten.

Endlich waren wir alle wohlbehalten an dieser gefährlichen Stelle vorbei. Am Flußufer, etwa fünf Kilometer stromabwärts, versammelten wir uns. Ganz in der Nähe war der Fluß so seicht, daß man mit Lastwagen hindurchfahren konnte. Wenn die Chinesen etwas gemerkt hatten, so konnten sie am anderen Ufer bis dorthin fahren und uns den Weg abschneiden. So blieb einer der Offiziere mit ein paar Soldaten als Nachhut zurück. Wir übrigen ritten beständig weiter, hinein in das stille, menschenleere Land.

Lange Zeit stießen wir auf kein einziges Zeichen von Leben. Aber ungefähr um drei Uhr morgens bellte ein Hund, und wir sahen vor uns ein Gehöft. Ich schickte meinen Kämmerer voraus, um festzustellen, wo wir waren und wem das Haus gehörte. Der Hof hieß Namyalgang; sein Besitzer war ein einfacher, freundlicher Mann und auf unseren Besuch vorbereitet. Zwei Leute aus unserer Begleitung hatten ihm bereits mitgeteilt, daß er einen sehr wichtigen Gast zu erwarten habe. Weil ich müde war, ruhte ich mich hier ein wenig aus. Namyalgang war das erste von vielen bescheidenen tibetischen Häusern, deren Besitzer mich gastlich aufnahmen, ohne an die Gefahr zu denken, die sie damit auf sich luden. Einige wußten, wer ich war, andere nicht.

Hier verließ uns Wangchug Tsering, der prächtige zwanzigjährige Khampa-Führer, um uns mit vierhundert seiner Männer gegen einen Angriff von der anderen Seite des Flusses her zu sichern. Zwei- bis dreihundert Khampas hatte er vorher bereits als Begleitmannschaft zu unserem Schutz bestimmt.

Als ich den Norbulingka verließ, und auch während dieses ersten hektischen Teils der Reise, dachte ich noch gar nicht daran, direkt nach Indien zu gehen; ich hoffte vielmehr, in Tibet bleiben zu können. Aber auf keinen Fall durften wir einen der üblichen Wege nach Indien einschlagen, die alle von Lhasa aus nach Südwesten führen, weil sie natürlich durch die Chinesen scharf bewacht wurden. Statt dessen ritten wir in Richtung Süden und Südosten, auf ein großes Gebirgsmassiv zu. Dort gab es keinerlei Straßen. Größere chinesische Truppenverbände würden dort nur mit erheblichen Schwierigkeiten vorwärts kommen. Dieses nahezu unangreifbare Gebiet bildete eine der wichtigsten natürlichen Festungen der Khampas und der Tibeter, die sich ihnen als Guerillas angeschlossen hatten. Und aus dem Innern dieses Gebirges führten über den Hauptkamm des Himalaja mehrere Pfade zur Grenze, von dort nach Bhutan und damit nach Indien. Seit Jahrhunderten schon waren sie von Händlern aus Tibet und Bhutan benutzt worden, so daß wir, wenn es zum Schlimmsten kam, immer noch eine Rückzugslinie hatten. Doch ehe wir diese Zuflucht in den Bergen erreichen konnten, mußten wir zunächst einmal den breiten Brahmaputra überqueren, der in Tibet Tsang-Po heißt. Auf dem Weg zum Fluß aber war noch ein hoher Gebirgspaß zu bewältigen: der Che-la. Es stand zu befürchten, daß die Chinesen, wenn sie meine Flucht entdeckt hatten, längs des Tsang-Po Wachen und Streifen einsetzen würden. Deshalb mußten wir so schnell wie möglich über den Fluß.

Wir erreichten den Fuß des Che-la ungefähr um acht Uhr morgens, machten Rast und tranken Tee. Die Sonne erhob sich eben über die Gipfel im Osten und vergoldete die Ebene hinter uns. Wir aber waren noch im Schatten der Berge, als wir den langen steilen Aufstieg zum Paß begannen. Der Weg war holperig und ermüdend; er führte uns bis über die Schneegrenze. Einige Ponys und Maultiere blieben bereits zurück. Aber dann stieg unsere Stimmung wieder: Ein alter Mann namens Tashi Norbu stieß während unseres Aufstiegs zu uns und stellte mir ein schönes reinweißes Pferd zur Verfügung. Ich nahm es dankbar an. Noch glücklicher als ich war mein ganzes Gefolge, denn für jeden Tibeter bedeutet ein solches Geschenk ein sehr glückbringendes Vorzeichen.

Che-la bedeutet Sandiger Paß. Jenseits der Paßhöhe stießen wir tatsächlich auf steile Sandhänge, die wir hinablaufen konnten, während wir es unseren Ponys überließen, den Serpentinen des Pfades zu folgen. Trotzdem brauchten wir drei oder vier Stunden, bis wir den Paß hinter uns hatten und endlich im Tal des Tsang-Po waren. Da brach plötzlich ein schwerer Sandsturm los, so daß fast nichts mehr zu sehen war. Doch für uns war es eine Beruhigung. Denn falls sich hier wirklich chinesische Wachen aufhielten, konnten sie ebenfalls nichts sehen.

Am Ausgang des Passes lag weit und breit keine menschliche Siedlung, aber wir wußten, daß sich etwa fünfzehn Kilometer flußabwärts eine Fähre befand. Sie bot die einzige Möglichkeit, über den Fluß zu kommen. Deshalb mußten wir das Risiko auf uns nehmen, daß die Chinesen vielleicht schon vor uns dort waren. Es ging jedoch alles gut ab. Auf dem jenseitigen Ufer bei der Fähre liegt ein kleines Dorf, Kyishong, was Glückliches Tal bedeutet. Als die Fähre sich dem Ufer näherte, sahen wir eine große Menschenmenge zu unserem Empfang versammelt, unter ihnen Khampa-Krieger und die Bauern des Dorfes, weiß gekleidet und mit gelber Binde am Arm – Männer der Freiwilligenarmee, die sich den Khampas angeschlossen hatten. Sie waren voll tiefer Trauer über die Ereignisse in Lhasa. Und als wir weiterritten, sah ich viele weinen. Kyishong war das erste Dorf, durch das wir kamen. Vielleicht war es diese Tatsache, vielleicht war es der Name – ich weiß es nicht, aber ich war beim Abschied zutiefst betrübt: Das sind, so dachte ich, die Menschen von Tibet, die in ihrem Glücklichen Tal Jahrhundert um Jahrhundert in tiefem Frieden und in Eintracht gelebt haben. Jetzt aber saß ihnen die Furcht im Nacken, alles war bedroht, was ihr Leben lebenswert machte. Dennoch war ihre Moral ungebrochen und ihr Mut nicht zu erschüttern. Ich wußte, daß sie ihr Leben jederzeit für mich hingegeben hätten, ganz gleich, ob ich um ihren Beistand bat oder nicht.

Jetzt – den Fluß und diese kampfentschlossenen Männer hinter uns – waren wir zunächst vor Verfolgung sicher. Wir ritten weiter bis zu dem Kloster Ra-me. Hier wollten wir die Nacht verbringen. Wir kamen ungefähr um halb fünf Uhr nachmittags an. Fast achtzehn Stunden waren wir mit nur kurzen Unterbrechungen schnell geritten; jetzt brauchten wir und unsere Ponys dringend Ruhe. Doch während der ersten Stunden machten wir uns Sorgen um unsere Gefährten, die noch hinter uns waren; um neun Uhr abends trafen dann aber auch die letzten ein.

An diesem Abend schrieben meine Minister zwei Briefe, einen an Ngabo, den anderen an Samdup Phodrang, die beiden Minister also, die in Lhasa zurückgeblieben waren. Eindringlich baten sie, alles zu tun, um Tibet zu helfen, denn sie hätten keinen Zweifel, daß Ngabo und Samdup Phodrang von den gleichen Hoffnungen auf Freiheit für unser Land beseelt seien.

Bis jetzt war unsere Gruppe auf hundert Menschen angewachsen; begleitet wurden wir von etwa dreihundertfünfzig tibetischen Soldaten und mindestens fünfzig Guerillas. Von Ra-me aus wurde eine Abteilung von etwa hundert Mann nach Südwesten geschickt, um die Flanke zu sichern für den Fall, daß die Chinesen sich von der Hauptstraße nach Indien her nähern sollten. Während der nächsten fünf Tage ritten wir weiter ins Innere des Gebirges, auf schmalen steinigen Pfaden, wie sie für das alte Tibet typisch sind. Tagsüber teilten wir uns in mehrere Gruppen; nachts rasteten wir in einem Dorf oder einem Kloster. Manchmal waren keine Guerillaführer bei uns; sie kamen und gingen und hielten die Verbindung zu all den einzelnen Kampfgruppen in den Bergen aufrecht. Wir wußten, daß wir von treuen, entschlossenen Männern umgeben waren, die wir niemals zu Gesicht bekamen. Nicht alle haben erfahren, wen sie da auf seinem Weg beschützten. In der nächsten Nacht blieben wir in Dophu Chökhor, einem großen Dorf. Noch heute führen dort Guerillas ihren verzweifelten Kampf gegen die chinesischen Invasoren. Das ganze Dorf eilte uns entgegen, um uns zu begrüßen: die meisten erkannten mich jedoch in meiner Verkleidung nicht, und nicht anders war es mit vielen Mönchen in dem nahe gelegenen Kloster.

Während dieses fünftägigen Rittes bekamen unsere Pläne festere Gestalt. Wir beschlossen, zunächst in der Ortschaft Chenye haltzumachen und dort einen Tag lang in aller Ausführlichkeit zu besprechen, wie es weitergehen solle. Von Chenye aus wollten wir auch den Beamten in Lhasa sowie den Khampas und den anderen Guerilla-Gruppen neue Anweisungen zugehen lassen. Unser Plan war, dann weiterzureiten bis nach Lhuntse Dzong. Dieser Ort lag nicht weit von der Grenze entfernt; hier befand sich eine der stärksten Befestigungen des Gebietes, und Lhuntse Dzong hatte außerdem gute Verbindungen zu den übrigen südlichen Teilen Tibets. Dort, so meinten wir, sollte ich bleiben und versuchen, nochmals friedlich mit den Chinesen zu verhandeln. Denn wir hatten eine Hoffnung: Solange ich in Tibet blieb, mußten sie diese Gelegenheit eigentlich nutzen, sich mit mir zu einigen. So konnte vielleicht doch noch eine Beschießung Lhasas verhindert werden.

Wir kamen wohlbehalten in Chenye an. Ein oder zwei Tage vorher hatte ich meinen jüngeren Bruder zu meiner Gruppe genommen, damit meine Mutter und meine Schwester ohne ihn schneller vorankommen konnten. Dies war auch der Fall. Bald waren sie uns schon eine volle Tagereise voraus; geleitet wurden sie von einem kleinen Trupp Khampas. Wir sahen sie erst viel später wieder. Es war für mich eine Erleichterung, Mutter und Schwester einigermaßen in Sicherheit zu wissen.

Wir hatten einen Batterieempfänger mitgenommen und stets möglichst alle Nachrichten abgehört in der Hoffnung, Neues aus der Hauptstadt zu erfahren. In Chenye hörten wir zum erstenmal etwas über Lhasa. Es war die »Stimme Amerikas«. Der Bericht sprach allerdings nur von Unruhen in der Stadt; mein Aufenthaltsort sei unbekannt.

Über Nacht blieben wir in einem kleinen Kloster in Chenye, aber jedermann riet uns, eine Tagesstrecke weiter zu reiten, nach dem Kloster Chongä Riudechen, und dort erst länger Rast für unsere Beratung zu machen, weil dies ein größerer Ort sei, von dem aus wir auch leichter mit den Guerillaführern Verbindung aufnehmen könnten. Also ritten wir abermals acht Stunden. Aber noch bevor wir im Kloster ankamen, waren alle unsere Pläne wieder völlig über den Haufen geworfen, denn jetzt erhielten wir direkte Nachrichten über das Geschehen in Lhasa.

Wir hatten Chenye kaum verlassen, als sich uns eine Gruppe von Reitern näherte. Unter ihnen befand sich Tsepon Namseling, einer jener Beamten, die das Kabinett vor sieben Monaten zu den Khampas geschickt hatte mit der Aufforderung, keinen bewaffneten Widerstand zu leisten. Tsepon Namseling und seine

Begleiter waren jedoch nicht nach Lhasa zurückgekehrt, sondern hatten sich den Khampas angeschlossen. Wir hielten an und sprachen lange mit ihm. Er gab mir einen ausführlichen Bericht über die Verteilung der chinesischen Truppen und über die Gefechte der Khampas mit ihnen. Und dann erfuhren wir von ihm das Erschütternde: Lhasa war bereits beschossen worden.

Tsepon Namseling wußte dies allerdings nur vom Hörensagen. Aber bald danach erreichte mich ein Schreiben meines Privatsekretärs Khenchung Tara. Ich hatte ihn zuletzt in Lhasa gesehen, sein Brief kam jedoch aus dem Kloster Ra-me. Er hatte die Hauptstadt erst verlassen, als die Beschießung bereits begonnen hatte. Dabei war er, noch im Norbulingka, von einem Granatsplitter getroffen worden. Aus seinem Bericht und nach dem, was wir in den folgenden Tagen von weiteren Augenzeugen hörten, konnten wir uns ein Bild des ganzen Unheils machen, das zu verhindern ich mich so sehr bemüht hatte.

Die Beschießung hatte am 20. März um zwei Uhr nachts begonnen, etwas mehr als zwei Tage nachdem ich die Stadt verlassen hatte und noch ehe die Chinesen entdeckt hatten, daß ich fort war. Den ganzen Tag über beschossen sie den Norbulingka. Dann richteten sie ihre Geschütze auf die Stadt, den Potala, den Tempel und die benachbarten Klöster. Niemand wußte zu sagen, wie viele Menschen in Lhasa umgekommen waren, aber allein im Norbulingka und in seiner Umgebung lagen Tausende von Toten. Einige Hauptgebäude der Sommerresidenz waren eingeäschert, alle anderen mehr oder weniger beschädigt. Nur die Mahakala-Kapelle blieb wunderbarerweise völlig unversehrt. In der Stadt waren Häuser zerstört oder in Brand geschossen worden, die goldenen Dächer des Haupttempels durchlöchert, viele Kapellen ringsum nur noch Ruinen. Im Potala hatten die Granaten den Westflügel fast dem Erdboden gleichgemacht; Teile der von mir benützten Räume waren vernichtet, ebenso die Verwaltungsschule, das Haupttor, das Armeehauptquartier und Häuser im Dorf Shol. Eine der Granaten fiel in den Raum mit dem goldenen Mausoleum des dreizehnten Dalai Lama. Chakpori, eine der tibetischen medizinischen Hochschulen, war nahezu bis auf die Grundmauern niedergebrannt. Im großen Kloster Sera bot sich das gleiche traurige Bild sinnloser Zerstörung.

Am Ende des ersten Tages, als der Norbulingka eine rauchende Ruine voller Toter war, drangen die Chinesen in den Palast ein. Die wenigen Tibeter, die sich, wie Ngabo, im chinesischen Lager befanden, hatten sich wegen meines Schicksals schwerste Sorgen gemacht. Am Abend konnte man beobachten, wie die Chinesen von Leiche zu Leiche gingen und die Gesichter der Toten, besonders die der Mönche, genau betrachteten. Noch während der Nacht lief im Lager die Meldung ein, daß ich verschwunden sei.

Warum hatten die Chinesen dies getan? Sie beschossen den Norbulingka in der Annahme, daß ich mich noch dort befinde. Diese Tatsache ließ nur einen einzigen Schluß zu: Es war ihnen völlig gleich, ob ich dabei umkam oder nicht. Und nachdem sie festgestellt hatten, daß ich nicht im Sommerpalast war, weder lebendig noch tot, beschossen sie nun auch die Stadt und die Klöster. Sie brachten also ganz bewußt Tausende von Menschen unseres Volkes um, die als Waffen nur Knüppel und Messer und ein paar kleinkalibrige Waffen hatten – Menschen, die gegen ihre Artillerie völlig wehrlos waren, ja, die den chinesischen Truppen überhaupt kaum gefährlich werden konnten. Als wir diese Schreckensbotschaft hörten, wußten wir, daß es für das Massaker nur einen möglichen Grund gab: Die Chinesen waren nun, acht Jahre nach Beginn der Invasion, endgültig davon überzeugt, daß sich unser Volk freiwillig niemals ihrer Fremdherrschaft beugen würde. Und es war das einfache Volk – nicht etwa die Reichen oder die herrschenden Klassen –, das die Chinesen zu dieser Überzeugung gebracht hatte. Deshalb versuchten sie jetzt, das Volk durch gnadenloses Hinschlachten so zu terrorisieren, daß es sich gegen seinen Willen unterwarf.

Wenn ich heute in Ruhe den Ablauf der Ereignisse rückschauend betrachte, so erkenne ich, daß es von dem Augenblick an, da die Chinesen mit der Beschießung des Norbulingka begannen, nur noch eines für mich gab: ich mußte mein Land verlassen. Denn selbst wenn ich blieb, vermochte ich nichts mehr für mein Volk zu tun, und schließlich würde ich doch noch in die Hände der Chinesen fallen. Ich konnte nur nach Indien gehen, die Regierung dort um Asyl bitten und mich in Indien der Aufgabe widmen, die Hoffnung für mein Volk überall wachzuhalten. Aber schon der bloße Gedanke an diese letzte Möglichkeit machte mein Herz so betrübt, daß ich den Entschluß immer noch hinausschob. Deshalb ritten wir weiter nach Lhuntse Dzong, immer noch in der nur langsam erlöschenden Hoffnung, dort eine provisorische Regierung bilden zu können.

Wir ritten weiter – trauriger als je zuvor. Und die Reise wurde immer beschwerlicher. Ich war zwar jung und kräftig, aber einige meiner älteren Gefährten begannen die Anstrengungen unseres so beschwerlichen Rittes zu spüren. Doch der mühsamste Teil lag noch vor uns.

Bevor wir Chongä Riudechen verließen, hatte ich noch die mir sehr willkommene Gelegenheit, mit einigen weiteren Anführern der Khampas in aller Offenheit zu sprechen. Trotz meines Glaubens an den Weg der Gewaltlosigkeit war ich voller Bewunderung für ihren Mut und ihre Entschlossenheit, den bitteren Kampf, den sie für unsere Freiheit, unsere Kultur und unsere Religion begonnen hatten, weiterzuführen.

Ich dankte ihnen für die Einsatzbereitschaft der Khampas und ihren Mut, dankte ihnen auch persönlich für den Schutz, den sie mir geboten hatten. Ich bat sie, nicht über die Aufrufe der Regierung verärgert zu sein, in denen sie als »Reaktionäre« und »Banditen« bezeichnet worden waren, und setzte ihnen ausführlich auseinander, wie die Chinesen diese Proklamationen befohlen und warum wir uns gezwungen gefühlt hatten, sie zu erlassen. Jetzt konnte ich ihnen nicht mehr ehrlichen Herzens raten, Gewalt zu vermeiden. Denn für den Kampf um die Freiheit hatten sie ihr Heim, hatten sie alle Freuden und alle Behaglichkeit eines friedvollen Lebens geopfert. Es gab für sie nur noch eines: weiterzukämpfen, und ich konnte ihnen keine andere Möglichkeit zeigen. So bat ich sie nur, Gewalt lediglich bei der Verteidigung ihrer Stellungen in den Bergen anzuwenden. Und ich konnte ihnen außerdem warnend mitteilen, daß nach Berichten, die wir aus Lhasa hatten, die Chinesen planten, den von den Guerillas besetzten Teil des Gebirges anzugreifen. Deshalb sollten sie zu ihren Verteidigungsstellungen zurückziehen, sobald sie glaubten, mich verlassen zu können.

Nach Chongä Riudechen waren auch zahlreiche Mönche und Laienbeamte gekommen, um mich zu sehen. Aber wir mußten uns beeilen, denn noch immer bestand die Möglichkeit, daß sich die Chinesen auf einer anderen Route näherten und uns den Weg verlegten, ehe wir der Grenze so nahe waren, daß wir uns auf jeden Fall in Sicherheit bringen konnten.

So eilten wir die ganze nächste Woche weiter, mitten durch das Hochgebirge. Tag für Tag hatten wir einen Paß zu überqueren. In den Tälern und auf den niedrigeren Pässen war der Schnee getaut, der Weg oft glitschig und schlammig. Manchmal aber mußten wir hinauf bis zu Höhen von fast sechstausend Meter, in Eis und Schnee. Wir folgten dem uralten Handelspfad. Harte und zähe Männer hatten ihn geschaffen, und so waren die Tagesstrecken lang und sehr anstrengend für uns, die wir an das bequemere Leben in Lhasa gewöhnt waren.

Die erste Nacht nach unserem Aufenthalt in Chongä Riudechen verbrachten wir in einem Kloster, in dem der ältere meiner beiden geistlichen Erzieher ein hoher Lama war. Am folgenden Tag mußten wir über den Yarto Tag-la, der besonders hoch, steil und schwierig ist. Da ein Teil der Ponys nicht weiterkam, mußten die meisten von uns, darunter auch ich, absteigen und sie am Zügel führen. Aber auf der Höhe fanden wir zu unserer Überraschung eine fruchtbare Hochebene, auf der Yaks grasten, und einen See, bedeckt mit dünnem Eis; im Norden erhob sich ein sehr hoher, schneebedeckter Berg.

In dieser Nacht erreichten wir nach elf Stunden anstrengenden Reitens und Kletterns, erschöpft und wundgeritten, den kleinen Ort E-Chhudhogyang. Er ist in Tibet durch ein Sprichwort bekannt: »Ein Tier, das an einem Ort geboren wird, wo es Gras und Wasser gibt, hat es besser als ein Mensch, der in E-Chhudhogyang auf die Welt kommt.« Nur vier- oder fünfhundert Menschen wohnen in dieser trostlosen, ständig sturmdurchtobten Einöde. Der Boden ringsum ist aschgrauer Sand. Es gibt keinen Ackerbau, kein Gras, kein Brennholz. Die Menschen waren arm, aber glücklich, denn sie wußten mit ihrer Armut fertigzuwerden. Sie empfingen uns mit offenen Armen, und wir waren dankbar, ihre bescheidenen Hütten mit ihnen teilen zu können. Einige meiner Begleiter, die nicht mehr in den Häusern untergebracht werden konnten, begnügten sich zufrieden mit einem Unterschlupf im Stall.

Wir waren nun eine Woche unterwegs. Natürlich war ich mir bewußt, daß meine Freunde im Ausland sich wegen der Unruhen in Lhasa und über meinen Verbleib große Sorgen machen würden. Aber niemand von uns, die wir uns hier mühselig vorwärts kämpften, hatte eine Ahnung, daß die Zeitungen der ganzen Welt in Schlagzeilen von unserer Flucht berichteten und daß die Menschen im fernen Europa und Amerika mit Spannung und, wie ich hoffe sagen zu dürfen, voller Mitgefühl auf die Nachricht warteten, ob ich in Sicherheit sei. Aber selbst wenn wir dies gewußt hätten – was konnten wir tun? Wir hatten ja keinerlei Möglichkeit, mit der Welt in Verbindung zu treten.

Zu diesem Zeitpunkt erfuhren wir, daß die Chinesen unsere Regierung als aufgelöst erklärt hatten. Dieser Willkürakt bot uns eine Handhabe, nun auch unsererseits zu handeln. Denn China hatte selbstverständlich keinerlei Befugnis, weder rechtlich noch aus anderen Gründen, unsere Regierung abzusetzen. Mit dieser Maßnahme war nun tatsächlich auch die letzte Zusicherung des Siebzehn-Punkte-Abkommens gebrochen, die bis dahin wenigstens formell noch eingehalten worden war: die Zusage, meine Stellung nicht anzutasten. Wenn aber die Chinesen jetzt die Absetzung bekanntgaben, bestand unserer Ansicht nach einige Gefahr, daß die Menschen in abgelegenen Teilen Tibets glaubten, dies sei mit meiner Zustimmung geschehen. Deshalb schien es uns das Beste, die chinesische Bekanntmachung nicht einfach zu dementieren, sondern zu handeln, indem wir eine neue, vorläufige Regierung bildeten. Wir beschlossen, dies sofort nach unserem Eintreffen in Lhuntse Dzong zu tun.

Bis dort waren es noch zwei Tagesreisen. Wir verließen E-Chhudhogyang um fünf Uhr morgens, um einen anderen hohen Paß zu überschreiten, den Tak-la, der uns wieder über die Schneegrenze führte, wobei wir unsere Ponys führen mußten. Es wurde abermals ein schwerer Tag, zehn Stunden auf steinigem, rutschigem Pfad, bis wir schließlich die Ortschaft Shopanup erreichten; dort fanden wir alle glücklicherweise Unterkunft in einem Kloster, in dem wir es bequemer hatten als in der Nacht zuvor.

Am folgenden Tag gelangten wir nach Lhuntse Dzong. Dzong bedeutet Festung; Lhuntse Dzong ist ein mächtiges Bauwerk auf einem Felsen, beinahe ein kleiner Potala. Als wir uns näherten, kamen die Beamten und Vorsteher des Ortes uns entgegen, um uns würdig zu empfangen. Ein Orchester von Mönchen spielte auf der Terrasse des Dzong geistliche Musik. Über tausend Menschen standen links und rechts der Straße und verbrannten Weihrauch. Wir betraten den Dzong. Als erstes dankten wir in andächtigem Gebet dafür, daß wir in Sicherheit waren. Dann wurden in feierlicher Handlung die religiösen Weihen für die neue, vorläufige Regierung vollzogen. Mönche, Laienbeamte, Dorfvorsteher und viele andere Menschen versammelten sich mit uns im zweiten Stockwerk des Dzong und trugen heilige Schriften und entsprechende Embleme. Mir wurden von den Mönchen die traditionellen Symbole der Herrschaft überreicht; die anwesenden Lamas, unter ihnen auch mein geistlicher Leiter, sangen die Gebete zur Inthronisation. Als die

Feierlichkeit beendet war, gingen wir ein Stockwerk tiefer, wo sich meine Minister und die führenden Persönlichkeiten aus der Umgebung eingefunden hatten. Eine Proklamation über die Einsetzung der provisorischen Regierung wurde verlesen. In aller Form unterzeichnete ich Abschriften dieser Proklamation, die an Orte in ganz Tibet gesandt werden sollten. Die Zeremonien schlossen mit der Aufführung des Droshä, des Tanzes des Guten Glücks.

Drei Stunden lang vergaßen wir über diesen ehrwürdigen Feierlichkeiten all das Unglück und all die Sorgen, die uns bedrückten. Und wir hatten das Gefühl, etwas Positives für die Zukunft Tibets getan zu haben.

Von Lhuntse Dzong aus sandten wir auch an den Panchen Lama ein Schreiben sowie Opfergaben für sein Kloster Tashi Lhumpo. Altem Brauch gemäß hätte ich diese Gaben schon vor etwa einem Monat schicken müssen, zur Zeit meiner Abschlußprüfungen, aber damals hatte ich dazu wahrlich keine Gelegenheit gehabt.

Immer wieder erreichten uns nun Berichte von Truppenbewegungen der Chinesen. Offenbar trafen sie Vorbereitungen zum Angriff. Deshalb verließen wir den Dzong, der ein allzu auffälliges Ziel geboten hätte, und begaben uns zu einem nicht weit entfernten Kloster. Zu diesem Zeitpunkt hatten wir alle uns bereits die bittere Wahrheit eingestanden: Wir mochten uns in den Bergen festsetzen, wo immer wir wollten – die Chinesen hatten stets eine Möglichkeit, uns zu vertreiben. Und solange ich in Tibet blieb, mußte dies nur zu weiteren Kämpfen führen und zu weiterem Sterben tapferer Männer, die alles versuchen würden, mich zu verteidigen. So faßten wir den Beschluß, einige Beamte zur Grenze vorauszuschicken mit einem Schreiben, in dem die indische Regierung um Asyl gebeten wurde. Wir wollten die Grenze allerdings erst überschreiten, wenn wir die Erlaubnis dazu hatten. Die Beamten bekamen den Auftrag, auf indischem Gebiet die nächstgelegene Dienststelle aufzusuchen und ihr das Schreiben zur Weiterleitung nach Delhi zu übergeben. Dann sollten sie auf Antwort warten und mit dieser zur Grenze zurückkommen. Diese Gruppe verließ uns um Mitternacht, um mit größtmöglicher Geschwindigkeit zur Grenze zu reiten. In Luftlinie waren es ungefähr hundert Kilometer bis zu dem Punkt, an dem wir die Grenze überschreiten mußten; auf dem vielfach gewundenen Pfad betrug die Entfernung ungefähr das Doppelte.

Wir folgten um fünf Uhr morgens. Je näher wir der Grenze

kamen, desto beschwerlicher wurde unser Ritt. Während der folgenden Tage hatten wir sehr stark unter einer Folge von Schneestürmen und Sturzregen zu leiden. Und wenn es nicht stürmte, schneite oder regnete, dann blendete uns das grelle Licht auf den weiten Schneeflächen. An einem Tag teilte sich der Pfad: drei Wege führten zu unserem nächsten Bestimmungsort, dem Dorf Jhora. Ich wählte den, der über einen weiteren hohen Paß führte, den Lagö-la. Als wir fast auf dem Kamm waren, gerieten wir in einen schweren Sturm. Es war sehr kalt. Unsere Finger und Hände wurden steif, unsere Augenbrauen gefroren. Einige meiner Begleiter hatten sich während der Flucht einen Bart wachsen lassen, der jetzt vor Eis starrte. Besonders meinem jüngeren Bruder ging es schlecht. Da wir keine zusätzliche Kleidung hatten, blieb uns nur eines, wenn wir uns warm halten wollten: Wir mußten zu Fuß gehen. So stiegen wir ab und führten unsere Ponys. Während der ganzen Reise haben wir versucht, die Tiere nach Möglichkeit zu schonen. Dies tun alle Tibeter auch sonst meist. Wir aber behandelten sie besonders gut, weil sie eine so weite und schwierige Strecke zu bewältigen hatten und wir so wenig Futter für sie hatten. Diese Rücksichtnahme war einer der Gründe dafür, daß wir nicht schneller vorankamen und unsere Freunde in den anderen Ländern so lange in Ungewißheit über unser Schicksal blieben.

Etwa um elf Uhr morgens hatten wir den Paß überschritten und rasteten. Es gab etwas Brot, heißes Wasser und Kondensmilch, und das karge Mahl schien uns köstlich.

Die drei Minister und meine beiden geistlichen Leiter hatten einen anderen Weg eingeschlagen, während einige Soldaten dem dritten Weg gefolgt waren. Trotzdem gelang es uns allen, Jhora fast gleichzeitig zu erreichen, um drei Uhr nachmittags; nur die beiden Lehrer kamen ein wenig später. In Jhora holten wir endlich auch meine Mutter und meine Schwester ein. Sie waren auf einem anderen Weg so schnell vorwärts gekommen, daß sie zwei Tage auf dem Landgut verbringen konnten, das meine Familie anläßlich meiner Inthronisation zum Geschenk erhalten hatte.

Die Einwohner von Jhora begrüßten uns herzlich. Schon am folgenden Morgen um vier Uhr brachen wir wieder auf, nunmehr in einem langen Zug – zwei- bis dreihundert Menschen einschließlich der Soldaten und der Khampas. Kurze Zeit führte der Weg durch ein Tal, begann dann aber wieder zu steigen, hinauf zum Karpo-la. Das Wetter war schön und klar, aber es lag hier mehr Schnee als je zuvor. Ein heftiger Wind wirbelte ihn uns ins Gesicht. Nur wenige hatten Schneebrillen, um die Augen vor dem grellen Sonnenschein zu schützen; die anderen mußten, wenn sie nicht schneeblind werden wollten, die Augen mit Streifen farbigen Tuchs bedecken oder mit der langen Haarflechte, die viele Tibeter um den Kopf geschlungen tragen.

Kaum hatten wir die Paßhöhe erreicht, als wir ein Geräusch hörten, das wir an einem so weltentlegenen Ort nie erwartet hätten: das Brummen eines Flugzeugs. Und dann war es plötzlich auch zu sehen – eine zweimotorige Maschine, die längs unserer Route flog. Wir mußten sehr gut zu erkennen sein, Hunderte von Menschen und Pferden auf dem weiß leuchtenden Schnee. Alles stieg ab und rannte auseinander. Die meisten suchten Deckung hinter Felsblöcken. Die Soldaten legten ihre Gewehre an, bereit zu feuern, falls etwas geschah. Ich stand auf einer dunklen Stelle, wo der Schnee weggeweht war. Das Flugzeug flog direkt über uns hinweg, änderte aber seinen Kurs nicht und verschwand so schnell, daß wir nicht einmal die Hoheitszeichen erkennen konnten. Nachher hatten wir lange Diskussionen über das Flugzeug, wie es stets bei Menschen der Fall ist, wenn eine plötzliche Aufregung sich wieder gelegt hat. Wir waren überzeugt, daß es eine chinesische Maschine war. Denn welch anderer Staat sonst sollte gerade in dieses Gebiet ein Flugzeug geschickt haben? Und ganz sicher hatte es nach uns gesucht, weil selbst die Chinesen hier eine Maschine kaum zu einem anderen Zweck einsetzen würden. Es sprach allerdings nichts dafür, daß man uns gesichtet hatte, obwohl wir uns das kaum vorstellen konnten. So ritten wir mit dem recht unangenehmen Gefühl weiter, daß die Chinesen genau wußten, wo wir uns befanden und wohin wir gingen. Uns blieb nur eines: Wir mußten uns in kleinere Gruppen aufteilen für den Fall, daß weitere Flugzeuge unterwegs waren, um uns anzugreifen. Auch dieses Ereignis lieferte eine Bestätigung für die Richtigkeit meiner Überzeugung, daß ich tatsächlich ins Exil gehen mußte; denn jeden Ort in Tibet, an dem ich mich aufhielt, würden die Chinesen aller Wahrscheinlichkeit nach belagern oder bombardieren.

Um Mittag rasteten und aßen wir. Kaum hatten wir uns niedergesetzt, als ein Sandsturm uns überraschte. Mißvergnügt machten wir uns wieder auf den Weg und kamen fast unmittelbar auf eine weite Ebene mit hohem Schnee. Jetzt brannte wieder die Sonne auf uns herab, und wer keine Schneebrille hatte, hatte mit dem grell blendenden Licht viele Beschwerden.

Zwei weitere Tage dieses mühsamen Ritts brachten uns zur letzten Siedlung in Tibet, nach Mangmang. Hier erwartete uns schon einer der Beamten, die vorausgeritten waren, mit der guten Nachricht, daß die indische Regierung bereit sei, uns Asyl zu gewähren. Er hatte auch gesehen, wie in Chhuthangmo, der ersten Ansiedlung, in der ein indischer Beamter stationiert war, bereits Vorbereitungen zu unserem Empfang getroffen wurden.

Diese Nacht in Mangmang fühlten wir uns sehr sicher. Bisher hatten wir meist in den Kleidern geschlafen und beim Ruhen nur die Mäntel abgelegt. Aber Mangmang liegt in einem äußersten Winkel Tibets. Es führt nur ein einziger Weg hierher, und dieser war gut gesichert: Über hundert Khampas und Soldaten waren als Wachen an der letzten Stelle zurückgeblieben, an der Seitenpfade in unseren Weg einmündeten. Jetzt konnten die Chinesen, wenn sie nicht mit Bombenflugzeugen kamen, uns nicht mehr überraschen oder den Weg verlegen.

Aber dafür spielte uns das Wetter übel mit. Zum erstenmal schliefen wir in Zelten. Es regnete in Strömen. Mein Zelt hatte Löcher. Ich wachte um drei Uhr morgens auf und versuchte, mein Bett an eine trockenere Stelle zu bringen. Aber auch das nützte nichts, und ich mußte den Rest der Nacht sitzend verbringen. Den meisten anderen erging es in ihren Zelten ähnlich. Am Morgen fühlte ich mich sehr elend. Wir machten gar nicht erst den Versuch weiterzureiten. Ich war zu krank, als daß ich aufs Pferd hätte steigen können, und im Verlauf des Tages ging es mir noch schlechter.

Meine Gefährten brachten mich in ein kleines Haus. Es war sehr schmutzig und schwarz vor Rauch. Die ganze nächste Nacht hindurch brüllten die Rinder im Erdgeschoß des Hauses unter mir, und die Hähne krähten auf dem Balkon oben. So kam ich wieder nur sehr wenig zum Schlafen, und am nächsten Morgen vermochte ich mich kaum noch zu bewegen. In dieser traurigen Verfassung hörte ich in unserem Radio einen Bericht aus Indien, ich sei vom Pferd gefallen und schwer verletzt. Diese Meldung gab mir einen Teil der guten Laune wieder, wenn ich auch wußte, daß sie meine Freunde erschrecken würde: Ein Sturz vom Pferd – das war jedenfalls ein Mißgeschick, das ich bisher vermieden hatte.

Aber selbst wenn ich gesund gewesen wäre, hätten wir einen Tag in Mangmang warten müssen. Denn hier mußte ich mich entscheiden, wer mich nach Indien begleiten und wer zurückbleiben sollte. In der Hauptsache kamen die geistlichen und weltlichen Beamten mit mir, denn sie hatten sich schon in Lhasa entschieden, mir zu folgen, ganz gleich, wohin ich ging. Die Soldaten hingegen blieben. Sie hatten mich nur zu meinem Schutz begleitet, und die meisten wollten ohnehin zurück ins Innere von Tibet, um dort den Kampf weiterzuführen.

Am zweiten Morgen war ich immer noch so krank, daß ich mein Pferd nicht reiten konnte; dennoch meinten wir, weiterziehen zu müssen, um die Nachhut der Khampas und Soldaten aus ihrer Verantwortung zu entlassen. Deshalb halfen mir meine Begleiter auf den breiten Rücken eines Dzomo, jener Kreuzung zwischen Yak und Rind, die einen ruhigen und leichten Gang hat. Auf diesem seit Urzeiten üblichen tibetischen Reittier verließ ich mein Land.

Das Überschreiten der Grenze hatte nichts Dramatisches an sich. Das Land war auf beiden Seiten der Grenze gleichermaßen öde und unbewohnt. Ich sah es nur durch einen Nebel, denn ich war krank, erschöpft und unglücklich – viel unglücklicher, als ich es zu sagen vermag.

Gegenwart und Zukunft

Niemand – auch ich nicht – konnte ganz und gar verzweifelt bleiben angesichts des Mitgefühls, das mir schon in den ersten Dörfern und Städten Indiens entgegengebracht wurde. Wir hatten noch etwa eine Woche zu reisen und mehrere Pässe zu überqueren, ehe wir auf eine feste Straße und zu einer Eisenbahnlinie kamen. Aber bereits unterwegs hatte ich die Freude, von einem Beamten begrüßt zu werden, den ich bei meinem früheren Aufenthalt in Indien kennengelernt hatte, später auch von dem Verbindungsoffizier und dem Dolmetscher, die damals zu meiner Begleitung gehört hatten. Und dann wurde mir ein sehr herzliches Telegramm von Nehru ausgehändigt: »Meine Kollegen und ich heißen Sie willkommen und senden Ihnen Grüße anläßlich Ihrer sicheren Ankunft in Indien. Wir werden uns glücklich schätzen, Ihnen, Ihrer Familie und Ihrer Begleitung alle Annehmlichkeiten zur Verfügung zu stellen, damit Sie in Indien Ihren Wohnsitz nehmen können. Das indische Volk, das Sie sehr verehrt, wird Ihrer Person zweifelsohne die traditionelle Hochachtung erweisen. Mit freundlichen Grüßen.« Als wir nach Tezpur kamen, zum ersten Bahnhof, war ich erstaunt und überwältigt, nicht nur Tausende von Glückwunschtelegrammen

vorzufinden, sondern auch etwa hundert Journalisten und Foto-
grafen als Vertreter von Zeitungen aus der ganzen Welt. Sie
waren an diesen abgelegenen Ort gekommen, um mich zu sehen
und über die, wie sie sagten, »Geschichte des Jahres« zu berichten. Ich war gerührt zu erfahren, welch großen Anteil man
an meinem Geschick genommen hatte. Aber in diesem Augenblick konnte ich einfach noch nicht rückhaltlos zu ihnen sprechen.
Ich war darauf nicht vorbereitet, und zudem mußte ich jetzt
jedes Wort, das ich sagte, um meines Volkes in Tibet willen sehr
genau überlegen. So gab ich eine Erklärung ab, die in einfachen,
bewußt gemäßigten Ausdrücken eine kurze Darstellung des
letzten Teils der Geschichte gab, die ich in diesem Buch erzählt
habe. Ich sei außerordentlich dankbar für die Flut von Beweisen
des Mitgefühls und für die freundliche Aufnahme durch die
indische Regierung; dann hieß es in der Erklärung (die in der
dritten Person formuliert war) weiter, der Dalai Lama wolle in
diesem Augenblick nur »seinem tiefen Schmerz über die Tragödie
Ausdruck geben, die über Tibet hereingebrochen ist, und seiner
leidenschaftlichen Hoffnung, daß diese Unruhen bald ohne weiteres Blutvergießen ein Ende finden«.
Zwei Tage später wurde in Peking eine Gegenerklärung abgegeben, die folgendermaßen begann: »Die sogenannte Erklärung des Dalai Lama ... ist ein undurchdachtes Schriftstück, lahm
in der Beweisführung, voller Lügen und Ausflüchte.« Nach einer
Darstellung der Ereignisse vom chinesisch-kommunistischen
Standpunkt wurde mit Nachdruck behauptet, ich sei von Rebellen
aus Lhasa entführt worden; dann hieß es weiter, meine Erklärung spiegele lediglich »den Willen der imperialistischen
Aggressoren« wider, und schließlich wurde angedeutet, ich hätte
die Erklärung gar nicht selbst abgegeben. Während dieser Tage
wüteten die Chinesen auch gegen »Imperialisten und indische
Expansionisten«. Es ist so leicht, mit Worten zu verletzen, es ist
so leicht, scheinbar recht zu haben, wenn man es mit der Wahrheit nicht genau nimmt. Ein Sprecher der indischen Regierung
gab einige scharfe Gegenerklärungen ab. Ich selbst aber konnte
mich nicht dazu durchringen, an einem Streit teilzunehmen, in
dem die Chinesen nichts als Schmähungen vorzubringen hatten.
Ich gab daher der Presse einige Tage später nur eine zweite,
kurze Erklärung: ich sei tatsächlich für die erste Erklärung
verantwortlich.
Dennoch war ich erstaunt, wieder einmal erleben zu müssen, wie
die Chinesen jeden nur Denkbaren wegen des Aufstands be-

schuldigten – wie ein toller Hund, der nach all und jedem beißt. Wem hatten sie nicht nacheinander die Schuld zuschieben wollen: den Imperialisten, die es nur in ihrer Phantasie gab; den in Indien lebenden Tibetern; der indischen Regierung; der »herrschenden Clique« in Tibet, wie sie jetzt meine Regierung bezeichneten. Wie konnten sie sich auch gestatten, die Wahrheit einzugestehen: daß es das Volk selbst war, das sich spontan gegen seine Befreiung erhoben hatte, und daß die herrschende Schicht in Tibet weit eher bereit gewesen war als das Volk, zu einem Einvernehmen mit den Chinesen zu gelangen.

Bald nach meiner Ankunft in Tezpur schickte die indische Regierung einen Sonderzug für die Fahrt nach Mussoorie, einem Ort in den Vorbergen des Himalaja nördlich von Delhi, wo ich vorübergehend Aufenthalt nehmen sollte. Die Reise dauerte mehrere Tage und war ein unvergeßliches Erlebnis: Überall, wo der Zug hielt, waren riesige Menschenmengen versammelt, um uns zuzujubeln. Ich dachte an die Begrüßung durch das indische Volk bei meinem ersten Besuch zurück; aber dieser Empfang jetzt ließ mich etwas Neues spüren, eine spontane Begeisterung. Das Herz wurde mir warm, und ich mußte an das tibetische Sprichwort denken: »Schmerz ist dazu da, um an ihm die Freude zu messen.« Diese Menschen waren, das sah und fühlte man deutlich, nicht gekommen, um mich zu sehen – sie waren gekommen, um ihr Mitgefühl zu zeigen.

Dennoch war ich sehr froh, als wir in Mussoorie ankamen. Endlich konnte ich mich von diesem Monat körperlicher und seelischer Anspannung erholen und unsere Probleme in Ruhe durchdenken. Ich lebte ein Jahr in Mussoorie. Dann stellte mir die indische Regierung in Dharmsala, im äußersten Nordwesten Indiens, ein Landhaus zur Verfügung. Hier lebe ich noch heute.

Bald nach meiner Ankunft in Mussoorie suchte mich Nehru auf. Ich hatte das Vergnügen, mich wieder lange mit ihm unterhalten zu können. Im Juni gab ich vor der Presse eine weitere Erklärung ab. Bis dahin hatte ich mich in der Öffentlichkeit nicht scharf über die chinesischen Kommunisten geäußert, weil ich wußte, daß es in China auch so viel Gutes gibt, und weil ich mich nicht mit dem Gedanken abfinden konnte, daß China nicht doch noch vernünftig verhandeln würde.

Aber weiter kamen Flüchtlinge über Flüchtlinge aus Tibet, und ich war entsetzt über das, was sie berichteten. Jetzt mußte ich erkennen, daß die Chinesen entschlossen waren, Tibet durch nackte Brutalität zu unterwerfen. Und deshalb mußte ich jetzt sehr viel entschiedener sprechen. So erklärte ich, meiner Meinung nach sei es durchaus möglich, daß die Regierung in Peking gar nicht wisse, was ihre Vertreter in Tibet anrichteten. Denn ich könne mir immer noch nicht vorstellen, daß Mao Tse-tung damit einverstanden sei. Ich schlug deshalb folgendes vor: Wenn die Chinesen damit einverstanden sind, daß einer internationalen Kommission Gelegenheit gegeben wird, die Tatsachen an Ort und Stelle zu untersuchen, werde ich mit meiner Regierung gern bereit sein, uns dem Urteil dieser Kommission zu unterwerfen. Ebenso bereit seien wir zu einem vernünftigen Abkommen – und wir halten an dieser Zusage immer noch fest. Aber die Chinesen sind auf diesen Vorschlag niemals eingegangen.

Auf jener Pressekonferenz kündigte ich auch in aller Form das Siebzehn-Punkte-Abkommen auf. Ich tat es aus eigener Initiative. Aber in Mussoorie hatte ich dann zum erstenmal in meinem Leben Gelegenheit, mit Experten des Völkerrechts über diese Frage zu sprechen, und sie bestätigten mir, daß dies richtig sei.

Bis dahin hatte ich geglaubt, die Gerechtigkeit unserer Sache sei eine Selbstverständlichkeit. Jetzt aber kam ich auf den Gedanken, daß wir, wenn alles andere fehlschlug, vielleicht die Vereinten Nationen bitten sollten, sich unseres Falles anzunehmen. Ich war entschlossen, in dieser Hinsicht keine voreiligen Entscheidungen zu fällen, und außerdem war es klar, daß jetzt komplizierte Rechtsprobleme wichtig wurden. Denn ich wußte, daß die Chinesen behaupten würden, Tibet sei schon immer ein Teil Chinas gewesen, trotz unserer achtunddreißig Jahre völliger Freiheit. Wenn sie mit diesem Anspruch durchkamen, konnten sie auch behaupten, daß ihre Invasion in Tibet eine innere Angelegenheit Chinas sei, in die sich die Vereinten Nationen nicht einmischen konnten.

Aber während meines Aufenthaltes in Mussoorie prüfte die Internationale Juristenkommission die Verträge aus dem Beginn dieses Jahrhunderts, wie ich schon berichtet habe, und kam zu dem Schluß, daß wir ein vollkommen souveräner Staat waren, de facto und de jure unabhängig von chinesischer Kontrolle.

Auf Grund dieser Feststellung prüfte die Kommission sodann das Siebzehn-Punkte-Abkommen. Oberflächlich betrachtet hatten wir mit dessen Unterzeichnung auf unsere Souveränität verzichtet. Wir konnten einwenden, daß unsere Vertreter das Abkommen unter dem Druck der Androhung von Gewalt gegen sie selbst und von weiteren militärischen Maßnahmen gegen Tibet unterzeichnet hatten. Aber dem mochte entgegengehalten werden, daß die erzwungene Unterzeichnung eines Vertrages kein Grund zu seiner Aufkündigung ist: Verträge am Ende von Kriegen beispielsweise werden von den Verlierern stets unter Druck unterzeichnet.

Wenn jedoch ein Vertrag durch eine der beiden vertragschließenden Parteien verletzt wird, kann er von der anderen Partei legal widerrufen werden; in diesem Fall ist er nicht mehr in Kraft. Die Chinesen hatten das Siebzehn-Punkte-Abkommen mit Sicherheit verletzt, und wir waren bereit, dies zu beweisen. Jetzt, da ich den Vertrag aufgekündigt hatte, waren wir durch ihn nicht mehr gebunden, und unser Anspruch auf Souveränität war der gleiche wie vor der Unterzeichnung des Abkommens.

Es gab jedoch noch eine weitere Schwierigkeit, unseren Fall vor die Vereinten Nationen zu bringen: keine der beiden streitenden Parteien war UN-Mitglied. Wir waren es nicht, weil wir immer an unserer Abschließung von der übrigen Welt festgehalten hatten, und die Chinesen waren es nicht, weil China durch die Chiang-Kai-shek-Regierung auf Formosa vertreten ist. Dennoch versuchte ich, die Mitglieder der Vereinten Nationen auf unseren Fall aufmerksam zu machen.

Die Internationale Juristenkommission handelte nicht für mich oder für Tibet; sie arbeitet überhaupt nicht für Regierungen oder für Staaten. Sie ist eine unabhängige Vereinigung von Richtern, Rechtsanwälten und Rechtslehrern, getragen von dreißigtausend Juristen aus fünfzig Ländern. Ihre Aufgabe sieht sie darin, für die Herrschaft des Rechts einzutreten und das juristische Weltgewissen zu mobilisieren, wann immer eine systematische Verletzung des Rechts vorzuliegen scheint. Zu meiner Freude begann die Kommission mit Nachdruck ein objektives Studium der Vorgänge in Tibet, einfach weil sie dies als ihre Pflicht empfand.

Im Laufe dieser Untersuchung prüfte die Kommission jede chinesische und tibetische Äußerung. Durch erfahrene Fachleute ließ sie die tibetischen Flüchtlinge befragen. Dabei kamen mehr Greuel ans Licht, als ich selbst jemals erfahren hatte. Ich bin der Meinung, daß die meisten Menschen nichts über diese Exzesse von Grausamkeit lesen wollen, und es liegt mir gar nicht, darüber zu schreiben. Aber im Interesse der Gerechtigkeit für mein Volk muß ich zusammenfassend wiedergeben, was diese unparteiische Untersuchung enthüllte. (Die von der Kommission aufgenommenen Aussagen in ihrem vollen Wortlaut, deren Analyse und die Schlußfolgerungen daraus sind veröffentlicht in den Berichten

»Die Tibetfrage und die Herrschaft des Rechts« und »Tibet und die Chinesische Volksrepublik« – Internationale Juristenkommission, Genf, 1959 und 1960.)

Zehntausende von Tibetern sind getötet worden, nicht nur bei militärischen Aktionen, sondern einzeln und bewußt. Man hat sie umgebracht ohne jede Gerichtsverhandlung, nur auf den Verdacht hin, Widerstand gegen den Kommunismus geleistet oder Geld gehortet zu haben. Man hat sie getötet einfach wegen ihrer Stellung, oft auch überhaupt ohne jeden Grund. In der Hauptsache aber und grundsätzlich mußten sie sterben, weil sie ihren Glauben nicht aufgeben wollten. Sie sind nicht nur erschossen worden. Man hat sie zu Tode geprügelt, gekreuzigt, lebend verbrannt, ertränkt, bei lebendigem Leibe zerfetzt, hat sie verhungern lassen, hat sie erdrosselt, gehängt, verbrüht, lebend begraben, enthauptet oder ihnen den Bauch aufgeschlitzt. Diese Untaten sind in aller Öffentlichkeit geschehen; Nachbarn und Freunde des Opfers mußten dabei zusehen. Augenzeugen haben von alledem berichtet. Männer und Frauen sind im Beisein ihrer Angehörigen langsam zu Tode gemartert worden; kleine Kinder hat man gezwungen, ihre Eltern zu erschießen.

Besonders verfolgt wurden die Lamas; die Chinesen erklärten, sie seien »unproduktiv« und schmarotzten vom Geld des Volkes. Die Chinesen versuchten alles, sie zu erniedrigen, besonders die älteren und die am meisten geachteten, ehe sie die Priester folterten: Sie spannten sie vor Pflüge, ritten auf ihnen wie auf Pferden, peitschten und schlugen sie. Sie taten noch mehr – so Schreckliches, daß es nicht niedergeschrieben werden kann. Und während die Lamas langsam zu Tode gemartert wurden, verhöhnte man sie um ihres Glaubens willen und forderte sie auf, doch Wunder zu vollbringen, um sich vor Schmerz und Tod zu bewahren.

Aber nicht genug mit diesen öffentlichen Hinrichtungen: Eine große Zahl von Tibetern ist eingekerkert oder zusammengetrieben und mit unbekanntem Ziel verschleppt worden. Viele sind an den Brutalitäten und Entbehrungen der Zwangsarbeit gestorben, viele haben in ihrer Verzweiflung und in ihrem Elend Selbstmord begangen. Wo die Männer als Guerillas in die Berge gegangen waren, hat man die in den Dörfern zurückgebliebenen Frauen und Kinder mit Maschinengewehren zusammengeschossen.

Viele Tausend Kinder, von Fünfzehnjährigen bis zu Säuglingen, sind ihren Eltern fortgenommen worden; man hat sie nie wieder gesehen. Eltern, die dagegen protestierten, wurden eingekerkert oder erschossen. Die Chinesen erklärten dazu, die Eltern könnten ohne ihre Kinder besser arbeiten, oder aber, die Kinder würden nach China gebracht, wo sie eine richtige Erziehung erhalten sollten.

Viele tibetische Männer und Frauen glauben, von den Chinesen sterilisiert worden zu sein. Unabhängig voneinander schilderten sie bei der Befragung durch Beauftragte der Internationalen Juristenkommission eine schmerzhafte Operation. Die Kommission hielt die abgegebenen Erklärungen nicht für beweiskräftig, weil die Operation keiner der den Medizinern Indiens bekannten Sterilisationsmethode entsprach. Es gibt jedoch keine andere Erklärung, und seit der Bericht der Kommission abgeschlossen worden ist, konnte neues Beweismaterial gesammelt werden, auf Grund dessen ich überzeugt bin, daß die Chinesen in einigen Dörfern tatsächlich alle Männer und Frauen sterilisiert haben.

Neben diesen Verbrechen gegen das Volk haben die Chinesen Hunderte unserer Klöster vernichtet. Teils haben sie diese völlig zerstört, teils die Lamas umgebracht, die Mönche in Arbeitslager gesperrt oder sie unter Androhungen von Todesstrafe gezwungen, ihr Zölibatsgelübde zu brechen. Die leeren Klostergebäude und Tempel haben sie als Kasernen und Ställe benutzt.

Angesichts all des Beweismaterials, das die Internationale Kommission zusammengetragen hatte, erklärte sie die Chinesen »des schwersten Verbrechens« schuldig, »dessen ein Mensch oder ein Volk angeklagt werden kann«: des Völkermords – »der Absicht, eine nationale, ethnische, rassische oder religiöse Gruppe als solche ganz oder zum Teil auszurotten«. Die Kommission war zu der Überzeugung gekommen, daß die Chinesen die Absicht hatten, die Buddhisten Tibets zu vernichten. Rückblickend glaube ich, daß sich die Gründe für die chinesischen Verbrechen erkennen lassen.

Anfangs waren es drei Gründe, warum sie Tibet haben wollten. Der erste: Unser Land ist groß, aber es lebten dort nur sieben oder acht Millionen Tibeter, in China jedoch mehr als sechshundert Millionen Menschen, und die Bevölkerung wächst Jahr um Jahr um viele Millionen. Oft kommt es zu Hungersnot. Deshalb wollten die Chinesen Tibet als zusätzlichen Lebensraum. Und in der Tat haben sie bereits Scharen chinesischer Bauern in Tibet angesiedelt, und ich zweifle nicht daran, daß sie auf eine Zukunft hinarbeiten, in der die Tibeter nur noch eine unbedeutende Minorität sind. Inzwischen wird der Lebensstandard des tibetischen Bauern auf ein Minimum reduziert, das ihn noch schlechter stellt als den Bauern des Eroberervolkes. In Tibet hat es während seiner ganzen schriftlich überlieferten Geschichte niemals eine Hungersnot gegeben. Jetzt aber leiden dort viele Menschen Hunger.

Zweitens ist unser Land mit Sicherheit reich an Bodenschätzen. Wir haben sie niemals ausgebeutet, weil wir kein sonderliches Verlangen nach weltlichen Gütern kannten. Die Chinesen behaupten, sie hätten in Tibet bereits viel Entwicklungsarbeit geleistet, und ich glaube sagen zu können, daß ihre Behauptungen wahr sind; aber diese technische Entwicklung dient nicht dem Volk Tibets, sondern einzig und allein der Bereicherung Chinas.

Drittens: Die Chinesen streben die Herrschaft über Asien an, wenn nicht gar über die ganze Erde, wie viele von ihnen offen zugeben. Die Eroberung Tibets ist dazu ein erster Schritt. Ich bin alles andere denn ein militärischer Experte, aber schon der gesunde Menschenverstand sagt einem, daß kein anderes Land in Asien strategisch so wichtig ist wie Tibet. Seine Berge lassen sich mit modernen Waffen zu einer nahezu uneinnehmbaren Festung ausbauen. Von hier aus kann man Indien, Burma, Pakistan und die Staaten Südostasiens angreifen, um auch diese Länder zu unterwerfen, ihre Religion zu vernichten, wie die unsere vernichtet worden ist, und die Lehre des Atheismus weiter zu verbreiten. Die Chinesen sollen bereits achtzehn Flugplätze in Tibet angelegt haben, und sie bauen ein Netz strategischer Straßen im ganzen Land. Da sie sehr gut wissen, daß Indien nicht die Absicht hat, sie anzugreifen, gibt es für diese militärischen Maßnahmen nur einen einzig möglichen Zweck: Das Land soll eine Ausgangsstellung für die zukünftige Expansion werden.

Heute glaube ich, daß die Chinesen diese Ziele schon alle mehr oder weniger deutlich im Auge hatten, als sie Tibet vor zehn Jahren überfielen. Damals dachten sie, es sei möglich, Tibet schon unter der Vorspiegelung einer Rechtmäßigkeit und mit der Androhung von Gewalt erobern zu können; aber die drei Ziele, und besonders das letzte, ließen die Eroberung zur zwingenden Notwendigkeit werden, selbst als die Chinesen feststellen mußten, wieviel es sie an Material, an Menschenleben und an Schuld und Ansehen kosten würde.

Angesichts der Vernichtung meines Volkes und all der Werte, für die es lebt, widme ich mich im Exil der einzigen Möglichkeit des Handelns, die mir geblieben ist: die Welt auf dem Weg über die Vereinten Nationen und nun auch durch dieses Buch immer wieder daran zu erinnern, was in Tibet geschehen ist und geschieht, außerdem für die Tibeter zu sorgen, die mit mir in die Freiheit geflohen sind, und für die Zukunft zu planen.

Nachdem ich mein Land verlassen hatte, folgten mir etwa sechzigtausend Tibeter ins Exil, trotz aller Schwierigkeiten, einen Weg zur Überquerung des Himalaja zu finden und dabei den chinesischen Wachen nicht in die Hände zu fallen. Die Flüchtlinge sind nicht Angehörige einer einzigen Klasse; sie sind ein wirklich repräsentativer Querschnitt unseres Volkes. Es befinden sich unter ihnen sehr berühmte Lamas, Gelehrte, etwa fünftausend Mönche, einige Regierungsbeamte, Kaufleute und Soldaten, in der Mehrzahl aber einfache Bauern, Nomaden und Handwerker. Viele von ihnen flohen auf Wegen, die weit mühseliger und gefährlicher waren als der meine. Manchen gelang es, ihre Familie mitzunehmen. Kinder starben an den Strapazen der Überquerung des Hochgebirges. Viele Männer aber sind während der Kämpfe von ihren Familien getrennt worden und tragen nun fern der Heimat an dem Leid, zu wissen, daß ihre Frauen und Kinder den Chinesen ausgeliefert sind.

Diese Flüchtlinge sind jetzt über Indien, Bhutan, Sikkim und Nepal verstreut. Einige führende indische Bürger aller Glaubensrichtungen haben ein Zentrales Hilfskomitee für tibetische Flüchtlinge gegründet und eng mit der indischen Regierung zusammengearbeitet, um meinen Landsleuten zu helfen. Karitative Organisationen vieler anderer Länder haben Unterstützung in Form von Geld, Nahrungsmitteln, Kleidung oder Medikamenten geleistet. Von den Regierungen Großbritanniens, der Vereinigten Staaten und Neuseelands wurden uns Mittel zur Verfügung gestellt, um uns bei der Erziehung unserer Kinder behilflich zu sein; die Regierung von Südvietnam schenkte uns Reis. Wir sind für diese Spenden von Herzen dankbar; sie waren für uns von unschätzbarem Wert, denn dank dieser Hilfe konnten wir beginnen, uns ein neues Leben aufzubauen. Aber natürlich wollen wir von der Mildtätigkeit nicht länger leben, als wir müssen; wir möchten auf eigenen Füßen stehen, sobald wir dies können.

Zu diesem Zweck hat die indische Regierung geholfen, für die meisten unserer gesunden Männer Arbeit zu finden. Zur Zeit arbeiten viele von ihnen, darunter auch zahlreiche Mönche, beim Straßenbau; aber in den heißen Ebenen Indiens ist das eine für Menschen aus dem Gebirge sehr ungesunde Arbeit. Deshalb versuchen wir mit aller Kraft und mit der Zustimmung der Regierung, unsere Leute in Gebiete zu überführen, deren Klima sich von dem Tibets nicht allzusehr unterscheidet. Dabei ist es uns gelungen, in Darjeeling und Dalhousie Ausbildungszentren einzurichten, beide in den Vorbergen des Himalaja gelegen; hier können etwa sechshundert Menschen ein Handwerk erlernen. Ungefähr viertausend Tibeter sind bereits in Mysore und Assam angesiedelt, und zwar in eigenen ländlichen Gemeinden; weitere geeignete Plätze werden sich finden. Der Rest der älteren Leute bekommt allmählich Arbeit als Landarbeiter, als Holzfäller und in der Milchverarbeitung. Von den jungen Männern im Alter von achtzehn bis fünfundzwanzig Jahren bilden wir so viele wie möglich in technischen Berufen aus – in jenen Kenntnissen, die uns in der alten Zeit so völlig gefehlt haben.

Meine besondere Sorge galt den Kindern – es sind über fünftausend im Alter von weniger als sechzehn Jahren. Für Kinder ist es noch schwerer als für Erwachsene, dem Heimatboden entrissen und plötzlich in eine ganz andere Umgebung versetzt zu werden; anfangs vertrugen viele den Wechsel der Ernährung und des Klimas nicht. Deshalb mußten wir wirksame Maßnahmen ergreifen, um ihre Gesundheit zu erhalten.

Aber nicht minder wichtig war die Aufgabe ihrer Erziehung. Wir wissen, daß man unsere Kinder in Tibet ihren Eltern weggenommen hat, um aus ihnen chinesische Kommunisten, nicht tibetische Buddhisten zu machen. Ich habe bereits berichtet, wie sich tibetische Kinder mit Erfolg geweigert haben, sich dem Zwang chinesischer Doktrinen zu unterwerfen; aber es wäre sinnlos, wollte man glauben, daß Kinder, die man als Säuglinge verschleppt, nicht zu Kommunisten werden – vorausgesetzt, der chinesische Kommunismus existiert so lange. So können für die nächsten Generationen die fünftausend tibetischen Kinder in Indien sehr wichtig sein – eine Keimzelle jenes friedlichen und frommen Lebens, das wir wiederzuerlangen wünschen.

Bisher haben wir in den Vorbergen des Himalaja für etwa tausend Kinder Schulen errichtet, und wir sind dabei, genügend Schulen für die übrigen zu schaffen. Alle Flüchtlingseltern sind sehr darauf bedacht, ihre Kinder in diese Schulen zu schicken, in denen sie gesund und als echte Tibeter aufwachsen können. Hauptunterrichtsfächer sind Tibetisch, Religionslehre und tibetische Geschichte; daneben werden Englisch, Hindi, Mathematik, Geographie, Weltgeschichte und Naturwissenschaft gelehrt.

Die kleinen Kinder im Vorschulalter bedeuteten ein weiteres Problem. Sie litten am meisten unter dem indischen Klima und der Gefahr von Infektionen, die es in Tibet kaum gibt. Ihre

Eltern wußten nur zu gut, daß sie nicht genügend für sie sorgen konnten, und deshalb galt den Kleinen mein ganz besonderer persönlicher Schutz. Ich beschloß, einen Kindergarten einzurichten und seine Leitung meiner älteren Schwester anzuvertrauen. Die indische Regierung stellte uns zwei leerstehende Bungalows in der Nähe meines jetzigen Hauses in Dharmsala zur Verfügung. Das Ergebnis war geradezu überwältigend. Noch fast ehe wir wußten, woran wir waren, hatte man uns achthundert Kleinkinder in Obhut gegeben. Meine Schwester und ihre freiwilligen Helfer mußten improvisieren, um für diese riesige Familie das Notwendigste heranzuschaffen. Noch sind wir nicht in der Lage, den Kindern den geringsten Komfort zu bieten; aber wir sorgen dafür, daß sie in Liebe, Gesundheit und Glück aufwachsen – soweit Flüchtlingskinder überhaupt glücklich sein können. Die älteren schicken wir nach und nach auf unsere anderen Schulen; heute haben wir in Dharmsala dreihundert Kinder, alle jünger als sieben Jahre. Die indische Regierung stellt uns die Verpflegung, und auch Privatpersonen sowie Wohlfahrtsorganisationen unterstützen uns auf vielerlei Art.

Für diese Arbeit und zur Aufrechterhaltung wenigstens des kleinen Kerns einer Regierung waren uns der Goldstaub und die Silberbarren, die ich 1950 in Sikkim deponiert hatte, außerordentlich wertvoll. Ich habe den Schatz verkauft, aber der Erlös genügte bei weitem nicht für all das, was ich und meine Regierung für unsere Flüchtlinge und für die Zukunft Tibets tun wollen und tun sollten.

Für mich und für alle Flüchtlinge bleibt die Bewahrung unseres Glaubens ebenso wichtig wie das Ringen um materielles Fortkommen in einer uns nicht vertrauten Welt. Wir halten an unseren religiösen Gebräuchen fest, wie wir es in Tibet taten; nur können wir die Feiern natürlich nicht in der alten Farbigkeit und Pracht begehen. Aber vielleicht waren sie in alter Zeit schließlich doch allzu prunkvoll, und es ist wohl gar nicht so falsch, sie einfacher zu gestalten. Ich selbst setze mein eigenes geistliches Studium fort, lerne daneben auch Englisch und lese, soviel ich kann, um besser mit der modernen Welt in Kontakt zu kommen. Meine Pilgerfahrt zu den heiligen Stätten in Indien, die bei meinem Besuch infolge der politischen Ereignisse abgebrochen werden mußte, habe ich wiederholt; ich konnte auch einige der heiligen Stätten der Christen, der Hindus und der Jainas aufsuchen und mit Menschen dieser anderen Religionen sprechen, und ich bin froh darüber, daß wir alle so viel Gemeinsames haben. Während meiner Wallfahrten nach Bodh Gaya und Benares weihte ich hundertzweiundsechzig tibetische Mönche zu Bhikshus, zu Vollmitgliedern des Mönchsordens. Zum erstenmal zelebrierte ich die Weihen; daß ich dies gerade an den Stätten tun konnte, an denen Buddha gelehrt hat, machte mich glücklich in einer Zeit, da seine Lehre in Tibet verfolgt wird.

So wird mit der Hilfe vieler Freunde das Leben für jene, die mit mir entkamen, erträglich. Doch die große Mehrheit der Tibeter konnte nicht rechtzeitig entkommen, und jetzt ist jede Flucht unmöglich geworden; jenseits des Himalaja ist Tibet ein riesiges Konzentrationslager. Für sie kann ich nur eines tun: immer wieder versuchen, dafür zu sorgen, daß sie nicht vergessen werden. Tibet ist weit entfernt, und alle Länder haben ihre eigenen Nöte und Sorgen. Wir können durchaus verstehen, wenn man dazu neigen mag, das, was in Tibet geschehen ist, in die geschichtliche Vergangenheit sinken zu lassen. Aber Tibet liegt auf dieser unserer Erde; auch die Tibeter sind Menschen; auf ihre Art haben sie eine hohe Kultur, und ganz gewiß sind sie Menschen, die Leid empfinden. Ich wage zu sagen, daß seit dem zweiten Weltkrieg kein Volk mehr gelitten hat, und seine Leiden haben noch kein Ende gefunden. Sie dauern an, Tag für Tag, und sie werden fortdauern, bis die Chinesen unser Land verlassen oder bis die Tibeter als Volk oder als religiöse Gemeinschaft aufgehört haben zu bestehen. So habe ich unablässig die Welt immer wieder an unser Schicksal erinnert, indem ich unsere Sache vor die Vereinten Nationen brachte.

Ich selbst hätte nicht gewußt, wie ich dies anzufangen habe, und auch meine tibetischen Berater wußten es nicht; anfangs suchte außerdem die indische Regierung mich davon abzubringen. Aber ich begab mich nach Delhi und besprach die Angelegenheit mit der Regierung und mit den Botschaftern mehrerer anderer Länder. Zwei Mitglieder der Vereinten Nationen, Irland und Malaia, unterstützten unseren Appell an die UN. Der Lenkungsausschuß der Vollversammlung beschloß am 9. Oktober 1959, die Tibetfrage auf die Tagesordnung der Vollversammlung zu setzen; für den Antrag stimmten elf Staaten, dagegen fünf; vier enthielten sich der Stimme. Aber die Delegation der Sowjetunion erhob Verfahrenseinwand, und die Tschechoslowakei verlangte eine neue Abstimmung. Diesmal waren bei sechs Enthaltungen zwölf dafür und keine Stimme dagegen.

So wurde die Tibetfrage in der Vollversammlung zur Sprache gebracht und schließlich folgende Resolution angenommen:

Unter Berufung auf die Grundsätze hinsichtlich der fundamentalen Menschenrechte und Freiheiten, wie sie in der Charta der Vereinten Nationen niedergelegt sind, und auf die Grundsatzerklärung der Menschenrechte, wie sie am 10. Dezember 1948 von der Vollversammlung verabschiedet wurde,

in Beachtung der Tatsache, daß die fundamentalen Menschenrechte und Freiheiten, auf die das tibetische Volk wie alle anderen Völker Anspruch hat, das Recht der bürgerlichen und religiösen Freiheit für alle ohne Unterschied einschließen,

eingedenk weiterhin des dem tibetischen Volk eigenen kulturellen und religiösen Erbes und der Autonomie, deren es sich traditionell erfreut hat,

in ernster Besorgnis über die Berichte, darunter die offiziellen Angaben Seiner Heiligkeit des Dalai Lama, daß die fundamentalen Menschenrechte und Freiheiten dem tibetischen Volk gewaltsam verwehrt wurden,

in tiefem Bedauern über die Auswirkung dieser Ereignisse im Sinne zunehmender internationaler Spannung und einer Verschlechterung der Beziehungen zwischen den Völkern zu einer Zeit, da ernstliche und positive Bemühungen von verantwortlichen Politikern unternommen werden, die Spannungen zu verringern und die internationalen Beziehungen zu verbessern,

bekräftigt die Vollversammlung erstens ihre Überzeugung, daß die Achtung vor den Grundsätzen der Charta der Vereinten Nationen und der Grundsatzerklärung der Menschenrechte wesentlich ist für die Entwicklung einer friedlichen, auf die Herrschaft des Rechts gegründeten Weltordnung;

fordert sie zweitens die Achtung vor den fundamentalen Menschenrechten des tibetischen Volkes und vor dem ihm eigenen kulturellen und religiösen Leben.

834. Plenarsitzung, 21. Oktober 1959

Fünfundvierzig Staaten stimmten für die Resolution, neun dagegen, sechsundzwanzig enthielten sich der Stimme. Ich hatte gehofft, daß die Chinesen etwas auf die Weltmeinung geben würden; aber diese Resolution hatte keine merkliche Wirkung auf sie. Dennoch ist es immer richtig, gegen Unrecht zu protestieren, ganz gleich, ob dieser Protest das Unrecht aufzuhalten vermag oder nicht. Wir wurden jedenfalls durch die Tatsache ermutigt, daß eine so große Mehrheit von Vertretern der Nationen unsere Sache unterstützt hatte. Bedauerlich war nur, daß unser Fall als Teil des Kalten Krieges angesehen wurde. Dies ist angesichts des derzeitigen Zustandes der Welt unvermeidlich; in Wirklichkeit sollte man die Tibetfrage jedoch anders betrachten. Denn der Einfall in Tibet war nicht grundsätzlich eine kommunistische Aktion. Schon früher, unter anderen Regierungen, waren die Chinesen in Tibet eingedrungen oder hatten dies zumindest versucht; auch die Kuomintang machte in den dreißiger Jahren einen vergeblichen Versuch. Die Tatsache, daß China kommunistisch geworden war, ließ die Invasion wirksamer werden, grausamer und für das tibetische Volk noch tragischer. Vor dem Forum der Vereinten Nationen hatte diese Tatsache jedoch die Wirkung, daß andere kommunistische Mächte sich verpflichtet fühlten, zugunsten Chinas zu stimmen, obgleich ich nicht zu glauben vermag, daß sie alle das Vorgehen Chinas billigten.

Die Unterstützung unserer Sache durch die Resolution der UN-Vollversammlung war für mich eine große Genugtuung. Dennoch war ich der Meinung, ich dürfte die Angelegenheit damit allein nicht auf sich beruhen lassen. Als die Resolution angenommen wurde, war der zweite Bericht der Internationalen Juristenkommission noch nicht veröffentlicht, und den Mitgliedern der Vollversammlung war das ganze Ausmaß der chinesischen Greuel noch nicht bekannt, auch die Schlußfolgerung der Kommission nicht: daß in Tibet Völkermord begangen wurde. So wurde 1960 dank der für uns sehr wertvollen Hilfe des Afroasiatischen Rates die Tibetfrage erneut auf die Tagesordnung der Vollversammlung gesetzt. Der Antrag wurde diesmal von Thailand und Malaia eingebracht und durch Irland unterstützt. Auch El Salvador erklärte sich zur Unterstützung bereit. Aber in dieser Session hatten die Ereignisse in Afrika den Vorrang; die Behandlung der Tibetfrage wurde von Tag zu Tag verschoben, und die Vollversammlung vertagte sich, noch ehe sie Zeit gefunden hatte, unseren Antrag zur Debatte zu stellen. (Die von Thailand, Malaia, Irland und El Salvador eingebrachte Resolution wurde erst am 20. Dezember 1961 mit sechsundfünfzig Stimmen – gegen elf Stimmen des Ostblockes und bei neunundzwanzig Enthaltungen – angenommen; siehe Anhang S. 216.)

Ich werde auch weiterhin versuchen, das Interesse für unsere Sache bei den Vereinten Nationen wachzuhalten, weil ich glaube, daß die Vereinten Nationen der einzige Quell der Hoffnung für kleine, unterdrückte Nationen und für die ganze Welt sind. Wir dürfen niemals zulassen, daß im Ausland die Ansicht aufkommt,

Tibet werde je in die chinesisch-kommunistische Beherrschung einwilligen, denn ich weiß, daß dies nie und nimmer der Fall sein wird.

Ganz bestimmt aber wird Tibet auch niemals wieder so sein, wie es gewesen ist. Doch das wollen wir auch gar nicht. Es kann niemals mehr von der Welt isoliert sein, und es kann nicht zu seinem alten halbfeudalistischen Gesellschaftsaufbau zurückkehren. Ich habe bereits über die Reformen berichtet, mit denen ich begonnen hatte, bis mir die Chinesen Einhalt geboten. Jetzt im Exil habe ich diese Reformen mit Hilfe von Fachleuten für Verfassungsrecht folgerichtig weitergeführt, indem ich eine neue liberale und demokratische Verfassung für Tibet entworfen habe, aufgebaut auf den Prinzipien der Lehre Buddhas und der Grundsatzerklärung der Menschenrechte. Diese Arbeit ist noch nicht abgeschlossen. Sobald dies der Fall ist, werde ich die Verfassung zunächst einem internationalen Expertenausschuß vorlegen und dann meinem Volk im Exil, aber auch so vielen meiner Landsleute in Tibet, wie ich erreichen kann. Dann, so hoffe ich, wird mein Volk eine Abgeordnetenversammlung wählen und selbst eine provisorische Verfassung für das freie Land ausarbeiten, das zu erleben wir uns alle sehnen.

Mein Entwurf schlägt ein Parlament mit nur einer Kammer vor. Die Kammer sollte nicht nur das Volk als Ganzes repräsentieren, sondern in angemessener Weise auch besondere Interessen. Für neue Gesetze ist einfache Stimmenmehrheit vorgesehen, für Verfassungsänderungen eine Dreiviertelmehrheit. Wahlen sollten auf der Grundlage des allgemeinen Wahlrechts aller Erwachsenen einschließlich der Mönche abgehalten werden. Dies wird in Tibet keine Schwierigkeiten machen. Denn unsere Bevölkerung ist nicht groß, und die Menschen sind intelligent. Zwar ist unser Volk früher an Politik nicht interessiert gewesen – in den letzten zehn Jahren jedoch hat es sich ganz gewiß eine eigene Meinung bilden müssen.

Seit undenklicher Zeit ist Tibet ein Einheitsstaat gewesen, und eine zentralisierende Kraft wird um so notwendiger sein angesichts der neuen Situation, der das Volk und die Regierung von Tibet gegenüberstehen werden. Ich bin gegen die Schaffung jeder Institution, die direkt oder indirekt Anlaß zu Zwistigkeiten innerhalb unseres Volkes geben könnte oder das Interesse eines Volks- oder Landesteiles über das der gesamten Nation stellen würde, denn unser Hauptziel muß es immer sein, ein einiges Volk zu sein.

Man hat mir geraten, als Regierungsverfassung nicht eine parlamentarische Exekutive, sondern ein Präsidialsystem zu übernehmen, in dem das Kabinett unter gewissen Sicherungen vom Dalai Lama als dem Staatsoberhaupt ernannt wird. Ich will deshalb vorschlagen, daß der Dalai Lama seine Minister ernennt, die sich an das Parlament wenden können, aber über kein Stimmrecht verfügen; das Parlament soll das Recht haben, die Absetzung eines Ministers zu verlangen; wenn der Dalai Lama mit dem Parlament in dieser Frage nicht einig wird, sollte die Entscheidung des Obersten Gerichtshofes für beide bindend sein.

Der Oberste Gerichtshof wäre unter ähnlichen Sicherungen wie im Falle des Kabinetts zu besetzen. Die Machtbefugnisse des Dalai Lama in Angelegenheiten von höchstem Staatsinteresse müßten durch Maßnahmen gesetzgeberischer und richterlicher Art eingeschränkt sein, die in der Verfassung festzulegen wären.

Solange der Dalai Lama noch minderjährig ist, aber auch nach seinem Tod oder dann, wenn er unfähig oder verhindert ist, sein Amt auszuüben, soll ein Regentschaftsrat aus drei oder fünf Mitgliedern die Regierung übernehmen, der vom Parlament einzusetzen und mit Zweidrittelmehrheit zu bestätigen ist.

Die Verfassung und die mit ihr zusammenhängenden Probleme sind bisher mit einiger Ausführlichkeit bearbeitet worden, jedoch noch keineswegs endgültig, und selbst das, was ich hier andeutungsweise dargelegt habe, kann noch geändert werden. Es ist noch viel Arbeit zu leisten, und das Volk von Tibet muß zudem unsere Vorschläge billigen oder eine andere Meinung zum Ausdruck bringen. Ich selbst jedenfalls bin der Ansicht, daß die Regierung stets durch den Willen und unter Mitarbeit des Volkes ausgeübt werden sollte. Ich bin bereit, die Lösung jeder Aufgabe zu versuchen, die mein Volk mir stellt, aber ich habe keinerlei Verlangen nach persönlicher Macht oder persönlichem Reichtum. Es unterliegt für mich keinem Zweifel, daß wir in diesem Geist und geleitet von unserem Glauben gemeinsam alle Probleme bewältigen werden, die sich uns stellen, und ein neues Tibet schaffen, das in der Welt von heute ebenso glücklich sein wird, wie das alte Tibet es in seiner Abgeschlossenheit gewesen ist.

All dies gilt der Zukunft. Wenn ich in die Vergangenheit zurückblicke, bedauere ich nicht im mindesten, daß ich bis zum Ende eine Politik der Gewaltlosigkeit vertreten habe. Von dem einzig wichtigen Standpunkt unserer Religion aus war dies die einzig mögliche Politik, und ich glaube immer noch eines: Wäre mein

Volk fähig gewesen, mir darin zu folgen, so sähe es mit Tibet heute zumindest ein wenig besser aus. Man hätte unsere Situation mit der eines Mannes vergleichen können, der von der Polizei verhaftet worden ist, obgleich er nichts verbrochen hat. Instinktiv mag er kämpfen wollen, aber er kann nicht fliehen; er hat eine Übermacht gegen sich; und schließlich ist es besser für ihn, wenn er ruhig mitgeht und auf die Macht der Gerechtigkeit vertraut. Aber in Tibet war dies einfach nicht möglich. Mein Volk konnte die Chinesen oder ihre Doktrinen nicht akzeptieren, und sein Kampfinstinkt war nicht zu bändigen.

Trotz der abscheulichen Verbrechen, die die Chinesen in unserem Land begangen haben, hege ich in meinem Herzen nicht den geringsten Haß gegen das chinesische Volk. Ich bin der Ansicht, daß es ein Fluch und eine Gefahr unserer Zeit ist, ganzen Völkern die Schuld für Verbrechen zu geben, die von einzelnen begangen worden sind. Ich kenne viele bewundernswerte Chinesen. Und ich glaube, es gibt in der Welt keine Menschen, die so liebenswürdig und so gebildet sind wie die besten unter den Chinesen, aber auch keine, die so grausam und so böse sind wie die schlechtesten Angehörigen dieses Volkes. Unsere Feinde sind nicht der Kommunismus oder China; unsere einzigen Feinde sind einige chinesische Kommunisten. Die Abscheulichkeiten in Tibet sind von Chinesen übelster Sorte begangen worden, von einem kleinen Teil ihrer Soldaten und kommunistischen Funktionären, die zu Verbrechern wurden durch das Wissen, Macht über Leben und Tod zu haben. Die meisten Chinesen würden sich bitterlich schämen, wenn sie von diesen Handlungen wüßten; aber selbstverständlich wissen sie nichts davon. Wir jedoch sollten auch nicht die Absicht haben, uns an jenen zu rächen, die Verbrechen gegen uns begangen haben, oder ihre Verbrechen mit anderen Verbrechen zu beantworten. Wir sollten an das Gesetz des Karma denken: Sie sind in Gefahr, ihre nächsten Leben auf tiefer Stufe und im Elend führen zu müssen, und unsere Pflicht ist es, ihnen – wie jedem anderen Lebewesen – zu helfen, damit sie zum Nirvana emporsteigen können, statt auf niedrigere Schichten der Wiedergeburt absinken zu müssen. Der chinesische Kommunismus ist zwölf Jahre alt; unser Glaube aber hat zweitausendfünfhundert Jahre überdauert, und wir haben die Verheißung Buddhas, daß er noch einmal so lange bestehen wird, ehe das Kommen eines neuen Buddha ihn erneuert.

In unserer Zeit überwältigender militärischer Macht können alle Männer und Frauen nur hoffen. Wenn sie mit einem friedlichen

Zuhause und mit Familien gesegnet sind, hoffen sie, daß ihnen diese erhalten bleiben und daß sie ihre Kinder glücklich aufwachsen sehen können; und wenn sie ihr Zuhause verloren haben, wie es uns geschehen ist, brauchen sie noch mehr Hoffnung und Glauben. Das Hoffen aller Menschen ist im letzten auf seelischen Frieden gerichtet. Meine Hoffnung beruht auf dem Mut der Tibeter und auf der Liebe zur Wahrheit und Gerechtigkeit, die noch im Herzen der Menschheit lebt – und mein Glaube ruht im Erbarmen Buddhas.

Anhang 1: Der tibetische Buddhismus

Die Notwendigkeit der Religion in unserem gegenwärtigen Leben

Ein Grund für Betätigung im Glauben ist der, daß materieller Fortschritt allein keine anhaltende Freude oder Befriedigung bereitet. Vielmehr scheint es, daß wir, je weiter wir materiell vorankommen, um so mehr unter ständiger Angst leben müssen. Wissenschaft und Technik haben Erstaunliches erreicht und werden ohne Zweifel noch mehr erreichen. Der Mensch mag zum Mond fliegen, der manchen alten Gläubigen noch als Sitz ihrer Gottheit gilt, und versuchen, seine Bodenschätze zum Wohle der Menschheit auszubeuten. Auch die Planeten könnten eines Tages erobert werden. Vielleicht wird dieser Fortschritt am Ende die Tatsache enthüllen, daß es außerhalb unserer Welt potentielle Feinde gibt. Aber wie dem auch sei – keinesfalls kann ein materieller Fortschritt den Menschen letzte und bleibende Freude bringen, denn er weckt stets nur die Begierde nach neuem Fortschritt, so daß die Art Freude, die von ihm herkommt, schnell vergänglich ist. Wenn man hingegen voller innerer Freude ist, läßt sich materielle Not leicht ertragen, und wenn die Freude rein aus der eigenen Seele stammt, wird es eine rechte und lang anhaltende Freude sein.

Keine andere Freude aber ist mit der zu vergleichen, die sich aus geistlicher Betätigung herleitet. Sie ist die größte Freude und das Äußerste in der Natur. Jede der verschiedenen Religionen hat ihren eigenen Weg gewiesen, dies zu erlangen.

Ein zweiter Grund für die religiöse Betätigung ist der, daß wir sogar für den Genuß eines guten Teils materieller Freude der

Religion bedürfen. Ganz allgemein kommen Lust und Leid nicht nur von äußeren Faktoren her, sondern genauso von inneren Faktoren. Fehlt der Widerhall von innen, so vermag selbst noch so viel von außen Kommendes weder Lust noch Leid zu bewirken. Diese inneren Faktoren sind die Nachwirkungen, die Eindrücke, die frühere Handlungen in unserer Seele hinterlassen haben. Sobald diese inneren Faktoren mit äußeren zusammenwirken, erfahren wir Lust oder Leid erneut. Eine undisziplinierte Seele drückt böse Gedanken durch böse Handlungen aus, und diese Handlungen lassen böse Nachwirkungen im Geist zurück. Und sobald abermals etwas von außen einwirkt, hat die Seele unter den Folgen früherer Taten zu leiden. Wenn wir in Leid geraten, hat dies also seine weit in der Vergangenheit zurückliegenden Gründe. Alle Lust und alles Leid haben ihre Ursachen im Geist, und die Religionen sind notwendig, weil wir ohne sie unseren Geist nicht zu beherrschen vermögen.

Die Notwendigkeit der Religion für unser zukünftiges Leben

Woher wissen wir, daß es ein Weiterleben nach dem Tod gibt? Der Buddhismus lehrt, daß Ursache und Wirkung zwar ihrer Art nach verschieden sein können, daß sie aber die gleichen wesensmäßigen Eigenschaften haben und in genau bestimmter Verbindung zueinander stehen müssen. Denn andernfalls können die gleichen Ursachen nicht zu gleichen Wirkungen führen. Der menschliche Körper zum Beispiel kann wahrgenommen werden – er hat greifbare Form und sichtbare Farbe –, und deshalb muß sein unmittelbarer Ursprung, seine Ursache, dieselben Eigenschaften haben. Der Geist aber ist ungreifbar und unsichtbar, und so muß sein unmittelbarer Ursprung, seine Ursache, ebenso ungreifbar und unsichtbar sein – Nicht-Form. Um ein Bild zu geben: Die Eigenschaften der Samen von Heilpflanzen erzeugen Heilmittel, die von Giftpflanzen Gifte.

Die meisten Wesen haben physische Körper (wenn sie auch in manchen Regionen des Seins nur Geist sind). Beide – Körper und Geist – müssen unmittelbare Ursachen haben. Geist und Körper beginnen in diesem Leben im Augenblick der Empfängnis. Unmittelbare Ursache eines Körpers ist der Körper seiner Eltern.

Aber weder kann physische Materie Geistiges, noch kann der Geist Materie hervorbringen. Unmittelbare Ursache einer Seele muß deshalb eine Seele sein, die bereits vor der Empfängnis existiert hat, und die Seele muß die Fortführung einer vorhergegangenen Seele sein. Dies bedeutet für uns den Beweis der Existenz eines früheren Lebens. Geführt worden ist dieser Beweis durch die Berichte von Erwachsenen und Kindern, die sich an ihr vergangenes Leben erinnerten – ein Phänomen, das wir nicht nur aus geschichtlichen Aufzeichnungen kennen, sondern auch aus der Gegenwart. Von dieser Grundlage aus können wir den Schluß ziehen, daß es ein früheres Leben gegeben hat, und weiterhin, daß es auch ein zukünftiges Leben geben wird. Glaubt man an ein Leben nach dem Tode, so wird die geistliche Betätigung als Vorbereitung auf das zukünftige Leben zu einer Notwendigkeit, die durch nichts anderes ersetzt werden kann.

Eine von vielen Religionen der Welt: der Buddhismus und sein Gründer

Wie eine bestimmte Krankheit überall auf der Welt auf verschiedene Weise behandelt wird, so gibt es viele Religionen, um den Menschen und anderen Geschöpfen das Glück zu bringen. Verschiedene Glaubenslehren sind den Menschen von verschiedenen Gründern zu verschiedenen Zeiten und auf verschiedene Art gebracht worden. Aber ich glaube, daß sie im Grunde alle dasselbe hohe Ziel anstreben: sittliche Gebote zu lehren, um so Geist, Körper und Sprache zu formen. Sie alle lehren uns, nicht zu lügen oder falsches Zeugnis zu geben, nicht zu stehlen, nicht zu töten und so weiter. Deshalb wäre es besser, wenn die Uneinigkeit unter den Gläubigen der verschiedenen Religionen ein Ende finden könnte. Einigkeit unter den Religionen ist keine Utopie. Sie ist möglich; und im gegenwärtigen Zustand der Welt ist sie außerordentlich wichtig. Achtung voreinander wäre für alle Gläubigen ein Segen, und Einigkeit untereinander gereichte auch den Ungläubigen zum Heil, denn die in breiter Front vereinigte Flut von Licht würde ihnen den Weg aus ihrer Unwissenheit weisen. Mit allem Nachdruck betone ich, wie dringend notwendig eine fugenlose Einheit unter allen Religionen ist. Deshalb sollten die Anhänger jedes Glaubens etwas von den anderen Religionen wissen, und das ist der Grund, warum ich versuche, ein wenig zu erläutern, was der tibetische Buddhismus ist.

Ich muß allerdings gleich zu Anfang sagen, daß es sehr schwer ist, in der Sprache des Westens genau die Wörter zu treffen, die geeignet sind, die philosophischen Begriffe des Buddhismus, die wir im Tibetischen benutzen, richtig wiederzugeben. Es ist gegenwärtig kaum möglich, einen Gelehrten zu finden, der so perfekt, wie er seine Muttersprache beherrscht, auch über profunde Kenntnisse in Philosophie und Religion des tibetischen Buddhismus verfügte. Auch gibt es wenig authentische Übersetzungen, an die man sich halten könnte. Die Bücher, die in der Vergangenheit geschrieben oder übersetzt worden sind, haben ganz gewiß dem Buddhismus einen großen Dienst geleistet. Aber manche sind nicht sonderlich gut übersetzt und geben die wirkliche Bedeutung nur oberflächlich wieder. Ich hoffe, daß in Zukunft auch dieses Problem allmählich gelöst wird, so daß man im Westen die tieferen Aspekte unserer Religion verstehen kann. Bis dies einmal gelungen ist, soll hier für diesen Anhang eine sehr freie Übersetzung dienen, um die Dinge so einfach wie möglich darzustellen. Ich selbst könnte dies zuverlässig nur in tibetischer Sprache und muß mich hinsichtlich der genauen Wahl der Wörter und Begriffe auf andere verlassen.

Im Verlauf meiner Darstellung habe ich bereits erklärt, daß wir Buddhisten glauben, daß alle Wesen wiedergeboren werden und sich durch eine Reihe aufeinander folgender Leben bis zur Vollkommenheit der Buddhaschaft hindurchringen. Wir halten es nicht für erwiesen, daß diese Vervollkommnung in einem einzigen Leben zu erreichen ist, obwohl es so sein kann.

Wir betrachten den Geist des Menschen als dem Körper übergeordnet; Sprache sowohl wie Körper sind ihm unterworfen. Sünden rühren die innerste Natur der Seele nicht an. Die wahre Seele ist ihrer Natur nach rein. Sünden sind Mängel äußerer oder zweitrangiger Seelenbereiche. In der Suche nach Erleuchtung fallen diese Fehler einer nach dem anderen von den äußeren Bereichen ab, und wenn keiner mehr zurückgeblieben ist, dann ist die wahre Vollkommenheit erreicht, die Buddhaschaft.

Wir glauben, daß während des gegenwärtigen Kalpa (Weltzeitalters) tausend Inkarnationen des höchsten Buddha auf die Welt kommen werden. Diese Buddhas waren Wesen wie wir selbst, bevor sie die Vollkommenheit erreichten. Sie haben die Macht, Wiedergeburten ihres Geistes, ihres Körpers und ihrer Sprache in einem Augenblick in Millionen von Formen zu vollziehen, um allen lebenden Wesen in Millionen von Welten wie der unsrigen eine Wohltat zu erweisen. Jede von diesen höchsten Inkarnationen wird ihre eigene Lehre verkünden und wird ewig für die Erlösung aller lebenden Wesen arbeiten.

Wir betrachten Gautama Buddha, wie er auch genannt wird, als einen von diesen tausend Buddhas. Er wurde vor mehr als 2500 Jahren in Indien aus fürstlichem Geschlecht geboren. Im ersten Teil seines irdischen Daseins lebte er als Prinz. Doch dann lernte er das Leiden in mancherlei Gestalt kennen, so wurde in ihm das Gefühl für die Hinfälligkeit des menschlichen Seins erweckt. Er verzichtete auf seinen Rang und wandte sich einem asketischen Leben zu. Von der begrenzten Sicht der gewöhnlichen Seienden aus ist sein Leben durch zwölf Hauptgeschehnisse gekennzeichnet: Seine Herabkunft aus dem Himmel, genannt Tushita, seine Empfängnis, seine Geburt, seine Unterweisung, Heirat, Entsagung, Askese, seine Meditation unter dem Bodhi-Baum (dem Baum des Wissens), das Bezwingen des Versuchers Mara, das Erreichen der Buddhaschaft, sein Predigtamt und sein Scheiden aus dem *Samsara* (dem Kreis des Daseins).

Seine Lehre unterscheidet sich von der anderer Buddhas; denn die meisten von ihnen predigten nur die *Sutras* (in Reden der Lehre), er aber verkündete auch die *Tantras*, die Unterweisungen in mystisch-magischer Methodik.

Als er die Erleuchtung erlangt hatte, die Vollkommenheit der Buddhaschaft, in Bodh Gaya, hielt er drei Predigten, jede an einem anderen Ort in jenem Teil Indiens, der Bihar genannt wird. Die erste, in Varanasi (dem heutigen Benares), behandelte die Vier Edlen Wahrheiten, über die ich noch mehr werde sagen müssen. Sie war hauptsächlich an die Shravakas gerichtet, was »Zuhörer« bedeutet; es waren geistig aufgeschlossene Menschen, die aber einen engen Horizont hatten. Die zweite Predigt, in Gridhrakuta, befaßte sich mit *Shunyata* (der Leere), dem Nicht-Sein einer letzten Selbst-Natur, wovon ich ebenfalls noch einiges ausführen werde. Diese war an die Anhänger des *Mahayana*, des »Großen Weges«, gerichtet, die Männer von höchster Intelligenz waren. Die dritte Predigt, in Vesali, war für Anhänger des Mahayana von etwas weniger scharfem Verstand bestimmt.

So predigte er also nicht nur Sutras für Bekenner des Mahayana und des Hinayana (des »Großen« und des »Kleinen« Wegs, der zwei wichtigsten Schulen des Buddhismus), sondern auch, nachdem er den Status eines *Vajra Dhara* (vollendeten Magiers, eig. ›Donnerkeilträgers‹) erreicht hatte, seine Einsicht in die tiefgründigsten Methoden, verkündigte er viele Tantras für Anhänger des Mahayana. Die vielen Schriften, die man unter dem Titel *Kangyur* ins Tibetische übersetzt hat, sind durchweg Lehren Buddhas.

Der *Kangyur* gliedert sich in die Abteilungen *Sutra* und *Tantra*. *Sutra* wiederum ist in drei Gruppen aufgeteilt: *Vinaya*, das sich mit der Lehre sittlicher Gebote befaßt; *Sutranta*, das die Meditation behandelt, und *Abhidharma*, die Philosophie transzendentalen Wissens. Diese drei Abteilungen heißen zusammen *Tripitaka*, ihre Hauptprinzipien heißen im Sanskrit *Shila*, *Samadhi* und *Prajna* (Sittlichkeit, Versenkung, Erkenntnis). Im *Kangyur* hat das *Tantra* vier Abschnitte. In Tibet werden diese *Tantra*-Texte manchmal in das *Sutranta* des *Sutra* einbezogen.

Die Ausbreitung des Buddhismus in Tibet

Bevor der Buddhismus von Indien nach Tibet kam, war die Bon-Religion in unserem Land weit verbreitet. Entstanden ist sie im benachbarten Shang-Shung, und bis in die jüngste Zeit hinein hat es in Tibet noch Gegenden gegeben, wo die Bekenner des Bon ihren tiefen Studien und Meditationen nachgingen. In ihren Anfängen war die Bon-Religion, wie ich glaube, nicht sonderlich fruchtbar; als aber der Buddhismus in Tibet zu blühen begann, bot sich auch ihr die günstige Gelegenheit, die eigene religiöse Philosophie und die Möglichkeiten der Meditation zu bereichern.

Es war König Latho-tho-ri von Tibet, der vor mehr als tausend Jahren den Buddhismus im Lande eingeführt hat. Die Lehre breitete sich stetig aus, und im Lauf der Zeit kamen viele berühmte Pandits aus Indien nach Tibet und übersetzten Sutra- und Tantra-Texte mit Kommentaren.

Ein Rückschlag von einigen Jahren erfolgte während der Regierung des glaubensfeindlichen Königs Langdarma im zehnten Jahrhundert christlicher Zeitrechnung. Aber dieses Dunkel mußte bald wieder weichen, und der Buddhismus, neu erstarkt, breitete sich erneut von den östlichen und westlichen Teilen Tibets her aus. Bald waren Gelehrte, indische sowohl die tibetische, wiederum damit beschäftigt, die heiligen Schriften zu übersetzen, und hervorragende Pandits kamen zu diesem Zweck abermals in unser Land. Als dann aber auch in Tibet selbst bedeutende Gelehrte heranwuchsen, verringerte sich nach und nach die Zahl der aus Indien und Nepal kommenden Pandits.

So entwickelte sich unsere Religion in jener Zeit, die man als die spätere Periode des Buddhismus in Tibet kennzeichnen kann, getrennt von der späteren Schule des indischen Buddhismus.

Aber sie blieb getreu auf die Lehren Buddhas gegründet. In allem Wesentlichen ist sie durch die Hand tibetischer Lamas niemals verändert, noch ist ihr etwas hinzugefügt worden. Die Kommentare der Lamas werden deutlich als solche von den anderen Schriften unterschieden, und die Lamas gaben ihrer Arbeit durch ständige Verweisungen auf die Hauptlehren Buddhas oder der Pandits Authentizität.

Aus diesem Grund kann ich es nicht für korrekt halten, wenn man den tibetischen Buddhismus als vom ursprünglichen, in Indien gepredigten Buddhismus abgesondert betrachtet oder ihn Lamaismus nennt, wie es manche Leute getan haben.

Freilich hat es gegenüber Indien in weniger wichtigen Angelegenheiten Unterschiede gegeben, die von den örtlichen Gegebenheiten herrührten, wie zum Beispiel die andere Kleidung der Ordensleute als Folge der klimatischen Bedingungen. Aber ich glaube, daß ein eingehendes Studium der tibetischen Sprache und der tibetischen Texte nunmehr für jeden wesentlich sein wird, der die vollständigen Lehren Buddhas, Sutra sowohl wie Tantra, verstehen möchte.

Der Buddhismus ist, wie wir gesehen haben, nicht als Ganzes und auf einmal nach Tibet gebracht worden. In Indien gab es während dieser Periode große buddhistische Institutionen, so die Hochschulen von Nalanda und Vikramashila, die sich voneinander durch unbedeutende Abweichungen ihrer Lehrart unterschieden, obwohl sie grundsätzlich die gleiche Religion und Philosophie verkündeten. Dadurch, daß der Buddhismus zu verschiedenen Zeiten und von verschiedenen Lehrern nach Tibet kam, bildeten sich gesonderte Gruppen, die zu getrennten Organisationen oder Sekten wurden, alle aber fußten auf denselben Grundsätzen. Die bedeutendsten dieser tibetanischen Schulen waren die der Nyingma, Kagyud, Sakya und Geluk. Jede hielt an allen Lehren von Hinayana und Mahayana einschließlich Tantrayana fest, denn die tibetischen Buddhisten trennen diese nicht voneinander, sondern erweisen jeder von ihnen die gleiche Verehrung. In der sittlichen Belehrung richten sie sich nach den Regeln des *Vinaya*, die hauptsächlich von den Anhängern des Hinayana befolgt werden, während sie sich für mehr esoterische Übungen jeden Grades und jeder Tiefe der Methodik der Mahayana- und Tantrayana-Schulen bedienen.

Das tibetische Wort *Chös* heißt im Sanskrit *Dharma* und bedeutet »Halten«. Alle Dinge dieser Welt, die eine genau bestimmbare Identität mit sich selbst haben, werden Dharmas genannt. Eine andere Bedeutung von Dharma ist »Zurückhalten von bevorstehendem Übel«, und in diesem Sinn kann Dharma auch »Religion« bedeuten – Religion hier als Gegensatz zu Weltlichkeit gebraucht. So ist – etwas ungenau gesagt – jede edle Handlung von Geist und Körper oder durch Rede Dharma oder Religion – etwas, das vor dem Übel bewahren oder retten kann. Man sagt, daß jemand seine Religion ausübt, wenn er edle Handlungen vollbringt.

Die Vier Edlen Wahrheiten

Buddha sagte: »Dies ist wahres Leiden; dies ist die wahre Ursache; dies ist wahres Aufhören; dies ist der wahre Pfad.« Er sagte auch: »Erkenne die Leiden; gib ihre Ursachen auf; erreiche das Aufhören des Leidens; folge den wahren Pfaden.« Und wiederum sagte er: »Wisse von den Leiden, obwohl es da nichts zu wissen gibt; verzichte auf die Ursachen des Leidens, obwohl es da nichts zu verzichten gibt; strebe ernstlich nach dem Aufhören, obwohl es da nichts aufzuhören gibt; übe das Aufhören aus, obwohl es da nichts auszuüben gibt.« Dies sind die drei Aspekte der wahren Natur, vom Befolgen und vom Ergebnis der Vier Edlen Wahrheiten.

Übereinstimmend mit der Lehre des Madhyamika (ursprünglich gelehrt von Nagarjuna, einem Gelehrten des dritten Jahrhunderts christlicher Zeitrechnung), die alle anderen Lehren der verschiedenen buddhistischen Schulen weit überragt, ist die Erklärung dieser Wahrheiten folgende: Wahres Leiden bedeutet *Samsara* (den gesamten Kreislauf des Daseins von Geburt und Wiedergeburt), das entsteht aus dem *Karma* (das bedeutet Aktion und Reaktion, die Macht der Taten und ihrer Wirkungen) und aus dem Trug.

Wahre Ursache bedeutet Karma und Trug, die der Grund des wahren Leidens sind. – Wahres Aufhören bedeutet das vollständige Aufhören der ersten zwei Wahrheiten. – Der wahre Pfad bedeutet die Methode, durch die das wahre Aufhören zu erreichen ist.

So führt also die wahre Ursache des Leidens zu wahrem Leiden; wenn man aber dem wahren Pfad folgt, wird das wahre Aufhören erreicht. Obwohl dies die natürliche Reihenfolge ist, verkündete Buddha die Vier Wahrheiten, indem er zuerst die Wirkungen nannte und danach die Ursachen, und zwar aus folgendem Grund: Wenn das Leiden bekannt ist, kann man auf seine Ursachen schließen; und wenn ein starkes Verlangen besteht, die Ursachen des Leidens aufzugeben, wird man die Mittel finden, aufzuhören.

Das Samsara und die Wesen

Samsara ist der ganze Kreislauf des Seins, und mit seinen Unzulänglichkeiten ist es das wahre Leiden. Zu Samsara gehört alles, das seinen zureichenden Grund nicht in sich selbst trägt, alles was aus einer Kette anderer Ursachen hervorgeht und deshalb mit Karma und Trug verflochten ist. Seine wesentliche Natur ist Leid, und sein Wirken ist es, eine Grundlage zu schaffen für das Entstehen von Leid und für die Zukunft Leid herbeizuziehen.

Räumlich gesehen ist Samsara in drei Welten unterteilt, die Welt der Sinnenlust, die Welt der reinen Formen und die Welt der Nicht-Formen. Die Wesen in der ersten dieser Welten genießen äußerliche sinnliche Freuden. Die zweite, die Welt der reinen Formen, hat zwei Bereiche; in dem niedrigeren können die Wesen zwar äußerliche sinnliche Freuden nicht genießen, haben dafür aber den Genuß der ungetrübten Freude innerer Versenkung. In der Welt der Nicht-Formen gibt es die fünf Sinnesorgane nicht mehr und ebensowenig die Dinge, die man mit ihrer Hilfe genießt. Nur der reine Geist, frei von jeder Ablenkung, existiert und verweilt gänzlich in einem Zustand von Gleichmut.

Samsara kann also je nach der Art der Wesen, die es in ihm gibt, gegliedert werden, also in sechs Unterteilungen:

Gottheiten: Zu ihnen gehören Wesen in der Welt himmlischer Formen und gestaltloser Geister sowie die sechs Arten von Göttern, die es in der Welt der Sinne gibt.

Halbgötter oder *Dämonen:* Diese sind in jeder Hinsicht wie Götter, nur daß sie böse sind.

Menschliche Wesen

Yi-Dag oder *Pretas*: Gespenster, die unaufhörlich vom Elend des Hungers und Durstes geplagt werden.

Tiere.

Höllen: Es gibt verschiedene Grade von Höllen, und die lebenden Wesen in jeder von ihnen sind ebenfalls unterschiedlicher Natur, entsprechend ihrem vergangenen Karma.

Die Ursachen der Leiden des Samsara

Die Ursachen für das Leiden sind Karma und Trug.

Karma ist als »Übereinstimmung von Tat und Wirkung« definiert worden. Nach den höheren Lehrarten des Buddhismus hat es zwei Abteilungen, die im Tibetischen *Sempai Le* und *Sampai Le* genannt werden. Sempai Le ist das Ausgangsstadium des Karma, in dem physisches Geschehen erst noch folgen soll: die Stufe, auf der ein unterbewußter Trieb zum Handeln besteht. Sampai Le ist das folgende Stadium, in dem das Handeln erfolgt, durch körperliches Tun oder durch Worte. Nach den Ergebnissen gibt es drei Arten von Karma: Verdienstliches Karma verursacht, daß Wesen im Bereich der Götter, Halbgötter und Menschen wiedergeboren werden. Karma ohne Verdienst bewirkt eine Wiedergeburt in den niedrigeren Bereichen von Tieren, Pretas und Höllen. Achala Karma – das Beständige Karma – verursacht, daß Wesen in den oberen Welten wiedergeboren werden, in *Rupa* und *Arupa Dhatu*, in einer Welt der reinen Formen und einer Welt der Nicht-Formen. Die Ergebnisse des Karma können im gegenwärtigen Leben, im nächsten oder in späteren Leben erfahren werden.

Trug ist kein Teil des wesentlichen oder inneren Geistes, der, wie ich gesagt habe, seiner Natur nach rein ist: Trug ist ein Mangel eines äußeren oder sekundären Geistesbereiches. Wenn ein solcher Bereich erregt wird, so wird der Trug wirksam, gewinnt Herrschaft über den inneren Geist und führt so zur Sünde.

Es gibt viele Arten von Trug: Leidenschaft, Zorn, Hochmut, Haß, Feindseligkeit und so fort. Leidenschaft und Feindseligkeit sind die hauptsächlichsten Arten von Trug: unter Leidenschaften verstehen wir ein heftiges Verhaftetsein an Menschen oder Dinge. Leidenschaft kann zu Selbstverhaftetsein oder Egoismus werden, und daraus kann sich durch ein Gefühl von Überlegenheit Hoch-

mut entwickeln; oder wenn man sich einer Feindschaft gegen-
übersieht, kann Haß entstehen. Und Unwissenheit und fehlendes
Verständnis können dazu verleiten, sich der Wahrheit zu widersetzen. Dieses starke »Ichbewußtsein« ist bei allen Wesen im
Samsara seit undenklicher Zeit genährt worden, und sie sind so
sehr daran gewöhnt, daß sie es selbst in ihren Träumen erfahren.
In Wirklichkeit sind alle erkennbaren Dinge schon ihrer wahren
Natur nach leer; aber durch Trug erscheinen sie als aus sich selbst
entspringende und sich selbst genügende Wesenheiten. Und um-
gekehrt ist diese verzerrte Auffassung zugleich die Wurzel jeden
Trugs.

Das Wesen des Nirvana

Samsara bedeutet in einem anderen Sinn ein Gebundensein.
Nirvana bedeutet Befreiung aus diesem Gebundensein: das wahre
Aufhören, die dritte der Vier Edlen Wahrheiten. Ich habe erklärt,
daß Karma und Trug die Ursachen von Samsara sind. Wenn die
Wurzeln des Trugs vollkommen ausgezogen werden, wenn das
Schaffen neuen Karmas, das Wiedergeburt in Samsara verursacht,
zum Aufhören gebracht wird, wenn es keinen Trug mehr gibt, der
die zurückgebliebenen Karmas der Vergangenheit befruchten
kann, dann wird die beständige Wiedergeburt des leidenden Wesens aufhören. Aber ein solches Wesen wird nicht zu existieren
aufhören. Es hat immer in einem Körper mit einem sterblichen
Rest existiert, einem Körper, der aus früherem Karma und Trug
geboren ist. Aber nach dem Aufhören der Wiedergeburt, nach der
Befreiung von Samsara und der Erlangung des Nirvana wird es
weiterhin Bewußtsein und einen geistigen, von Trug freien Körper haben. Dies ist die Bedeutung des wahren Aufhörens von
Leid.
Nirvana kann eine niedrigere Stufe bezeichnen, auf der es einfach
kein Leiden gibt, kann aber auch die höchste, *Mahaparinirvana*
genannte Stufe bedeuten. Dies ist die Stufe der äußersten Erleuchtung, vollkommen und uneingeschränkt, frei von aller mo-
ralischen und geistigen Befleckung und frei von der Befleckung,
die durch die Fähigkeit des unterscheidenden Denkens verursacht
wird: Es ist die Stufe der Buddhaschaft.

Hinayana

Ein vorgeschriebener Pfad muß befolgt werden, um beide oben beschriebenen Nirvana-Zustände zu erlangen: der wahre Pfad, die vierte der Edlen Wahrheiten. Hinayana und Mahayana sind zwei Sonderformen dieses Pfades. Die Anhänger des Hinayana, die den »Geringeren Weg« beschreiten, wollen letztlich Nirvana um des einzelnen selbst willen erreichen. Nach dieser Lehre sollte der Geist fest gewillt sein, dem Samsara zu entsagen; er soll sich mit religiöser Ethik (*Shila*) befassen und gleichzeitig Konzentration (*Samadhi*) und Meditation (*Vipassana;* tibetisch *Lhagthong*) betreiben, damit der Trug und die Saat des Trugs ausgemerzt werden, nicht mehr wachsen. So wird Nirvana erreicht. Die zu beschreitenden Wege sind die Wege der Vorbereitung, der Anwendung, des Sehens, der Ausübung und der Erfüllung.

Mahayana

Die Anhänger des Mahayana wollen die höchste Stufe des Nirvana erreichen, die Buddhaschaft, nicht nur um des einzelnen, sondern um aller anderen fühlenden Wesen willen. Veranlaßt durch den Gedanken der Erleuchtung (*Bodhi-chitta*) und durch Mitleid, beschreiten sie fast die gleichen Pfade wie die Bekenner des Hinayana; aber zusätzlich zu diesen Pfaden praktizieren sie andere Methoden (*Upayas*), etwa die sechs *Paramitas* oder Kardinaltugenden. So suchen die Anhänger des Mahayana sich nicht nur vom Trug zu befreien, sondern auch von der Befleckung durch die Sünde, um zur Buddhaschaft zu gelangen. Die fünf Mahayana-Pfade werden ebenfalls die der Vorbereitung, der Anwendung, des Sehens, der Ausübung und der Erfüllung genannt; die Namen der Pfade sind also zwar die gleichen wie jene des Hinayana, doch besteht zwischen ihnen ein qualitativer Unterschied. Und da die Anhänger des Mahayana einen anderen Beweggrund haben, gewöhnlich anderen Pfaden folgen und andere Methoden praktizieren, ist das Endziel, das sie erreichen, ein anderes.

Manchmal wird gefragt, ob Bekenner des Hinayana, die das Nirvana erlangt haben, auf die von ihnen erreichte Stufe beschränkt sind oder ob sie später dem Mahayana folgen werden. Die Antwort muß lauten, daß sie die von ihnen erreichte Stufe des Nirvana nicht als das Endziel betrachten werden, sondern sicherlich Wege einschlagen, um die Buddhaschaft zu erreichen.

Die von mir erwähnten Pfade sind Pfade des religiösen Glaubens, und man muß ihnen folgen, um eine feste Grundlage zu schaffen, bevor das Tantrayana (der Weg der Yoga-Methode) praktiziert wird. In Tibet ging man äußerst sorgfältig vor, ehe irgendeine tantrische Lehre übernommen wurde. Geistliche Lehrer forschten stets nach, ob die Lehre zu denen gehörte, die Buddha gepredigt hatte, ließen sie durch sachkundige Pandits logisch analysieren und prüften auch ihre Auswirkungen im Licht der Erfahrung, ehe sie ihre Echtheit bestätigten und sie übernahmen. Dies war notwendig, weil es viele nichtbuddhistische tantrische Lehren gibt, die auf Grund oberflächlicher Ähnlichkeiten mit denen des Buddhismus verwechselt werden könnten.

Das Tantrayana gliedert sich in vier Klassen; es gibt zahlreiche Schriften darüber, die hier nicht genannt werden können. So einfach wie möglich ausgedrückt, ist Tantrayana folgendes: Wie schon erklärt, gelten schlechte Karmas als verantwortlich für die verschiedenen Arten von Leiden, die wir erdulden. Diese schlechten Karmas entstehen durch Trug. Trug geht im wesentlichen auf einen ungeschulten Geist zurück. Der Geist sollte deshalb geschult und diszipliniert werden, um das Fließen bösen Denkens aufzuhalten. Durch Konzentration auf die physische Beschaffenheit des Körpers und die psychische Beschaffenheit des Geistes wird dieses Fließen bösen Denkens aufgehalten und der Geist von seinem Abschweifen und Pläneschmieden zur Ruhe gebracht. Der Geist kann auch auf äußere Objekte der Versenkung gerichtet werden. Dazu braucht man allerdings starke kontemplative Fähigkeiten, und es zeigt sich, daß die Bilder von Gottheiten die geeignetsten Hilfen sind. Aus diesem Grund gibt es im Tantrayana viele Götterbilder. Diese sind nicht willkürliche Schöpfungen. Bilder als Objekt der Kontemplation zur Reinigung von Körper, Geist und Sinnen müssen sowohl mit zornigen wie mit friedlichen Aspekten geschaffen werden, manchmal auch mit mehreren Köpfen und Händen, damit sie den körperlichen, geistigen und sinnlichen Befähigungen verschiedener Menschen für das Streben nach dem Endziel entsprechen. Fortschritte auf dieses Ziel hin werden in manchen Fällen hauptsächlich durch eine starke Glaubenskraft und Frömmigkeit erzielt, aber im allgemeinen werden sie durch die Kraft der Vernunft erreicht; und folgt man dem Pfad des Übersinnlichen systematisch, wird die Vernunft auf diesem Weg viele Gründe für einen tiefempfundenen Glauben liefern.

Jeder religiöse Pfad hat eine »Weisheit« *(Prajna) und eine* »Methode« *(Upaya).*

Die Weisheit befaßt sich mit der Absoluten Wahrheit *(Paramarthasatya),* die Methode mit der Relativen Wahrheit *(Samvritisatya).* Nagarjuna hat gesagt: »Von den Buddhas gezeigte Dharmas sind immer in voller Übereinstimmung mit der Zweifachen Wahrheit, der Absoluten und der Relativen Wahrheit.«

Wenn das Endziel, die Buddhaschaft, erreicht ist, erwirbt ein Mensch zwei Formen von *Buddha-Kayas* oder -Körpern. Diese beiden Kayas sind die Ergebnisse seines Befolgens von Weisheit und Methode auf dem Pfad der Lehre; und seine Weisheit und seine Methode sind die Ergebnisse der beiden Wahrheiten, die die universelle Grundlage bilden. Ein Verstehen der Zweifachen Wahrheit ist deshalb sehr wichtig; aber es bringt einige Schwierigkeiten mit sich. Verschiedene Schulen buddhistischen Denkens haben hinsichtlich dieser Wahrheiten unterschiedliche Ansichten. Nach dem Uma Thal Gyurpa (der von der Prasangika-Schule des Buddhismus vertretenen Lehre des Madhyamika) haben die Dinge, die wir mit unseren Sinnen wahrnehmen, zwei Aspekte, den wahrnehmbaren und den nicht wahrnehmbaren. Einfach ausgedrückt, befaßt sich die Relative Wahrheit mit dem Wissen von den Dingen und den geistigen Begriffen in ihren wahrnehmbaren Aspekten, die Absolute Wahrheit mit dem Wissen von ihren nicht wahrnehmbaren Aspekten. Universelle Leere und Wahres Aufhören sind Absolute Wahrheiten; alles andere ist relativ.

Wie man die Lehren des Buddhismus befolgen kann

Die vollkommene Ausübung des Buddhismus wird nicht allein durch äußerliche Veränderungen erreicht, etwa indem man ein Klosterleben führt oder aus heiligen Büchern rezitiert. Es ist sogar noch fraglich, ob solches Tun an sich schon religiös oder nicht religiös genannt werden kann, denn Religion sollte im Geist ausgeübt werden. Wenn man die richtige geistige Einstellung hat, kann alles, was man körperlich tut und mit Worten spricht, religiös werden. Aber wenn die rechte Einstellung fehlt, wenn man nicht weiß, wie man richtig denkt, wird man nichts erreichen, selbst wenn man sein ganzes Leben im Kloster und mit dem Lesen der heiligen Schriften verbringen würde. Also ist als erstes diese rechte geistige Einstellung wesentlich. Man sollte zu den Drei Juwelen – Buddha, Dharma und Sangha (Gemeinde) – seine letzte Zuflucht nehmen, man sollte die Gesetze des Karma und seine Wirkungen beachten, und man sollte Gedanken nachgehen, die anderen Wesen nützen.

Wenn man ernsthaft der Religion folgt, indem man der Welt entsagt, bringt dies dem Gläubigen große innere Freude. Es gibt in Tibet viele Menschen, die auf diese Weise der Welt entsagt haben, und sie gewinnen daraus unbeschreibliche geistige und physische Befriedigung. Alle weltliche Lust, gewonnen aus dem Beweggrund der Eigenliebe und des Ringens, sie zufriedenzustellen, ist nicht einem Bruchteil dieser Befriedigung vergleichbar. Solche Menschen sind dank ihres eigenen inneren Zustandes auch für andere Menschen von größtem Segen, denn ihr Zustand befähigt sie, nicht nur die wahren Ursachen, sondern auch die wahren Heilmittel für die Krankheiten der Menschheit zu erkennen. Und doch ist dieser Verzicht auf die Welt nicht jedem möglich, weil die geforderten Opfer sehr groß sind.

Zu welcher Art von Dharma, zu welcher Art von Religion kann dann den Menschen in gewöhnlichen Lebensumständen geraten werden? Unmoralisches weltliches Tun muß selbstverständlich ausgeschlossen sein; solches Tun verträgt sich mit keiner Religion. Aber moralisch zu rechtfertigendes Handeln, wie das Mitwirken bei der Regierung eines Landes, oder alles Nützliche und Produktive, alle Schritte zur Förderung der Freude und des Glückes anderer – all das kann sicherlich mit dem Ausüben von Dharma zusammengehen. Könige und Minister in Indien und Tibet haben den Dharma gefördert. Wenn man wirklich danach sucht, kann man das Heil erlangen, auch wenn man nur ein Alltagsleben führt. Doch es gibt ein Sprichwort: »Menschen, die sich geistig nicht bemühen, sammeln nur Ursachen für den Abstieg in die Hölle an, selbst wenn sie wie in Höhlen überwinternde Tiere in der Zurückgezogenheit der Berge bleiben.«

Vielleicht darf ich mit einer alten tibetischen Geschichte schließen. Vor langer Zeit lebte ein berühmter Lama namens Drom. Eines Tages sah er einen Mann, der lange um einen Stupa, ein Kultmal, herumging. »Schau«, sagte Drom, »es ist ja gut und recht, daß du einen Stupa umwandelst. Aber es wäre besser, dich im Glauben zu betätigen.«

»Nun, dann lese ich am besten ein heiliges Buch«, sagte der Mann zu sich selbst. Und so begann er mühselig in einem Buch zu lesen, bis ihn Drom eines Tages zufällig wieder sah.

»Das Lesen in einem heiligen Buch ist zweifellos sehr gut«, sagte Drom. »Aber es wäre noch besser, wenn du dich im Glauben betätigtest.«

Der Mann dachte: »Selbst Lesen hilft nichts. Wie wäre es mit Meditieren?«

Bald darauf sah ihn Drom beim Meditieren und sagte: »Es ist sicherlich sehr gut, zu meditieren. Aber es wäre wirklich besser, wenn du dich im Glauben betätigtest.«

»Bitte, was verstehst du unter Ausübung der Religion?« fragte verwirrt der Mann.

»Wende deinen Geist ab von den Formen dieses weltlichen Lebens«, erwiderte Drom. »Wende *deinen Geist* zur Religion hin.«

Anhang 2: Appelle Seiner Heiligkeit des Dalai Lama von Tibet an die Vereinten Nationen

DOKUMENT A/1549

Kalimpong, 11. November 1950

Das Augenmerk der Welt ist auf Korea gerichtet, wo eine internationale Streitmacht der Aggression Widerstand leistet. Ähnliche Geschehnisse im fernen Tibet bleiben unbeachtet. Im Glauben daran, daß in keinem Teil der Welt eine Aggression unvergolten und die Freiheit ungeschützt bleibt, haben wir die Verpflichtung auf uns genommen, durch Sie die Vereinten Nationen über jüngste Geschehnisse im tibetischen Grenzgebiet zu unterrichten. Wie Sie wissen, hat das Tibetproblem in letzter Zeit alarmierende Ausmaße angenommen. Dieses Problem ist nicht durch Tibet selbst entstanden, sondern ist weitgehend die Folge ungehemmten chinesischen Strebens, schwächere Nationen an seiner Peripherie unter seine aktive Herrschaft zu bringen. Die Tibeter haben seit langem ein abgeschlossenes Leben in der Sicherheit ihrer Berge geführt, weit entfernt von der übrigen Welt und hoch über ihr. Nur Seine Heiligkeit der Dalai Lama spendet als anerkanntes Haupt der buddhistischen Glaubensgemeinschaft ihren Bekennern in vielen Ländern seinen Segen und nimmt von ihnen ihre Huldigung entgegen.

In den Jahren vor 1912 bestanden enge freundschaftliche Beziehungen persönlicher Natur zwischen dem Kaiser von China und Seiner Heiligkeit dem Dalai Lama. Die Verbindung war wesentlich aus dem Glauben an eine gemeinsame Religion entstanden und kann mit Recht als die Beziehung zwischen einem geistlichen Führer und seinen Anhängern aus dem Laienstand definiert werden; sie hatte keine politischen Folgerungen. Als ein den Lehrern des Buddhismus ergebenes Volk hatten die Tibeter schon seit langem der Kunst der Kriegführung entsagt, hatten Frieden und Toleranz geübt und verließen sich hinsichtlich der Verteidigung ihres Landes auf seine geographische Lage und auf ihre Nichteinmischung in die Angelegenheit anderer Nationen. Es gab Zeiten, da Tibet den Schutz des chinesischen Kaisers suchte, aber selten erhielt. Die Chinesen haben jedoch in ihrem natürlichen Expansionsdrang die Bedeutung der Bande der Freundschaft und Gegenseitigkeit, die zwischen China und Tibet als Nachbarn bestanden, völlig falsch ausgelegt. Für sie war China der Oberherr (Suzerän) und Tibet ein Vasallenstaat. Diese Tatsache ist es, die erstmals in Tibet berechtigte Befürchtungen über die Absichten Chinas hinsichtlich des Status der Unabhängigkeit Tibets erweckte.

Das Verhalten der Chinesen während ihrer Expedition des Jahres 1910 vollendete den Bruch zwischen den beiden Ländern. 1911 bis 1912 erklärte Tibet unter dem Dreizehnten Dalai Lama seine völlige Unabhängigkeit – Nepal löste sich gleichzeitig aus seiner Tributpflicht gegenüber China –, während die chinesische Revolution des Jahres 1911, durch die der letzte Mandschu-Kaiser entthront wurde, auch die letzten gefühlsmäßigen und religiösen Bande zerriß, die zwischen Tibet und China bestanden hatten. Tibet verließ sich danach hinsichtlich seines Schutzes vollkommen auf seine Abgeschlossenheit, seinen Glauben an die Lehren Buddhas und gelegentlich auf die Unterstützung der Briten in Indien. Zweifellos hätte unter diesen Umständen auch England die Oberherrschaft (Suzeränität) über Tibet beanspruchen können. Tibet bewahrte trotz des zeitweiligen englisch-chinesischen Einflusses seine separate Existenz, zu deren Rechtfertigung darauf hingewiesen werden kann, daß es imstande gewesen ist, Ruhe und Ordnung im Land aufrechtzuerhalten und mit der Welt in Frieden zu leben. Es unterhielt weiterhin nachbarlich gute Beziehungen und Freundschaft mit dem Volk von China, erkannte aber niemals den chinesischen Suzeränitätsanspruch von 1914 an.

Auf englische Einflußnahme hin ließ sich Tibet dazu bringen, einen Vertrag zu unterzeichnen, durch den ihm die nominelle (nicht zur Einmischung berechtigende) Oberherrschaft Chinas auferlegt und zugleich China das Recht zugestanden wurde, eine Mission in Lhasa zu unterhalten. China war es jedoch strikt untersagt, sich in die inneren Angelegenheiten Tibets einzumischen. Abgesehen von dieser Tatsache, kann selbst die nominelle Suzeränität, die Tibet China zugestand, nicht geltend gemacht werden, da der Vertrag von 1914 von den Chinesen nicht unterzeichnet worden ist. Tibet unterhielt unmittelbar Beziehungen zu anderen benachbarten Ländern, wie Indien und Nepal. Überdies hat es, trotz freundschaftlicher englischer Vorschläge, seine Stellung nicht dadurch in Frage gestellt, daß es während des zweiten Weltkriegs seine Kräfte auf seiten Chinas einsetzte. So behauptete und bestätigte es seine vollständige Unabhängigkeit. Der Vertrag von 1914 ist nach wie vor maßgebend für die Beziehungen zwischen Tibet und China, und da China kein Partner dieses Vertrages ist, darf man annehmen, daß es auf die Rechte verzichtet hat, die ihm andernfalls aus dem Vertrag zugestanden hätten. Tibets Unabhängigkeit erhielt durch ihn wieder den *de jure-Status.*

Die schwache Verbindung, die Tibet nach der Revolution von 1911 mit China aufrechterhielt, war noch weniger zu rechtfertigen, als China eine weitere Revolution durchmachte und sich in einen völlig kommunistischen Staat umwandelte. Zwischen derart verschiedenen Glaubensbekenntnissen, wie sie durch China und Tibet vertreten werden, kann es keine Verwandtschaft oder Sympathie geben. Zukünftige Komplikationen voraussehend, brach die tibetische Regierung die diplomatischen Beziehungen zu China ab und veranlaßte einen chinesischen Vertreter in Lhasa, im Juli 1949 Tibet zu verlassen. Seit dieser Zeit hat Tibet nicht einmal formelle Beziehungen zu der chinesischen Regierung und dem chinesischen Volk unterhalten. Es möchte für sich leben, nicht angesteckt durch den Bazillus einer höchst materialistischen Weltanschauung; aber China will Tibet nicht gestatten, in Frieden zu leben. Seit der Errichtung der Chinesischen Volksrepublik haben die Chinesen Drohungen ausgestoßen, sie wollten Tibet befreien, und unerlaubte Methoden angewandt, um die Regierung von Tibet einzuschüchtern und zu unterhöhlen. Tibet erkennt, daß es nicht in der Lage ist, Widerstand zu leisten. Aus diesem Grunde willigte es ein, auf freundschaftlicher Basis mit der chinesischen Regierung zu verhandeln.

Leider war die tibetische Chinamission nicht in der Lage, Indien zu verlassen, jedoch nicht aus eigener Schuld, sondern weil die britischen Visen fehlten, die für die Durchreise durch Hongkong nötig waren. Auf freundliche Intervention der indischen Regierung hin erklärte sich die Chinesische Volksrepublik damit einverstanden, daß die tibetische Mission vorbereitende Verhandlungen mit dem chinesischen Botschafter in Indien führen konnte, der erst im September in Neu-Delhi eintraf. Während diese Verhandlungen in Delhi im Gange waren, überschritten am 7. Oktober 1950 chinesische Truppen ohne Warnung und unprovoziert den Fluß Di-chu, der seit langem die Grenze des tibetischen Territoriums ist, an verschiedenen Stellen. Schnell nacheinander fielen strategisch wichtige Orte, wie Demar, Kamto, Tunga, Tshame, Rimochegotyu, Yakalo und Markham, in die Hände der Chinesen. Die tibetischen Grenzgarnisonen in Kham, die nicht in irgendwelcher aggressiver Absicht, sondern nur dem Namen nach als Schutzmaßnahme unterhalten wurden, sind völlig vernichtet worden. Kommunistische Truppen marschierten in starken Verbänden aus fünf Richtungen auf Chamdo, die Hauptstadt von Kham, die bald danach fiel. Über das Schicksal eines dort weilenden Ministers der tibetischen Regierung ist nichts bekannt.

Wenig weiß die Welt außerhalb Tibets über diese schleichende Invasion. Lange nachdem die Invasion stattgefunden hatte, verkündete China der Welt, daß es seine Armeen aufgefordert habe, in Tibet einzumarschieren. Dieser ungerechtfertigte Akt von Aggression hat nicht nur den Frieden Tibets gestört, sondern ist auch eine völlige Mißachtung der von China der indischen Regierung gegebenen Zusicherung; er hat in Tibet eine ernste Situation geschaffen und könnte eines Tages Tibet seiner lange gehegten Unabhängigkeit berauben. Wir können Ihnen versichern, Herr Generalsekretär, daß Tibet sich nicht ohne Kampf niederwerfen lassen wird, obgleich wenig Hoffnung besteht, daß eine friedfertige Nation der brutalen Kraft kriegserfahrener Menschen widerstehen kann; aber wir wissen, daß die Vereinten Nationen beschlossen haben, Aggression aufzuhalten, wann immer sie stattfindet.

Die bewaffnete Invasion in Tibet zum Zwecke der Eingliederung Tibets in das kommunistische China durch reine physische Gewalt ist ein klarer Fall von Aggression. Solange das tibetische Volk durch Gewalt gezwungen wird, gegen seinen Willen und ohne seine Zustimmung ein Teil Chinas zu werden, wird die jetzige Invasion in Tibet das ungeheuerlichste Beispiel einer Vergewaltigung des Schwachen durch den Starken sein. Wir appellieren deshalb durch Sie an die Nationen der Welt, zu unseren

Gunsten einzuschreiten und die chinesische Aggression aufzuhalten.

Das Problem ist einfach. Die Chinesen beanspruchen Tibet als einen Teil Chinas. Die Tibeter empfinden sich als rassisch, kulturell und geographisch weit von den Chinesen geschieden. Wenn die Chinesen die Reaktionen der Tibeter auf ihren unnatürlichen Anspruch nicht gelten lassen wollen, gibt es andere, zivilisierte Methoden, durch die sie sich über die Ansichten des tibetischen Volkes vergewissern könnten; falls aber die Angelegenheit eine reine Rechtsfrage ist, steht es ihnen frei, sich an einen Internationalen Gerichtshof zu wenden. Die Eroberung Tibets durch China wird nur den Bereich des Konfliktgebietes erweitern und die Bedrohung der Unabhängigkeit und des Bestandes anderer asiatischer Länder vergrößern.

Wir Minister vertrauen mit Billigung Seiner Heiligkeit des Dalai Lama das Tibetproblem in dieser Notlage der höchsten Entscheidung der Vereinten Nationen an in der Hoffnung, daß das Gewissen der Welt nicht die Zerreißung unseres Staates durch Methoden zulassen wird, welche an die des Dschungels erinnern.

Kashag (Kabinett) und Nationalversammlung von Tibet, Tibetische Delegation, Shakabpa House, Kalimpong.

Gegeben zu Lhasa am 27. Tag des neunten tibetischen Monats im Eisen-Tiger-Jahr (7. November 1950).

Seiner Exzellenz dem Herrn Generalsekretär
Vereinte Nationen
New York

Neu-Delhi, den 9. September 1959

Euer Exzellenz!

Wir beziehen uns höflich auf den Beschluß des Lenkungsausschusses der Vollversammlung der Vereinten Nationen vom Freitag, dem 24. November 1950, daß die Behandlung der Klage von El Salvador wegen »Invasion Tibets durch ausländische Kräfte« zurückgestellt werden sollte, um den Parteien Gelegenheit zu einer friedlichen Regelung zu geben. Mit tiefstem Bedauern muß ich Sie davon in Kenntnis setzen, daß der Akt der Aggression wesentlich ausgeweitet worden ist mit dem Ergebnis, daß praktisch ganz Tibet durch chinesische Streitkräfte besetzt ist. Ich und meine Regierung haben mehrmals zu einer friedlichen und freundschaftlichen Regelung aufgerufen, aber bis jetzt sind diese

Aufrufe völlig unbeachtet geblieben. Unter diesen Umständen und in Anbetracht der unmenschlichen Behandlung und der Verbrechen gegen die Menschlichkeit und die Religion, denen das tibetische Volk unterworfen ist, bitte ich um sofortige Intervention der Vereinten Nationen und Behandlung der vertagten Tibetfrage durch den Lenkungsausschuß aus dessen eigener Initiative. In diesem Zusammenhang möchten ich und meine Regierung betonen, daß Tibet zu der Zeit, da seine territoriale Integrität durch die chinesischen Armeen 1950 verletzt wurde, ein souveräner Staat war. Um diese Behauptung zu begründen, weist die tibetische Regierung eindringlich auf folgendes hin:

Erstens: Seit der Unabhängigkeitserklärung durch den Dreizehnten Dalai Lama im Jahre 1912 wurden in Tibet keine chinesischen Herrschaftsrechte mehr ausgeübt.

Zweitens: Der souveräne Status von Tibet während dieser Zeit wird schlüssig durch die Tatsache bewiesen, daß die Regierung von Tibet nicht weniger als fünf internationale Verträge während dieser Jahre und unmittelbar davor abgeschlossen hat.

Drittens: Die Regierung von Tibet beruft sich auf die Englisch-Tibetische Konferenz von 1914, durch die der souveräne Status von Tibet anerkannt und dem tibetischen Bevollmächtigten die gleiche Rangstellung zugebilligt wurde wie den Vertretern von Großbritannien und China. Es stimmt, daß diese Konvention der äußeren Souveränität von Tibet gewisse Beschränkungen auferlegte, aber diese beraubten es nicht seiner Stellung hinsichtlich der inneren Angelegenheiten. Überdies hatten diese Beschränkungen bei der Machtübertragung in Indien keinerlei Auswirkung mehr.

Viertens: Es gibt kein gültiges und bestehendes internationales Abkommen, durch das Tibet oder irgendein anderes Land die chinesische Suzeränität anerkennt.

Fünftens: Der souveräne Status von Tibet ergibt sich auch aus der Tatsache, daß Tibet während des zweiten Weltkriegs auf seiner Neutralität bestand und nur den Transit nichtmilitärischer Waren durch tibetisches Gebiet gestattete. Diese Haltung wurde von der chinesischen und der britischen Regierung anerkannt.

Sechstens: Die Souveränität Tibets ist auch von anderen Staaten anerkannt worden. Als im Jahre 1948 eine tibetische Handelsdelegation Indien, Frankreich, Italien, Großbritannien und die Vereinigten Staaten besuchte, wurden die von der tibetischen Regierung ausgestellten Pässe von den Regierungen dieser Länder anerkannt.

Euer Exzellenz! Ich und meine Regierung bitten um unverzügliche Intervention der Vereinten Nationen auch aus Gründen der Humanität. Seit die territoriale Integrität Tibets durch die chinesischen Truppen verletzt worden ist, haben diese die folgenden Verstöße gegen die allgemein gültigen Gesetze begangen:

Erstens: Sie haben Tausenden von Tibetern ihre Habe weggenommen, haben sie des Lebensunterhalts beraubt und sie so in Tod und Verzweiflung getrieben.

Zweitens: Männer, Frauen und Kinder sind in Arbeitsgruppen gepreßt und gezwungen worden, ohne Bezahlung oder mit einer Bezahlung, die eine solche nur dem Namen nach ist, an militärischen Bauten zu arbeiten.

Drittens: Sie haben grausame und unmenschliche Maßnahmen ergriffen zu dem Zweck, Männer und Frauen zu sterilisieren in der Absicht, die tibetische Rasse vollkommen auszulöschen.

Viertens: Tausende unschuldiger Menschen in Tibet sind brutal umgebracht worden.

Fünftens: Viele führende tibetische Bürger sind ohne Ursache oder Rechtfertigung ermordet worden.

Sechstens: Es ist jeder denkbare Versuch gemacht worden, unsere Religion und Kultur zu vernichten. Tausende von Klöstern sind dem Erdboden gleichgemacht, heilige Bilder und Kultgegenstände vollkommen zerstört worden. Leben und Eigentum sind nicht mehr sicher, und Lhasa, die Hauptstadt des Staates, ist eine tote Stadt. Die Leiden, die mein Volk erduldet, sind unbeschreiblich, und es ist dringend notwendig, daß diese absichtliche und rücksichtslose Ausrottung meines Volkes unverzüglich beendet wird.

Unter diesen Umständen appelliere ich an Sie und die Vereinten Nationen in der zuversichtlichen Hoffnung, daß unser Appell die ihm gebührende Beachtung finden wird.

(gez.) Der Dalai Lama

An Seine Exzellenz Dag Hammarskjöld
Generalsekretär der Vereinten Nationen
New York

Swargashram, Dharmsala Cantt., Ost-Punjab
2. September 1960

Euer Exzellenz!
Als ich mich im vergangenen Jahr an Ew. Exzellenz wandte, um eine Intervention der Vereinten Nationen zugunsten des Volkes von Tibet zu erlangen, hatten Ew. Exzellenz die Liebenswürdig-

keit, meinen Vertreter mit Ihrem unschätzbaren Rat und Ihrer wertvollen Unterstützung behilflich zu sein. Ich wage es deshalb, wiederum im Namen des tibetischen Volkes, das heute unter einer unerträglichen Last des Terrors und der Tyrannei ächzt, an Sie heranzutreten.

Wie Ew. Exzellenz sicherlich wissen, ist die Lage in Tibet jetzt eine schreckliche Tragödie geworden. Hunderte von Tibetern sind nach Indien und Nepal gelangt, um erbarmungsloser Verfolgung und unmenschlicher Behandlung zu entfliehen. Aber es gibt Tausende anderer, für die es unmöglich ist, Asyl in den benachbarten Ländern zu finden, und die deshalb unmittelbar durch Tod und Vernichtung bedroht sind. Ich vertrete mit allem Nachdruck die Ansicht, daß unverzüglich etwas getan werden muß, um das Leben dieser unschuldigen Männer, Frauen und Kinder zu retten, und habe deshalb den Beistand und die Unterstützung der Regierungen vieler Mitgliedsstaaten der Vereinten Nationen gesucht. Seine Exzellenz der Premierminister der Malayischen Föderation und die Regierung von Thailand haben großherzig auf meinen Appell geantwortet und ihre Absicht kundgetan, die tibetische Frage bei der kommenden Tagung der Vollversammlung der Vereinten Nationen zur Sprache zu bringen. In diesem Zusammenhang habe ich es gewagt, mich abermals an Ew. Exzellenz zu wenden. Wie beim letzten Mal vertraue ich darauf, daß Ew. Exzellenz die Möglichkeit finden werden, Ihre gütige Hilfe und Ihren Einfluß für die Ausarbeitung einer praktischen Lösung des tragischen Problems Tibets geltend zu machen. Ew. Exzellenz werden mir, wie ich hoffe, gestatten, meine eigenen Ansichten in dieser Sache zum Ausdruck zu bringen. Ich bin fest davon überzeugt, daß die einzige wirksame und rasche Weise, wie die Vereinten Nationen dem unglücklichen Volk von Tibet helfen können, darin besteht, entweder durch eine *ad hoc*-Institution, die zu diesem Zweck von der Vollversammlung ernannt wird, oder durch die freundliche Hilfe Ew. Exzellenz zu vermitteln. Dies ist meine Meinung, und ich habe diese Ansicht auch gegenüber Seiner Exzellenz Tunka Abdul Rahman und Seiner Exzellenz dem Marschall Sarit Thanarat zum Ausdruck gebracht. Dies ist jedoch nur eine Anregung, die ich Ew. Exzellenz zur Erwägung vorlege, und ich wäre sehr dankbar, wenn Ew. Exzellenz eine Möglichkeit sehen könnten, mir Ihren persönlichen Rat zukommen zu lassen. Mit der Versicherung meiner höchsten Achtung und Wertschätzung bleibe ich

(gez.) Der Dalai Lama

Seiner Exzellenz Dag Hammarskjöld, Generalsekretär
der Vereinten Nationen, New York

Swargashram, Dharmsala Cantt.,
Ost-Punjab (Indien), 29. September 1960

Euer Exzellenz!

Darf ich den Vereinten Nationen und Ew. Exzellenz meine ganze
Hochachtung für die große Arbeit zum Ausdruck bringen, die im
Kongo unter der Leitung der UN geleistet wurde und geleistet
wird.

2. Ich beziehe mich höflichst auf mein Schreiben vom 9. September 1959, von Ihnen als Note Nr. 2033 in Umlauf gebracht, sowie
auf mein Schreiben an Ew. Exzellenz vom 2. September 1960.

3. Es freut mich zu hören, daß die Tibetfrage auf die Tagesordnung der diesjährigen Vollversammlung der Vereinten Nationen
gesetzt worden ist, auf Antrag von Malaia und Thailand, denen
ich sehr zu Dank verpflichtet bin. Ich hoffe, daß alle friedlieben-
den Völker die Stimme meines Volkes hören und ihm einen
Lichtstrahl in der Nacht der Unterjochung und Unterdrückung
bringen werden, durch die es geht.

4. Es freut mich festzustellen, daß S.E. N. Chruschtschow in seiner Ansprache vor der Vollversammlung am 24. September 1960
die Freiheit aller Kolonialvölker verlangt hat. Leider ist der Status meines Landes auf den eines Koloniallandes herabgedrückt
worden, und ich hoffe, daß gemeinsam mit anderen Ländern
auch die UDSSR ihre mächtige Stimme erheben wird, um die
Wiederherstellung der Freiheit meines Landes zu unterstützen.

5. Ich versichere, daß es schon lange vor 1911/12 keine Spur
chinesischer Hoheit in Tibet gab, aber für die Zwecke dieses Ap-
pells ist es nicht nötig, daß ich den historischen Aspekt dieser
Frage untersuche.

6. Wie immer die Stellung Tibets von 1911/12 gewesen sein
mag, war doch auf jeden Fall von dem Tag an, da der Dreizehnte
Dalai Lama die Unabhängigkeit Tibets proklamierte, nachdem
die eingefallenen chinesischen Armeen aus Tibet vertrieben worden waren, Tibet nicht nur *de facto*, sondern auch *de jure* unabhängig.

7. Im Jahre 1913 schloß die tibetische Regierung einen Vertrag
mit der Regierung der Mongolei. Dieser Vertrag wurde unter der
Autorität des Dalai Lama geschlossen. Durch diesen Vertrag erklärten Tibet und die Mongolei, daß sie sich gegenseitig als unabhängige Länder anerkennen.

8. In der Absicht, einige offene Fragen zu regeln, willigte Tibet

ein, dreiseitige Gespräche aufzunehmen, die 1913 in Simla begannen. Die an den Gesprächen teilnehmenden Partner waren die britische Regierung, die chinesische Regierung und die tibetische Regierung. Vertreter jeder Regierung war ein Bevollmächtigter seiner Regierung. Dies ist klar aus dem Text der Konvention ersichtlich, die durch die Vertreter aller Parteien paraphiert wurde.

9. Diese Tatsache wurde auch unterstrichen durch das von der indischen Regierung herausgegebene Weißbuch Nr. ii, »Noten, Memoranden und Briefe, die zwischen den Regierungen von Indien und China von September bis November 1959 ausgetauscht wurden«, Seite 38. Weiter wird dies unterstrichen in der Note der indischen Regierung vom 12. Februar 1960 (Seite 94 und 96 des Weißbuchs Nr. iii, herausgegeben von der indischen Regierung).

10. Obgleich der Text der Konvention von dem Vertreter der chinesischen Regierung paraphiert wurde, trat die chinesische Regierung zurück, und schließlich wurden am 3. Juli 1914 die Unterschriften seitens des Dalai Lama in seiner Eigenschaft als Oberhaupt des tibetischen Staates und des britischen Bevollmächtigten vollzogen. Gleichzeitig unterzeichneten angesichts der Ablehnung der chinesischen Regierung die Bevollmächtigten von Großbritannien und Tibet die folgende Erklärung:

11. »Wir, die Bevollmächtigten von Großbritannien und Tibet, zeichnen hiermit die folgende Erklärung auf des Inhalts, daß wir die angeheftete Konvention, wie sie paraphiert wurde, als bindend für die Regierungen von Großbritannien und Tibet ansehen, und wir stimmen überein, daß die Regierung von China, solange sie die Unterzeichnung der oben erwähnten Konvention nicht durchführt, von dem Genuß aller ihr daraus zustehenden Privilegien ausgeschlossen sein wird.

12. Zum Zeichen hierfür haben wir diese Erklärung unterzeichnet und gesiegelt, zwei Kopien in Englisch und zwei in Tibetisch.

13. Gegeben in Simla am 3. Juli 1914, entsprechend dem tibetischen Datum des 10. Tages im 5. Monat des Holz-Tiger-Jahres.

A. Henry McMahon   Britischer Bevollmächtigter

(Siegel des britischen Bevollmächtigten)   (Siegel des Dalai Lama)
(Siegel des Lonchen Shatra)   (Unterschrift des Lonchen Shatra)
(Siegel des Klosters Drepung)   (Siegel des Klosters Sera)
(Siegel des Klosters Gaden)   (Siegel der Nationalversammlung)«

14. Da sich die chinesische Regierung niemals den Bedingungen der Konvention angeschlossen hat, wurde sie niemals berechtigt hinsichtlich irgendwelcher Vorteile, die sie aus den Bedingungen der Konvention hätte herleiten können.

15. Im Jahre 1926 war Tibet in einer Grenzkommission vertreten, die aus den Vertretern von Tibet, Tehri und Großbritannien bestand und in Nilang zusammentrat.

16. Zwischen 1912 und 1950 gab es nicht einmal einen chinesischen Herrscher in Tibet. Es gab eine chinesische Mission in Tibet, die 1934 eintraf, um die Beileidsbezeigungen zum Tod des Dreizehnten Dalai Lama zu überbringen. Dieser Mission wurde erlaubt, in Tibet zu bleiben, mit dem gleichen Status wie die Mission von Nepal und die der indischen Regierung.

17. Bei zahlreichen Anlässen pflegten nach 1936 die Beamten der chinesischen Mission in Lhasa über Indien nach Tibet einzureisen. Bei jeder dieser Gelegenheiten gewährte oder verweigerte die indische Regierung Durchreise-Visen, nachdem die Wünsche der Regierung von Tibet eingeholt worden waren.

18. 1949 wurde selbst diese Mission aus Tibet ausgewiesen.

19. Tibet nahm nicht am Japanisch-Chinesischen Krieg teil, und auch während des zweiten Weltkriegs bestand Tibet auf seiner Stellung als neutraler Staat und ließ den Transport von Kriegsmaterial von Indien nach China nicht zu.

20. Die Chinesen behaupten, daß tibetische Delegierte an der Konstituierenden Versammlung 1946 teilnahmen und daß sie auch 1948 in der chinesischen Nationalversammlung saßen. Diese Behauptung ist absolut unwahr. Dzasak Khemey Sonam Wangdo, der Leiter der nach China gesandten Delegation, sagt: »1946 hatte die tibetische Regierung eine Freundschaftsmission unter der Leitung von Dzasak Rongpel-lhun, Thubten Samphel und mir, Dzasak Khemey Sonam Wangdo, entsandt, um Britannien, Amerika und der Kuomintang-Regierung Glückwünsche zum Sieg zu überbringen; wir reisten über Kalkutta nach Neu-Delhi und überbrachten die Glückwünsche an Großbritannien und Amerika durch die Botschafter dieser Länder; von dort aus reisten wir auf dem Luftweg nach Nanking und überbrachten dort unsere Glückwünsche. Infolge Erkrankung und ärztlicher Behandlung blieben wir ein paar Monate dort. Dann besuchten wir mehrere Provinzen, und bei unserer Rückkehr nach Nanking hielten sie ihre große Versammlung ab. Wir besuchten die Versammlung, um das Verhalten der Khampas und anderer tibetischer Emigranten zu studieren, die als angebliche tibetische Vertreter an der Versammlung teilnahmen. Aber wir haben das neue Verfassungsgesetz (*Shenfu*), das damals beschlossen wurde, nicht anerkannt oder unterzeichnet.

Was das Jahr 1948 angeht, so wohnte damals unsere Mission in

Nanking, nämlich ein Beamter mit dem Titel Khandon Losum, ebenfalls der chinesischen Versammlung als Besuch bei, aber kein besonderer Vertreter war von Lhasa bevollmächtigt, und ebenso hat niemand die Beschlüsse der Versammlung anerkannt oder unterzeichnet.«

21. Im Jahre 1947, nachdem Indien unabhängig geworden war, antwortete die Regierung von Indien folgendermaßen auf eine Adresse der tibetischen Regierung:

»Die Regierung von Indien würde sich freuen, die Versicherung zu haben, daß es die Absicht der tibetischen Regierung ist, die Beziehungen auf der existierenden Grundlage weiterzuführen, bis neue Abkommen geschlossen sind in Angelegenheiten, die einer der Partner aufgreifen möchte. Es ist dies das Verfahren, das alle anderen Länder gewählt haben, mit denen vertragliche Beziehungen von der Regierung Seiner Majestät her auf Indien gekommen sind.«

22. Zwischen 1912 und bis zur Unterzeichnung des Siebzehn-Punkte-Abkommens am 23. Mai 1951 führte Tibet seine auswärtigen Angelegenheiten weiterhin ohne Bezugnahme auf irgendeine fremde Macht durch. Tibetische Delegationen sind 1946 und 1948 in ausgedehntem Maße mit tibetischen Pässen gereist.

23. Mr. M. E. Richardson, der die britische und später die indische Mission in Lhasa leitete, sagte vor dem juristischen Untersuchungsausschuß über Tibet, der von der Internationalen Juristenkommission gebildet worden war, folgendes: »Die Pflichten des diensthabenden Beamten der britischen und später der indischen Mission in Lhasa bestanden nach 1936 hauptsächlich darin, den diplomatischen Verkehr seiner Regierung mit der tibetischen Regierung durchzuführen.« (Seite 146 des Berichts »Tibet und die chinesische Volksrepublik«.)

24. Diese Tatsachen sollten genügen, um zu zeigen, daß Tibet vollkommen unabhängig war. Da jedoch im vergangenen Jahr hinsichtlich des Status meines Landes Zweifel laut wurden, mag es nützlich sein, die folgenden Fakten anzuführen:

25. Sir Eric Teichmann schreibt in *Affairs on China*:

»Seitdem (1912) hat es keine Spur von chinesischer Herrschaft in dem von Lhasa regierten Tibet mehr gegeben noch ist eine solche wieder aufgetaucht. In über zwanzig Jahren herrschte er (der Dreizehnte Dalai Lama) als unbestrittener Herr des autonomen Tibet; er bewahrte den inneren Frieden und die Ordnung und unterhielt enge und freundschaftliche Beziehungen zu der indischen Regierung.«

26. Im Jahre 1928 wies Sir Charles Bell in *The People of Tibet* darauf hin, daß die chinesische Herrschaft in Tibet zu bestehen aufgehört hatte.

27. M. Amauray de Riencourt, der 1947 in Tibet war, stellt fest: »Tibet regierte sich in jeder Beziehung selbst als unabhängige Nation.« Er fährt fort, daß »die Befehle der Regierung überall galten«.

28. Tsung Lien-shen und Shen Chi-lin, die beide Mitglieder der chinesischen Mission in Lhasa waren, sagen: »Seit 1911 hat sich Lhasa praktisch voller Unabhängigkeit erfreut.« Zum Beweis dafür erwähnen sie, daß Tibet seine eigene Währung, eigenen Zoll, eigenen Telegraphen- und Postdienst und eine eigene Verwaltung hatte, die alle von denen Chinas verschieden waren, und zudem eine eigene Armee.

29. Im Jahre 1950, als der Antrag von El Salvador, die Frage der Invasion Tibets auf die Tagesordnung der Vollversammlung zu setzen, in Erwägung gezogen wurde, sagte der Jam Saheb von Nawanagar, der Vertreter Indiens, daß seine Regierung die durch den Antrag von El Salvador aufgeworfenen Probleme sorgfältig studiert habe, die Frage der Invasion Tibets durch fremde Streitkräfte auf die Tagesordnung der Vollversammlung zu setzen. Es sei dies eine Sache von lebenswichtigem Interesse sowohl für China wie für Indien. Der Ausschuß war sich im klaren, daß Indien als Nachbar sowohl von China wie von Tibet, mit denen beiden es freundschaftliche Beziehungen unterhielt, das an einer Beilegung des Problems am meisten interessierte Land sei. Deshalb sei die indische Regierung besonders darauf bedacht, daß eine friedliche Regelung erfolgen solle. (A/BUR/SR. 73, S. 19.)

30. Der Anspruch der Chinesen auf Suzeränität in Tibet beruht auf der Konvention, die 1907 zwischen Großbritannien und Rußland geschlossen wurde. Es darf darauf hingewiesen werden, daß Tibet kein Partner jener Konvention gewesen ist und deshalb in keiner Weise durch diese Konvention gebunden war.

31. Als Oberhaupt der tibetischen Regierung sage ich, daß das, was am 7. Oktober 1950 geschah, ein flagranter Aggressionsakt seitens Chinas gegen mein Land war.

32. Die tibetische Regierung wandte sich an die Vereinten Nationen mit der Bitte um Hilfe. Als Ergebnis der Niederlage der tibetischen Armee und nach dem Scheitern der Bemühungen der tibetischen Regierung, die Hilfe der Vereinten Nationen zu erlangen, waren wir gezwungen, eine Delegation nach Peking zu entsenden. Die Delegation wurde gezwungen, am 23. Mai 1951

einen Vertrag zu unterzeichnen, der als Siebzehn-Punkte-Abkommen bekannt ist.

33. Was sich seitdem und bis zu meinem Weggang aus Tibet im März 1959 ereignet hat, ist zu bekannt, als daß es nochmals ausführlich aufgezählt werden müßte. Selbst jetzt noch kommen praktisch an jedem Tag Flüchtlinge nach Nepal, Bhutan, Sikkim und Indien. Die Zahl der Flüchtlinge beträgt bisher 43 500.

Aus den Berichten dieser Flüchtlinge ist zu schließen, daß sich die Unterdrückung und der Massenterror, von dem ich in meinen an Sie gerichteten Schreiben im vergangenen Jahr wie auch in diesem Jahr berichtete, in keiner Weise verringert haben.

34. In diesem Zusammenhang darf ich die Aufmerksamkeit der Vereinten Nationen auf die ausgezeichneten Berichte über die Tibetfrage lenken, die von der Internationalen Juristenkommission veröffentlicht worden sind. Im zweiten Bericht kam das genannte Komitee, das die Frage genau geprüft hat, unter anderem zu dem Schluß, daß die chinesischen Behörden des Völkermordes im Sinn der UN-Konvention *Genocid* vom 9. 12. 1948 schuldig seien. Ich vertraue darauf, daß die Vereinten Nationen sorgfältig die Tatsachen prüfen werden, auf denen dieser Schluß beruht, und entsprechende Maßnahmen in dieser Angelegenheit ergreifen werden. Völkermord ist – auch wenn man von der UN-Konvention absieht – als ein Verbrechen gegen das Völkerrecht erklärt worden.

35. Als Ergebnis eines umfassenden Bruchs aller wichtigen Bedingungen des Siebzehn-Punkte-Abkommens verwarf die Generalversammlung (gebildet aus Beamten und der Öffentlichkeit, hauptsächlich der Öffentlichkeit) jenes Abkommen, wozu sie durchaus das Recht hatte, und bestätigte am 10. März 1959 erneut die Unabhängigkeit Tibets.

36. Der Kampf in Tibet gegen die Besetzer und Unterdrücker dauert weiter an. Ich appellierte im vergangenen Jahr an die Vereinten Nationen, und ich wiederhole diesen Appell in der Hoffnung, daß die Vereinten Nationen geeignete Maßnahmen ergreifen werden, um China zu veranlassen, seine Aggression einzustellen. Meiner Meinung nach wird jede geringfügigere Maßnahme meinem Land nicht viel helfen, in dem die kommunistische Dampfwalze alltäglich die Freiheit meines Volkes niederwalzt.

37. Darf ich Ew. Exzellenz bitten, diesen Appell vor die Vereinten Nationen zu bringen.

(gez.) Der Dalai Lama

Resolution der UN-Vollversammlung
am 20. Dezember 1961

Unter Berufung auf ihre Resolution 1353 (XIV) vom 21. Oktober 1959, betreffend die Tibetfrage,

ernsthaft beunruhigt durch den weiteren Verlauf der Ereignisse in Tibet, einschließlich der Verletzung der fundamentalen Menschenrechte des tibetischen Volkes, der Unterdrückung seines ihm eigenen kulturellen und religiösen Lebens, dessen es sich traditionell erfreut hat,

in tiefer Besorgnis die schweren Leiden zur Kenntnis nehmend, die diese Ereignisse dem tibetischen Volk auferlegt haben, wie dies der starke Exodus tibetischer Flüchtlinge in die benachbarten Länder beweist,

in der Ansicht, daß diese Ereignisse die fundamentalen Menschenrechte und die in der Charta der Vereinten Nationen und in der Grundsatzerklärung der Menschenrechte festgelegten Freiheiten verletzen, eingeschlossen den Grundsatz der Selbstbestimmung der Völker und Nationen, und daß sie in ihren beklagenswerten Auswirkungen die internationale Spannung verstärken und die Beziehungen zwischen den Völkern verschlechtern,

bestätigt die Vollversammlung erstens erneut ihre Überzeugung, daß die Achtung vor den Prinzipien der Charta und der Grundsatzerklärung der Menschenrechte wesentlich ist für die Entwicklung einer friedlichen Weltordnung, die gegründet ist auf die Herrschaft des Rechts,

wiederholt zweitens feierlich ihre Forderung auf Beendigung jener Maßnahmen, die das tibetische Volk seiner fundamentalen Menschenrechte und Freiheiten einschließlich des Rechts auf Selbstbestimmung berauben,

gibt drittens der Hoffnung Ausdruck, daß die Mitgliedsstaaten alle nur möglichen Anstrengungen machen werden, die geeignet sind, die Ziele der vorliegenden Resolution zu verwirklichen.

Register

Taschenbücher

Kulturgeschichte

Champdor, Albert:
Das Ägyptische
Totenbuch
In Bild und Deutung.
208 S. Mit zahlr. Abb.
Band 3626

Cotterell, Arthur:
Der Erste Kaiser von
China
Der größte
archäologische Fund
unserer Zeit.
256 S. Mit 91 z. T. farb.
Abb. Band 3715

Charroux, Robert:
Vergessene Welten
Auf den Spuren des
Geheimnisvollen.
288 S., 53 Abb.
Band 3420

Eisele, Petra:
Babylon
Pforte der Götter und
Große Hure.
368 S. Mit 77 z. T.
farb. Abb. Band 3711

Hoving, Thomas:
Der Goldene Pharao
Tut-ench-Amun.
319 S. Band 3639

Keller, Werner:
Und wurden
zerstreut unter
alle Völker
Die nachbiblische
Geschichte des
jüdischen Volkes.
544 S. 38 Abb.
Band 3325

Mauer, Kuno:
Die Samurai
Ihre Geschichte und
ihr Einfluß auf das
moderne Japan.
382 S. Mit 29 Abb.
Band 3709

Pörtner, Rudolf:
Operation Heiliges
Grab
Legende und Wirklich-
keit der Kreuzzüge
(1095–1187).
480 S. Mit zahlr. Abb.
Band 3618

Stingl, Miloslav:
Den Maya auf
der Spur
Die Geheimnisse der
indianischen
Pyramiden.
313 S. Mit Abb.
Band 3691

Stingl, Miloslav:
Die Inkas
Ahnen der »Sonnen-
söhne«.
288 S. Mit zahlr. Abb.
Band 3645

Stingl, Miloslav:
Indianer
vor Kolumbus
Von den Prärie-
Indianern zu den Inkas.
336 S. Mit 140 Abb.
Band 3692

Tichy, Herbert:
Weiße Wolken über
gelber Erde
Eine Reise in das
Innere Asiens.
416 S. Mit 16 Abb.
Band 3710

Tompkins, Peter:
Cheops
Die Geheimnisse der
Großen Pyramide,
Zentrum allen Wissens
der alten Ägypter.
296 S. Mit zahlr. Abb.
Band 3591

Vandenberg,
Philipp:
Nofretete, Echnaton
und ihre Zeit
272 S. Mit z. T. farb.
Abb. Band 3545

Sachbuch

Beltz, Walter:
Die Mythen der
Ägypter
Ägyptens Schriften
und insbesondere die
Mythen machen deut-
lich, wie nachhaltig die
europäische Kultur
vom alten Ägypten be-
einflußt wurde.
272 S. Band 3743

Berlitz, Charles:
Die ungelösten Ge-
heimnisse dieser
Welt
Dieser Band enthält
die vier großen Best-
seller des weltbekann-
ten Autors: »Bermuda-
Dreieck«, »Atlantis-
Rätsel«, »Spurlos« und
»Philadelphia-Experi-
ment.«
800 S. Band 3760

Berlitz, Charles:
Die wunderbare
Welt der Sprachen
Fakten, Kuriosa,
Geheimnisse.
368 S. mit zahlr. Abb.
Band 3747

Brown, Dee:
Das Feuerroß
erreicht das Große
Wasser im Westen
Der Bau der
amerikanischen
Eisenbahn.
272 S. mit zahlr. Abb.
Band 3649

Brown, Dee:
Begrabt mein Herz
an der Biegung des
Flusses
Das Hohelied vom
sterbenden Indianer.
448 S. Band 3351

Brown, Dee:
Pulverdampf war ihr
Parfum
Die Frauen, die das
Gesicht des
amerikanischen
Westens prägten.
284 S. mit 24 Abb.
Band 3431

Cotterell, Arthur/
Yap, Yong:
Das Reich der Mitte
5000 Jahre Tradition
und Geschichte des
Alten China.
336 S. mit Abb.
Band 3735

Dalai Lama:
Mein Leben und
mein Volk
Die Tragödie Tibets.
222 S. mit 29 Abb.
Band 3698

Diwald, Hellmut:
Der Kampf um die
Weltmeere
Das Ringen um die
Herrschaft auf den
Ozeanen von den
Griechen bis heute.
464 S. mit 56 s/w-Abb.
Band 3719

George, Uwe:
In den Wüsten
dieser Erde
Ein packender Report
über die Geheimnisse
der Wüste.
432 S. Band 3714

Harris, John:
Auf letzter Fahrt
Rätselhafte Schiffs-
unglücke.
John Harris untersucht
hier sieben der spekta-
kulärsten, aber nie end-
gültig geklärten
Schiffsunglücke der
letzten 150 Jahre.
272 S. mit 8 Abb.
Band 3745

Lord, Walter:
Das Geheimnis von
Dünkirchen
Der Bericht über jene
dramatische Opera-
tion, die dem Zweiten
Weltkrieg bereits 1940
eine Wende gab.
304 S. Band 3750

Stingl, Miloslav:
Das Reich der Inka
Ruhm und Untergang
der »Sonnensöhne«.
400 S. mit 91 Abb.
Band 3732

Valentin, Veit:
Geschichte der
Deutschen
960 S. Band 3725